Schmoldt · Das Alte Testament

6,–
266 S.

Hans Schmoldt

Das Alte Testament

Eine Einführung

Philipp Reclam jun. Stuttgart

Umschlagabbildung:

Meister Bertram: Die Schöpfungsgeschichte.
Erschaffung der Gestirne. Szene aus dem Flügelaltar von St. Petri,
Hamburg (um 1380)

Universal-Bibliothek Nr. 8940
Alle Rechte vorbehalten
© 1993 Philipp Reclam jun. GmbH & Co., Stuttgart
Gesamtherstellung: Reclam, Ditzingen. Printed in Germany 1993
RECLAM und UNIVERSAL-BIBLIOTHEK sind eingetragene
Warenzeichen der Philipp Reclam jun. GmbH & Co., Stuttgart
ISBN 3-15-008940-9

Inhalt

A.
Kurzer Abriß der Geschichte Israels

B.
Die erzählenden Bücher des Alten Testaments

I.
Die fünf Mosebücher
(der Pentateuch)

II.

Die Bücher Josua – 2. Könige
(das Deuteronomistische Geschichtswerk)

III.

Die Chronikbücher und die Bücher Esra und Nehemia
(das Chronistische Geschichtswerk)

IV.

Kleinere Erzählungen

C.

Die profetischen Bücher des Alten Testaments

I.

Allgemeines zur Profetie

II.
Formen der Überlieferung in den Profetenbüchern

III.
Die einzelnen Profeten
(in chronologischer Reihenfolge)

D.
Lied- und Weisheitsdichtung des Alten Testaments

I.
Kennzeichen hebräischer Poesie

II.
Lieddichtung des Alten Testaments

III.
Weisheitsliteratur des Alten Testaments

E.
Die Apokryphen

I.
Allgemeines

II.
Die einzelnen Apokryphen

Einleitung

Dieses Buch wendet sich an alle, die grundlegende Informationen über das Alte Testament, über seinen Inhalt, seine Literaturformen, seinen Werdegang und seine geschichtlichen Hintergründe suchen. Es setzt keinerlei Kenntnisse über die Methoden wissenschaftlicher Arbeit oder sonstiges Spezialwissen voraus und vermeidet Fachausdrücke, sofern sie nicht erklärt werden.

Der Name »Altes Testament« geht auf die neutestamentliche Stelle 2Kor 3,14 zurück, wo Paulus für die heilige Schrift der Juden das griechische Wort *diatheke* gebraucht, das normalerweise »Testament« bedeutet (so z. B. Gal 3,15.17), aber seit der griechischen Übersetzung des Alten Testaments (etwa 250–150 v. Chr.) im Sinne von »Anordnung«, »Verfügung« (Apg 7,8) oder auch »Bund« (Lk 1,72; Apg 3,25; 1Kor 11,25) verstanden wird und das die lateinische Übersetzung der Bibel (etwa 400 n. Chr.) mit *testamentum*, »Testament«, wiedergibt (z. B. Lk 1,72; Apg 3,25; 1Kor 11,25). Dadurch kam es zum Namen »Altes« – und »Neues« – »Testament«.

Das Alte Testament ist eigentlich kein Buch, sondern eine Bibliothek. Vor dem Auge dessen, der es auch nur durchblättert, entfaltet sich ein weites Panorama verschiedenartigster Literaturwerke, das vom – für den heutigen Leser – Absonderlichen bis zum Erhabenen reicht. Da gibt es trockene Opferanweisungen, Stammbäume und Ortslisten, aber auch knapp und anschaulich formulierte Sagen aus der Frühzeit Israels, Meisterwerke der Erzählkunst (etwa die Josefsgeschichte, das Buch Rut oder die Geschichte von der Thronfolge Davids), geschliffene, einprägsame Sprichwörter im Buch der Sprüche Salomos, die Liebeslieder des Hohenliedes, die Klage- und Dankgebete und Hymnen des Psalters, die oft hochpoetischen Worte der Profeten mit Anklage und Drohung, mit Trost und Verheißung, das grandiose Buch von dem gegen Gott rebellierenden Ijob oder den feierlich-monotonen

Schöpfungsbericht, der das Alte Testament gleichsam als Ouvertüre eröffnet.

Die ganze Vielfalt der alttestamentlichen Literatur soll dieses Buch vorführen – nicht nur ihren Inhalt, sondern auch ihren Formenreichtum, ihren Werdegang und ihre Entstehungszeit, und so möchte es zweierlei verbinden: nämlich die Thematik einer »Bibelkunde«, die vor allem den Inhalt des Alten Testaments, aber auch die Besonderheiten einzelner Texte darstellt, und die einer »Einleitung«, die Aufschluß über die Entstehung und die Herkunft der einzelnen Bücher gibt.

Sehr viel Wert lege ich darauf, die *Form*, die »Gattung«, der Texte möglichst präzise zu definieren. Denn so wird sichtbar, inwiefern Texte miteinander verwandt sind und sich voneinander unterscheiden, welchem Lebensbereich sie entstammen und mit welcher Absicht sie verfaßt wurden; der Leser erkennt im Allgemeinen das Besondere und im Besonderen das Allgemeine, und er kann die Formen der alttestamentlichen Literatur mit denen ihm anderweitig bekannter Literaturen vergleichen. Allerdings ist hier die Forschung, die wissenschaftliche Diskussion noch nicht abgeschlossen.

Das gilt erst recht für die Frage nach dem *literarischen Werdegang* der Texte, also die Frage, ob ein Text – welchen Umfangs auch immer – von Anfang an ein geschlossenes, sinnvolles Ganzes war oder nachträglich überarbeitet (durch Zusätze erweitert oder aus Textelementen verschiedener Herkunft zusammengesetzt) wurde, und, wenn letzteres zutrifft, aus welchem Grund das geschah. Weil es hier endgültige Antworten noch nicht gibt oder nie geben kann, soll, indem ich unterschiedliche Positionen der Forschung oder unterschiedliche Möglichkeiten der Erklärung nenne, der Rahmen abgesteckt werden, innerhalb dessen die Antwort zu finden wäre.

Mit der Frage nach dem Werdegang der Texte hängt natürlich die nach ihrer *Entstehungszeit* oft eng zusammen, und dementsprechend bleibt auch hier vieles offen. Zwar läßt sich das eine oder andere Erzählwerk (z. B. die Geschichte von der Thronfolge Davids) und ein Großteil der Profetenworte zeitlich sehr genau einordnen, aber das gilt nur für ganz wenige Psalmen; die Texte der Spätzeit (z. B. das Buch Ijob) können wir nur vage datieren und die nachträglichen Zusätze zu den Profetenbüchern vielfach überhaupt nicht.

Texte aus der Frühzeit des Volkes Israel sind z. B. das Deboralied (Richt 5), wohl aus dem 13. oder 12. Jahrhundert v. Chr., und das vielleicht noch ältere Lamech- (1Mose 4,23–24) und Mirjamlied (2Mose 15,21b). Da der für uns als spätester datierbare Text, nämlich das Danielbuch, um 165 v. Chr. verfaßt wurde, erstreckt sich der Werdegang des Alten Testaments über einen Zeitraum von mehr als tausend Jahren.

Wenn hier das Alte Testament als ein Dokument der Geschichte betrachtet und mit den Methoden untersucht wird, die man in der Wissenschaft auch sonst für die Auslegung geschichtlicher Texte verwendet, so ist das keineswegs ein Angriff auf die *Wahrheit* der Texte des Alten Testaments, denn historische Wahrheit darf nicht mit theologischer Wahrheit verwechselt werden. So sind z. B. die Schöpfungsgeschichte oder die Paradieserzählung keine Tatsachenberichte und wollen es wohl auch gar nicht sein, sondern Zeugnisse des Glaubens, deren Aussagen über Gott und den Menschen immer wahr und gültig bleiben. Die wissenschaftliche Untersuchung biblischer Texte nimmt diese durchaus als *Wort Gottes* ernst, wobei dem Mißverständnis vorgebeugt werden muß, daß ein Text schon an sich, weil er in der Bibel steht, »Wort Gottes« ist. »Wort Gottes« *wird* ein Text – und das gilt für die Aussagen der Bibel wie etwa auch für die Sonntagspredigt – doch erst in dem Augenblick, da er den Leser oder Hörer für Gott, für den Glauben öffnet und zu ihm hinführt. Das können natürlich die Informationen, die dieses Buch liefern möchte, nicht leisten. Sie sollen nicht mehr, aber auch nicht weniger sein als ein erster Zugang zum Alten Testament, ohne den ein wirkliches *Verstehen* der alttestamentlichen Texte nicht möglich ist. Ein solcher Zugang bewahrt den Leser davor, allzu schnell sein eigenes Anliegen, seine Gedanken und Wünsche in den Text hineinzubringen, und er hilft ihm, den Text und dessen Autor in seiner unverwechselbaren Eigenart kennenzulernen und sich mit ihm auseinanderzusetzen.

Zwei Hinweise zum Formalen: Erstens kennzeichnet man – entsprechend der Interpunktion des Urtextes – den ersten und zweiten Teil eines Verses mit »a« und »b« und gliedert diese wiederum in »α« und »β«, so daß eine Angabe wie »aα« den ersten, »aβ« den zweiten, »bα« den dritten und »bβ« den vierten Teil eines Verses meint. Zweitens bedeutet ein * bei einer Bibelstelle (einem Versteil, einem Vers, einer Versgruppe, einem Kapitel oder einer Kapitelgruppe), daß sie nur zum Teil in den betreffenden Zusammenhang gehört, also entweder nachträglich überarbeitet wurde oder aus Elementen verschiedener Überlieferungen zusammengesetzt ist.

Abkürzungen der biblischen Bücher

Die Geschichtsbücher

Das erste Buch Mose (Genesis)	1Mose
Das zweite Buch Mose (Exodus)	2Mose
Das dritte Buch Mose (Leviticus)	3Mose
Das vierte Buch Mose (Numeri)	4Mose
Das fünfte Buch Mose (Deuteronomium)	5Mose
Das Buch Josua	Jos
Das Buch der Richter	Richt
Das Buch Rut	Rut
Das erste Buch Samuel	1Sam
Das zweite Buch Samuel	2Sam
Das erste Buch der Könige	1Kön
Das zweite Buch der Könige	2Kön
Das erste Buch der Chronik	1Chr
Das zweite Buch der Chronik	2Chr
Das Buch Esra	Esr
Das Buch Nehemia	Neh
Das Buch Tobit	Tob
Das Buch Judit	Jdt
Das Buch Ester	Est
Das erste Buch der Makkabäer	1Makk
Das zweite Buch der Makkabäer	2Makk

Die »Schriften«

Das Buch Ijob	Ijob
Die Psalmen	Ps
Die Sprüche	Spr
Der Prediger	Pred
Das Hohelied	Hld
Das Buch der Weisheit	Weish
Das Buch Jesus Sirach	Sir

Die profetischen Bücher

Das Buch Jesaja	Jes
Das Buch Jeremia	Jer
Die Klagelieder des Jeremia	Klgl
Das Buch Baruch	Bar
Das Buch Ezechiel	Ez
Das Buch Daniel	Dan
Das Buch Hosea	Hos
Das Buch Joël	Joël
Das Buch Amos	Am
Das Buch Obadja	Obd
Das Buch Jona	Jon
Das Buch Micha	Mich
Das Buch Nahum	Nah
Das Buch Habakuk	Hab
Das Buch Zefanja	Zef
Das Buch Haggai	Hag
Das Buch Sacharja	Sach
Das Buch Maleachi	Mal

A.
Kurzer Abriß der Geschichte Israels

Für das Verständnis des Werdegangs der alttestamentlichen Literatur ist zumindest ein kurzer Überblick über die Geschichte Israels unerläßlich. Allerdings setzt schriftliche Überlieferung, die historisches Geschehen einigermaßen oder sehr zuverlässig darstellt, in Israel erst mit Beginn der Königszeit (etwa 1000 v. Chr.) ein; Erinnerungen aus der Zeit davor wurden mündlich weitergegeben, wobei es sich vielfach um Einzelsagen handelt, aus denen man die historischen Vorgänge manchmal nur mühsam erschließen kann.

1. Die Vor- und Frühzeit

Nach der Darstellung des Alten Testaments verlief die Vorzeit Israels bis zur Landnahme folgendermaßen: Sie beginnt in Palästina – das Land heißt im Alten Testament »Kanaan« – mit Abraham, seinem Sohn Isaak, seinem Enkel Jakob und dessen zwölf Söhnen (1Mose 12–36). Einer der Söhne, Josef, wird nach Ägypten verkauft, steigt dort zur höchsten Machtspitze auf und holt schließlich seinen Vater und seine Brüder mit ihren Familien nach Ägypten (1Mose 37–50). Hier entsteht aus den Nachkommen Jakobs das Volk der zwölf Stämme Israels, das von den Ägyptern bedrängt wird und unter Führung des Mose Ägypten fluchtartig verläßt (2Mose 1–15). Nach einer Wanderung durch die Wüste, dem Aufenthalt am Berg Sinai und einer erneuten Wanderung durch die Wüste, an deren Ende Mose stirbt, kommt Israel an die Grenze Palästinas (2Mose 16 – 5Mose 34). Dann erobert – laut dem Bericht des Josuabuches – das Volk Israel unter Führung des Josua in einem geschlossenen Zug Palästina.
Diese Darstellung ist – wie das Alte Testament mehrfach,

wenn auch nur versteckt zu erkennen gibt – nicht historisch, sondern das Ergebnis eines langen Überlieferungsprozesses, in dem Traditionen verschiedenster Herkunft zu einem Gesamtbild vereinigt wurden.

Seit wann eine Gruppe von Menschen den Namen »Israel« trug, wissen wir nicht. Ein ägyptischer Text aus dem Jahre 1219 v. Chr. erwähnt ein »Israel« irgendwo in Palästina, ohne daß erkennbar wird, um welche Gruppe es sich handelt und wie alt der Name »Israel« ist.

Auf jeden Fall waren die Vorfahren Israels viehzüchtende (und wohl auch Ackerbau treibende) Nomaden. Sie gingen in einem länger andauernden Prozeß vorwiegend in den Gebirgsgegenden, wo sie Wald rodeten, zu seßhafter Lebensweise über, während die fruchtbaren Ebenen in der Hand kanaanäischer Stadtstaaten blieben (Jos 17,14–18; Richt 1,19.21.27–35). Wahrscheinlich drangen die Nomaden aus verschiedenen Richtungen in ihre Wohnsitze vor, und nur ein kleiner Teil von ihnen kam aus Ägypten, der vom Sinai den Glauben an den Gott Jahwe mitbrachte; vorher scheinen die Nomaden an verschiedene »Vätergötter« geglaubt zu haben (z. B. 1Mose 31,53; 46,1). Die Landnahme der Vorfahren Israels setzte im 12., vielleicht auch schon im 13. Jahrhundert v. Chr. ein. Allmählich bildeten die Gruppen, die man jetzt wohl »Israel« nennen darf, größere Einheiten, Stämme.

Die Stämme hingen anfangs nur lose miteinander zusammen und zerfielen – geographisch bedingt – in zwei Gruppen: den Stamm Juda im Süden und die übrigen, die Nordstämme (besonders instruktiv ist Richt 5,14–18, ein Text, der zehn Nordstämme – allerdings Machir und Gilead an Stelle von Manasse und Gad –, aber nicht Juda und Simeon erwähnt).

Die erstarkenden Stämme gerieten in kriegerische Auseinandersetzungen mit den Nachbarn und waren dabei auch erfolgreich – so z. B. bei der Koalition israelitischer Stämme unter Debora und Barak gegen die Kanaanäer (Richt 4–5), beim Abwehrkampf Gideons aus dem Stamm Manasse gegen midianitische Kamelreiterhorden (Richt 6–8) oder Jiftachs gegen

die Ammoniter (Richt 11). Kanaanäer wurden fronpflichtig
(z. B. Jos 9; Richt 1,28–35) und so allmählich in Israel inte-
griert.

2. Die Königszeit

Unter dem Druck der Philister vom Südteil der Küstenebene
Palästinas her schlossen sich die mittel- und nordpalästinischen Stämme (wahrscheinlich ohne Juda) zusammen und
wählten Saul zum König, der nach Anfangssiegen über die
Philister diesen unterlag und dabei den Tod fand (1Sam 10–
31*). Sein Nachfolger David wurde – um 1000 v. Chr. – zunächst König über Juda, aus dem er stammte (2Sam 2,1–4a),
und dann auch König über die mittel- und nordpalästinischen
Stämme (2Sam 5,1–3). Das von ihm eroberte Jerusalem machte er zu seiner Hauptstadt (2Sam 5,6–9). Durch Siege über die
umliegenden Völker schuf er ein großes Reich (2Sam 8,1–14).
In den Auseinandersetzungen um die Thronfolge gelang es
Davids Sohn Salomo, von David zum König bestimmt zu
werden (1Kön 1–2). Salomo (um 965–926 v. Chr.) entfaltete
seine Haupttätigkeit auf religiösem, kulturellem und wirt-
schaftlichem Gebiet (1Kön 3–11).
Nach Salomos Tod trennten sich die Nordstämme als das
Reich »Israel« vom Südreich Juda (1Kön 12). Während in Jerusalem, der Hauptstadt Judas, die Dynastie Davids bis zum
Untergang des Staates (587 v. Chr.) auf dem Thron blieb, wurden im Nordreich – seine Hauptstadt wechselte zunächst, war
dann ab etwa 880 v. Chr. Samaria (1Kön 16,24) – Dynastiebil-
dungen sehr häufig durch Revolutionen zunichte gemacht.
Jahrzehnte hindurch kam es zwischen Juda und Israel zu
Kriegshandlungen, bis etwa ab 850 v. Chr. die Aramäer von
Syrien her das Reich Israel bedrängten.
Gegen die Aramäer traten ab 800 v. Chr. die Assyrer vom
nördlichen Zweistromland (dem Norden des heutigen Irak)
her auf den Plan. 738 v. Chr. machten sie nicht nur die Aramä-

er, sondern auch Israel tributpflichtig und beendeten 722 v. Chr. die staatliche Selbständigkeit Israels, das sie als Provinz »Samaria« ihrem Reich angliederten. In den letzten dreißig Jahren seines Bestehens erlebte Israel sechs Könige, von denen vier durch eine Revolution auf den Thron kamen und zwei nicht länger als ein halbes Jahr regierten (2 Kön 15,8–31). Die Assyrer tauschten die Oberschicht Israels mit Bevölkerungselementen anderer Gegenden des assyrischen Reiches aus, und so entstand allmählich das Volk der Samaritaner (2 Kön 17,24–41). Bald darauf wurde auch Juda den Assyrern tributpflichtig, und nach einem Versuch, die assyrische Oberherrschaft abzuschütteln, kam es 701 v. Chr. zur Belagerung Jerusalems, die gerade noch glimpflich verlief (2 Kön 18,13–16).

Seit 650 v. Chr. zerfiel das assyrische Reich, und der judäische König Joschija (639–609 v. Chr.) konnte ab 622 v. Chr. die politische Selbständigkeit wiedererlangen, ja Teile des ehemaligen Nordreichs hinzugewinnen, bis er im Kampf gegen die Ägypter, die anscheinend den Assyrern zu Hilfe kamen, den Tod fand (2 Kön 22–23). Für kurze Zeit waren die Ägypter die Oberherren Palästinas; 605 v. Chr. wurden sie von den Babyloniern (ihre Heimat war der Süden des Zweistromlandes), die vorher den größten Teil des assyrischen Reiches erobert hatten, besiegt. Der Babylonierkönig Nebukadnezzar bestimmte von jetzt ab als der Oberherr Judas dessen Schicksal (2 Kön 24,1–25,26). Als der judäische König Jojakim (608–598 v. Chr.), ein Sohn Joschijas, die Tributzahlungen einstellte, ließ Nebukadnezzar Jerusalem belagern. Währenddessen starb Jojakim. Sein Sohn und Nachfolger Jojachin konnte nur ein paar Monate regieren und mußte bei der ersten Eroberung Jerusalems 597 v. Chr. mit Königsfamilie, Oberschicht und Handwerkern nach Babylonien in die Verbannung ziehen. Für sie begann das »Babylonische Exil«. Neuer und letzter König in Juda wurde ein weiterer Sohn Joschijas namens Zidkija (597–587 v. Chr.). Auch er lehnte sich gegen Nebukadnezzar auf. Daraufhin eroberte ein babylonisches Heer 587 v.

Chr. Jerusalem nach anderthalbjähriger Belagerung und zerstörte die Stadt. Zidkija wurde – wie wiederum ein großer Teil der judäischen Oberschicht – nach Babylonien weggeführt. Damit hatte auch für Juda die staatliche Selbständigkeit ein Ende.

3. Die exilische und nachexilische Zeit

Über die Zeit des Babylonischen Exils gibt es im Alten Testament keinen fortlaufenden Bericht, sondern nur vereinzelte Notizen. Die Babylonier ließen die Deportierten beieinander wohnen (Ez 3,15), und diese konnten Häuser bauen und Gärten anlegen (Jer 29,5–6). Von der Situation in Palästina zeichnet das Buch der Klagelieder ein betrübliches Bild (z. B. Klgl 1; 4,1–16).

Im Jahre 539 v. Chr. trat der Perserkönig Kyrus die Herrschaft über den Vorderen Orient an; das den Judäern verbliebene Gebiet wurde eine Provinz des Persischen Reiches. Bereits ein Jahr später (538 v. Chr.) gab Kyrus den Judäern in Babylonien die Erlaubnis zur Heimkehr (Esr 6,3–5). Die Rückwanderung erfolgte nicht sofort, sondern erst um 520 v. Chr. unter Serubbabel (Esr 2; Neh 7); sicherlich blieben viele in der Fremde, wo es ihnen wirtschaftlich wohlerging. Aus dem Alten Testament erfahren wir dann weiter, daß 515 v. Chr. der Wiederaufbau des Jerusalemer Tempels vollendet wurde (Esr 6,14–15), daß 458 (oder 397?) v. Chr. der Priester Esra von Babylonien nach Jerusalem kam und dort ein nicht näher bekanntes »Gesetz« in Geltung brachte (Esr 7) und daß 445 v. Chr. Nehemia, der Statthalter der Provinz Juda, die Mauern Jerusalems wiederaufbaute (Neh 2–4; 6,15–19).

Die Epoche persischer Vorherrschaft über den Vorderen Orient dauerte zweihundert Jahre (539–333 v. Chr.), bis Alexander der Große mit dem Sieg über die Perser bei Issos (333 v. Chr.) das Zeitalter des Hellenismus einleitete. Nach dem Tode Alexanders (323 v. Chr.) fiel Palästina in den Diadochen-

kämpfen für ein Jahrhundert dem ägyptischen Ptolemäer-
reich (301–198 v. Chr.), dann dem syrischen Seleukidenreich
(ab 198 v. Chr.) zu. Während der Herrschaft des Seleukiden
Antiochus IV. begann 166 v. Chr. der Aufstand der Makkabäer gegen dessen Religionspolitik.

B.
Die erzählenden Bücher des Alten Testaments

I.
Die fünf Mosebücher
(der Pentateuch)

1. Vorbemerkung

Die fünf Mosebücher werden seit etwa 200 n.Chr. auch *Pentateuch* (»aus fünf Bänden bestehend«) genannt; die einzelnen Bücher tragen seit der griechischen (etwa 250–150 v. Chr.) und der lateinischen (etwa 400 n.Chr.) Übersetzung des Alten Testaments die Namen *Genesis* »Entstehung« (1Mose), *Exodus* »Auszug« (2Mose), *Leviticus* »levitisches, d.h. die Priester betreffendes (Buch)« (3Mose), *Numeri* »Zahlen« (4Mose) und *Deuteronomium* »zweites Gesetz« (5Mose), was auf einen Irrtum der griechischen Übersetzung des Alten Testaments zurückgeht, die in 5Mose 17,18 die hebräischen Worte für »Abschrift des Gesetzes« mit »zweites Gesetz« wiedergibt. Die ersten vier Mosebücher nennt man, weil das fünfte eine Sonderstellung einnimmt, *Tetrateuch* (»aus vier Bänden bestehend«).

2. Inhalt

(1) *Urgeschichte* (1Mose 1–11): Schöpfung (1,1–2,4a) – Paradies und Sündenfall (2,4b–3,24) – Kain und Abel (4,1–16) – Kains Nachkommen (4,17–24) – Adams Nachkommen (4,25–26; 5) – Gottessöhne (6,1–4) – Sintflut (6,5–8,22) – Gottes Bund mit Noach (9,1–17) – Noach und seine Söhne (9,18–29) – Völkertafel (10) – Turmbau zu Babel (11,1–9) – Sems Nachkommen (11,10–26) – Herkunft Abrams (11,27–32).

(2) *Vätergeschichte* (1Mose 12–50): a) *Abram/Abraham*
(1Mose 12,1–25,18): Abrams Berufung und Zug nach Kanaan
(12,1–9) – Abram und Sarai in Ägypten (12,10–20) – Abram
und Lot (13) – Abram und die Könige (14) – Gottes Verheißung an Abram (15) – Sarai und Hagar (16) – Gottes Bund mit
Abram und Umbenennung Abrams und Sarais in Abraham
und Sara (17) – Jahwe bei Abraham (18) – Untergang Sodoms
und Gomorras und Lots Rettung (19,1–29) – Lot und seine
Töchter (19,30–38) – Abraham und Sara bei Abimelech (20) –
Isaaks Geburt (21,1–7) – Hagars und Ismaels Vertreibung
(21,8–21) – Abrahams Bund mit Abimelech (21,22–34) –
Abrahams Versuchung (22,1–19) – Nahors Nachkommen
(22,20–24) – Saras Tod und Erwerb der Grabstätte (23) –
Brautwerbung um Rebekka (24) – Abschluß der Abrahamge-
schichten (seine zweite Ehe, sein Tod und Begräbnis und Ismaels Nachkommen) (25,1–18); b) *Isaak, Jakob, Esau und
Laban* (die Hauptfigur ist *Jakob*) (1Mose 25,19–36,43): Geburt Esaus und Jakobs (25,19–28) – Esau verkauft sein Erstgeburtsrecht (25,29–34) – Isaak und Abimelech (26) – Jakob
gewinnt den Erstgeburtssegen (27,1–45) – Jakobs Flucht nach
Haran (27,46–28,9) – Jakobs Traum in Bet-El (28,10–22) –
Jakob bei Laban, Heirat mit Lea und Rahel (29,1–30) – Geburt und Namensgebung der Kinder Jakobs (29,31–30,24) –
Jakob überlistet Laban (30,25–43) – Jakobs Trennung von Laban (31) – Jakob rüstet sich zur Begegnung mit Esau (32,1–22)
– Jakobs Kampf am Jabbok (32,23–33) – Jakobs Versöhnung
mit Esau (33) – Dina, die Tochter Jakobs, und die Sichemiten
(34) – Jakob in Bet-El (35,1–15) – Benjamins Geburt und Rahels Tod (35,16–20) – Rubens Schandtat (35,21–22a) – Jakobs
Söhne (35,22b–26) – Jakobs Heimkehr (35,27) – Isaaks Tod
(35,28–29) – Esaus Nachkommen (36); c) *Josefserzählung*
(1Mose 37; 39–50), darin die Tamar-Juda-Erzählung (37) und
der Segen Jakobs (49,1b–28a).
(3) *Auszugsgeschichte* (2Mose 1,1–15,21): Entstehung des
Volkes Israel aus den Nachkommen Jakobs in Ägypten und
ihre Bedrückung (1) – Geburt des Mose (2,1–10) – Moses

Flucht nach Midian (2,11–25) – Moses Berufung zum Anführer Israels beim Auszug aus Ägypten (3,1–4,17) – Moses Rückkehr nach Ägypten (4,18–31) – erste Verhandlungen mit dem Pharao (5,1–6,1) – nochmals Moses Berufung (6,2–7,7) – die göttlichen Zeichen und Wunder vor dem verstockten Pharao (7,8–10,29) – Ankündigung der Tötung der ägyptischen Erstgeburt (11) – Tötung der ägyptischen Erstgeburt, Passa-Nacht und Auszug aus Ägypten (12,1–13,16) – Rettung der Israeliten am Meer (13,17–14,31) – Lobpreis für die Rettung (15,1–21).

(4a) *Wüstenwanderung*, erster Teil (2Mose 15,22–18,27): Israel in Mara und Elim (15,22–27) – Wachteln und Manna (16) – Wasser aus dem Felsen (17,1–7) – Sieg über die Amalekiter (17,8–16) – Moses Begegnung mit seinem Schwiegervater (18).

(5) *Aufenthalt am Sinai* (2Mose 19 – 4Mose 10): Erscheinen Gottes auf dem Sinai und die Zehn Gebote (19,1–20,21) – das Bundesbuch (20,22–23,33) – Bundesschluß (24,1–11) – Anweisungen zur Einrichtung des Kultes (24,12–31,17) – Israels Abfall zum Goldenen Kalb und noch einmal Bundesschluß (31,18–34,35) – Ausführung der in 25–31 gegebenen Anweisungen (35–39) – Aufstellung des Heiligtums (40) – Opfervorschriften (3Mose 1–17) – Priesterweihe Aarons und seiner Söhne (8) – Aarons erste Opferhandlung (9) – Nadab und Abihu; Priesterbestimmungen (10) – Reinheitsvorschriften (11–15) – Ritual des Versöhnungstages (16) – das Heiligkeitsgesetz (17–26) – Ablösung von Gelübden und Weihegaben (27) – Zählung des Volkes und Lagerordnung (4Mose 1–4) – verschiedene Gesetze (5,1–9,14) – Aufbruch vom Sinai (9,15–10,36).

(4b) *Wüstenwanderung*, zweiter Teil (4Mose 11,1–20,13): Unzufriedenheit des Volkes in der Wüste (11) – Mirjams Aussatz (12) – Erkundung des verheißenen Landes (13–14) – kultisch-rituelle Bestimmungen (15) – Aufruhr Datans und Abirams und der Rotte Korach (16) – Nachträge zum Aufruhr der Rotte Korach (17,1–26) – Bestimmungen über Priester und Leviten (17,27–28; 18) – Gesetz über Reinigungswasser (19) – Mirjams Tod (20,1) – Wasser aus dem Felsen (20,2–13). (6) *Beginn der Landnahme* (4Mose 20,14–36,13): Edom verweigert Israel den Durchzug (20,14–21) – Aarons Tod (20,22–29) – Einnahme von Horma (21,1–3) – Eherne Schlange (21,4–9) – Stationen des Weitermarsches (21,10–20) – die ersten Siege im Ostjordanland (21,21–35) – der Seher Bileam, der Israel verfluchen soll, es aber segnet (22–24) – Abfall Israels zum Götzendienst (25,1–18) – erneute Zählung (25,19; 26) – Erbrecht der Töchter (27,1–11) – Einsetzung Josuas zum Nachfolger des Mose (27,12–23) – Opferbestimmungen (28,1–30,1) – Gesetz über die Gelübde von Frauen (30,2–17) – Sieg über die Midianiter (31) – erste Landvergabe im Ostjordanland (32) – Stationenverzeichnis (33,1–49) – Anweisungen zur Landverteilung im Ostjordanland (33,50–56; 34) – Leviten- und Asylstädte (35) – Erbrecht der Töchter (36).

(7) Eine Sonderstellung nimmt das *5. Mosebuch* ein, das – bis auf wenige Ausnahmen – die Form einer Abschiedsrede – Geschichtsrückblick und Gesetzesverkündigung – des Mose an das Volk Israel kurz vor Beginn der Landnahme hat und an dessen Schluß der Bericht über den Tod des Mose steht (5Mose 34).

3. Formen der Überlieferung im Pentateuch

Die Textmasse des Pentateuchs besteht hauptsächlich aus Erzählungen, Gesetzen und Vorschriften für den kultischen Bereich.

a) Erzählungen

(1) Die urtümlichste Form der Erzählung, die man im Pentateuch antrifft, ist der *Mythos*, dessen handelnde Personen Götter oder gottähnliche Wesen sind und der meistens in einer Zeit spielt, die der geschichtlichen Zeit vorausgeht. Der einzige Text des AT, den man als Mythos bezeichnen kann, ist

die – recht dunkle – Erzählung 1Mose 6,1–4, nach deren Ur-
gestalt (V. 1–2.4) die »Gottessöhne«, gottähnliche Wesen, sich
menschliche Frauen nahmen; und aus dieser Verbindung gingen die Riesen hervor.

Ansonsten findet man im Pentateuch – genauer: in der Urgeschichte – nur Einzelmotive mythischer Art. Dazu gehört das
Paradies (1Mose 2,8–9) mit dem Lebensbaum, das Flammen-
schwert (1Mose 3,24), die Entrückung Henochs (1Mose 5,24),
die Sintflut (1Mose 6,5–8,22), der Turm, der bis in den Himmel reicht (1Mose 11,4–5).

(2) Der weitaus größte Teil der Erzählungen im Pentateuch
sind *Sagen*, Texte, die auf mündlicher anonymer Überlieferung beruhen. Die Sage steht zwischen dem Märchen und
dem Geschichtsbericht; sie knüpft an reale Gegebenheiten –
in einem konkreten Raum und auch in einer verhältnismäßig
konkreten Zeit – an, die sie fantasievoll ausschmückt. Wenn
im folgenden einzelne Sagen kurz vorgestellt werden, so geschieht das mit der Einschränkung, daß sich in einer Sage oft
mehrere Motive überlagern und miteinander vermischen und
es daher nicht möglich ist, mit ein paar Sätzen den ganzen
Sinngehalt einer Sage wiederzugeben.

Anlaß vieler Sagen – im Pentateuch der meisten – sind Erscheinungen der Natur oder des menschlichen Lebens, die
mit der Sage erklärt, gedeutet werden; man bezeichnet sie als
»ätiologische Sagen« (von griech. *Haitía* »Ursache«). Zuweilen wird der ätiologische Charakter der Texte durch die formelhafte Notiz unterstrichen, daß ein Sachverhalt »bis auf
den heutigen Tag«, d. h. bis zur Zeit des Erzählers, bestehe
(1Mose 19,37.38; 26,33).

Mit den Strafsprüchen der Paradiesgeschichte (1Mose 2,4b–
3,24) sollen folgende Fragen beantwortet werden: Warum
kriecht die Schlange auf dem Bauch? Warum muß die Frau ihr
– nach damaliger Auffassung – höchstes Glück, die Mutter-
schaft, durch Schmerzen und die Unterwerfung unter
den Ehemann erkaufen? Warum ist die Arbeit des Bauern so
mühsam, wo doch der Israelit ein Leben ohne Arbeit nicht für

sinnvoll und wünschenswert hält? Die Antwort lautet: Die Schlange und das erste Menschenpaar haben das Verbot Gottes übertreten und sind dafür bestraft worden (1Mose 3,14–19).

Die Erzählung von Kain und Abel (1Mose 4,1–16), in der es darum geht, wie aus der grundlosen Benachteiligung eines Menschen durch Gott der Neid erwächst und sich zum Brudermord steigern kann, will anscheinend auch das Nomadentum des Stammes der Keniter, verkörpert in Kain als ihrem Ahnherrn, begründen.

Um die Frage nach der Verschiedenheit der Sprachen geht es in der Turmbau-Erzählung (1Mose 11,1–9); diese Verschiedenheit wird mit dem Einschreiten Gottes gegen den Übermut der Menschen begründet.

Die Erzählung vom Untergang Sodoms und Gomorras (1Mose 19,1–29), die in der Gegend des Toten Meeres, einer schauerlich-leblosen Landschaft, spielt, will die Frage beantworten: Wie kam es zu dieser Einöde? Und die Antwort der Erzählung lautet: Die Gegend um das Tote Meer war einst ein fruchtbares Gebiet; aber die Bewohner jenes Gebietes versuchten, frevelhaft an Lot, dem Neffen Abrahams, und seinen Besuchern zu handeln (der Frevel bestand in der Verletzung des Gastrechts und in der von Israel streng verurteilten Homosexualität). Deshalb vernichtete Gott sie in einem furchtbaren Strafgericht und machte ihr Gebiet zur Einöde.

Innerhalb dieser Erzählung findet sich wiederum ein ätiologisches Motiv: Lots Frau dreht sich verbotenerweise um und wird zur Salzsäule (1Mose 19,26); vermutlich gab es also in der Gegend des Toten Meeres eine Salzsäule, die einer Frauengestalt ähnlich war.

Eine Art Ätiologie liegt auch in 1Mose 48,1–2.8–22 vor. Der sterbende Jakob will die Söhne Josefs, Manasse und Efraim, segnen, und Josef stellt den Manasse, den älteren, rechts von Jakob auf und den Efraim, den jüngeren, links; der Segen mit der rechten Hand galt als der machtvollere. Aber Jakob kreuzt seine Arme, so daß seine rechte Hand auf dem Kopf des Jüngeren liegt und die linke auf dem Kopf des Älteren, und so segnet er sie. Hier sind Manasse und Efraim die Repräsentanten zweier *Stämme* Israels, und die Erzählung will begründen, warum Efraim, der als der jüngere Stamm galt, den anderen, Manasse, in seiner politischen Bedeutung überragte.

Völlig rätselhaft ist für uns die Ätiologie der äußerst befremdlichen Erzählung 2Mose 4,24–26, wo Jahwe den Mose überfällt und töten will und Moses Frau Zippora den Überfall verhindert, indem sie die Vorhaut ihres Sohnes abschneidet und damit »seine« – d. h. wohl: Moses – »Füße«, d.h. Scham, berührt; seitdem – so meint es wohl der Text – verwendet man bei Beschneidungen den Ausdruck »Blutbräutigam«.

Die Erzählung 2Mose 16, wonach die Israeliten in der Wüste das Manna als Nahrung erhalten, war ursprünglich so etwas wie eine Ätiologie für die Tatsache, daß man im Inneren der Sinaihalbinsel das Manna, ein tropfenförmiges Harz, eßbar und von süßem Geschmack, findet. Die jetzige Erzählung nimmt das Manna-Motiv zum Anlaß, Israel auf das Einhalten der Sabbatruhe hinzuweisen und zu verpflichten (V. 22–30).

Nicht mehr ganz durchschaubar ist die Erzählung 2Mose 17,8–16, die ebenfalls auf eine Ätiologie hinausläuft: Offenbar versammelten sich die Israeliten beim Kampf gegen den Nomadenstamm der Amalekiter bei einem Altar und legten die Hand an ein Banner.

Ein anderer Typ der ätiologischen Sage hat die Entstehung eines *heiligen Ortes* zum Gegenstand (man nennt diesen Typ »Heiligtumslegende«, »Kultätiologie« oder »Kultgründungssage«); sie erzählt von einer an dieser Stätte geschehenen Offenbarung, die dem Ort sakralen Charakter verleiht.

Hagar, die Sklavin Saras, die von Abraham ein Kind erwartet und von Sara streng behandelt wird, flieht in die Wüste und begegnet einem Engel an einer Quelle, einem Brunnen, den sie »Brunnen des Lebendigen, der mich sieht« (ob diese Übersetzung zutrifft, ist nicht ganz sicher) nennt (1Mose 16,1–14). Ähnlich wird – das sei hier exkursartig angemerkt – in 1Mose 21,8–21 erzählt, daß Abraham auf Saras Drängen hin die Hagar mit ihrem Sohn Ismael vertreibt, worauf diese sich in der

Wüste verirrt, die Stimme eines Engels vernimmt und plötzlich einen Brunnen sieht. Hier liegt offensichtlich eine Variante, ein Parallelbericht zu 1Mose 16,1–14 vor, die aber das ätiologische Element nicht mehr bringt und allem Anschein nach einer späteren Überlieferungsstufe als 1Mose 16,1–14 angehört.

Eine Kultätiologie schimmert noch in 1Mose 18,1–16a durch, wonach Jahwe dem Abraham im »Hain Mamre« – Mamre war ein Heiligtum bei Hebron mit heiligen Bäumen – erscheint, drei Männer Abraham besuchen, die er bewirtet und die ihm einen Sohn verheißen. Nach dem jetzigen Text haben wir Jahwe als einen der drei Männer zu denken. Aber der Text wechselt überraschend von einem (V. 1) zu dreien (V. 2), von einem (V. 3) zu dreien (V. 4–9), von einem (V. 10–15) zu dreien (V. 16). So hat man den Eindruck, daß hier zwei verschiedene Überlieferungen miteinander verknüpft worden sind: eine, die von drei Männern, und eine, die von einer Verheißung Jahwes an Abraham erzählte; und dieser Eindruck dürfte das Richtige treffen. Wahrscheinlich gab es einmal eine alte, vorisraelitische Erzählung, die vom Erscheinen dreier Götter in Mamre erzählte. Diese alte Erzählung war anscheinend so eng mit Mamre verbunden, daß derjenige, der vom Aufenthalt *Abrahams* in Mamre erzählte, sie nicht außer acht lassen konnte.

Nach der Erzählung 1Mose 28,10–22 sieht Jakob im Traum eine Treppe (Lutherbibel: »Leiter«), auf der die Engel vom Himmel zur Erde und zurück steigen (sie haben also keine Flügel) und auf der Jahwe oben steht und zu ihm spricht; aufwachend erkennt Jakob die Heiligkeit des Ortes und nennt ihn »Bet-El«, d.h. »Haus Gottes«.

Hierher – als eine Art der Kultätiologie – gehören auch solche Erzählungen, in denen es um die Heiligkeit bestimmter *Gegenstände* geht.

Ein Kultgegenstand wird in 2Mose 34,29–35 erwähnt, nämlich eine Maske (Lutherbibel: »Decke«), die Mose sich aufsetzte, wenn er nach einer Begegnung mit Jahwe zu den Israeliten sprach; das dürfte zumindest die ursprüngliche Bedeutung des Textes sein. Offenbar kannte Israel – wie andere Völker auch – die Sitte, daß die Priester Gesichtsmasken trugen. Mit der Maske nahm ursprünglich der Priester das »Gesicht« seiner Gottheit an und identifizierte sich mit ihr.

Nach 4Mose 21,4b–9 fertigt Mose eine Schlange aus Bronze an, die er als Schutzmittel gegen eine Schlangenplage verwendet. Anlaß für diese Erzählung war vermutlich ein Kultgegenstand des Jerusalemer Tempels, eine Schlange aus Bronze, die »Nehuschtan« hieß und erst in der späten Königszeit aus dem Tempel entfernt wurde (2Kön 18,4). Der Name ist eine Mixtur aus den hebräischen Wörtern für »Schlange« und für »Bronze«. Vermutlich wußte man, daß jenes Schlangenbild eigentlich ein kanaanäisches Fruchtbarkeitssymbol war; und man wollte seine Existenz im Jerusalemer Tempel dadurch rechtfertigen, daß man es auf Mose zurückführte und ihm eine Unheil abwehrende Wirkung zuschrieb.

Zahlreiche Sagen des Pentateuchs sind der – manchmal recht willkürliche – Versuch, *Namen* zu erklären.

Die Turmbau-Geschichte deutet den Namen der Stadt Babel – fälschlich – mit dem hebräischen Wort für »verwirren« (1Mose 11,9).

Nach der Erzählung 1Mose 19,30–38 stellen Lots Töchter fest, daß außer ihrem Vater kein Mann mehr existiert, von dem sie Kinder bekommen könnten (das ist im jetzigen Zusammenhang seltsam); darum machen sie den Lot betrunken, und, ohne es zu merken, zeugt er mit jeder einen Sohn. Der eine erhält den Namen Moab (»vom Vater«) und ist der Stammvater der Moabiter, der andere erhält den Namen Ben-Ammi (»Sohn meines Verwandten«) und ist der Stammvater der Ammoniter.

Die – aus zwei Schichten bestehende – Erzählung vom Brunnenstreit bei Beerscheba (1Mose 21,22–34; eine Variante dazu liegt in 26,23–33 vor), wo es um einen Schwur und sieben Lämmer geht, will den Namen Beerscheba erklären, der »Schwurbrunnen« oder »Siebenbrunnen« bedeutet.

Um die Namen von drei anderen Brunnen geht es in der
Brunnenstreit-Erzählung 1Mose 26,12–22.

In der Erzählung von der Geburt der Zwillinge Esau – er gilt
als Stammvater des Volkes Edom, das auf dem Gebirge Seïr
wohnte – und Jakob (1Mose 25,21–26a) werden die Namen
Edom und Seïr mit »rötlich« und »haarig« erklärt und der
Name Jakob mit dem hebräischen Wort für »Ferse« zusam-
mengebracht.

Die kurze Notiz 1Mose 33,17 deutet den Namen des Ortes
Sukkot als »Hütten«.

Nach 2Mose 15,22–25a war das Wasser (der Quelle) von Mara
(der Name läßt sich im Hebräischen als »Bitterkeit« deuten)
ungenießbar, »bitter«, und wurde von Mose mittels eines in
das Wasser geworfenen Holzes »süß« gemacht.

Nach 2Mose 17,1–7 hadert das Volk in der Wüste mit Mose,
weil es kein Wasser hat. Als Mose daraufhin mit seinem Stab
gegen einen Felsen schlägt, sprudelt Wasser hervor, und Mose
nennt den Ort Meriba (»Haderort«, »Anklageort«). Aber
wahrscheinlich rührt der Name Meriba daher, daß die Wan-
derhirten dort ihre Rechtshändel austrugen.

Daß Mose mit seinem Stab Wasser aus dem Felsen zaubert,
wird auch in 4Mose 20,2–13 – einer Variante zu 2Mose 17,1–7
– berichtet. Hier findet sich im Handlungsablauf eine Merkwürdigkeit; denn der Vorwurf des Mose an das Volk (V. 10b)
erscheint mit einem Mal (V. 12) als Zweifel Moses (und Aarons) an der Macht Jahwes. Offenbar will die Erzählung in
ihrer Jetztgestalt begründen, warum Mose und Aaron nicht in
das verheißene Land kamen.

Die kurze Erzählung 4Mose 11,1–3 deutet – wohl kaum zutreffend – den Namen Tabera als »Ort des Verbrennens«.

Die anschließende Erzählung 4Mose 11,4–34 läuft darauf hinaus, daß ein Ort den Namen »Lustgräber« bekommt, weil die
Israeliten »lüstern«, gierig, auf das Fleisch von Wachteln sind
und Jahwe deshalb viele von ihnen tötet. So das Endstadium
der Erzählung. Ihr liegt eine ursprünglich kürzere Erzählung
zugrunde (greifbar etwa in den Versen 4b.10a.13.18–19.21–

24a.31–33) mit dem Inhalt, daß der Hunger der Israeliten durch Wachteln, die erschöpft auf die Erde fielen, gestillt wird. (Ein Bearbeiter hat diese Erzählung an die Manna-Erzählung von 2Mose 16 angeglichen: Manna auch in 4Mose 11,7–9.) Außerdem geht es in 4Mose 11,4–34 um das Verhältnis der Profetie zu Mose, d. h. zu dem von Mose übermittelten Gesetz (V. 11–12.14–17.24b–30).

Eine Namensätiologie liegt auch in 4Mose 21,1–3 vor: Israel besiegt Kanaanäer und vollzieht an ihnen den Bann, d. h. vernichtet sie vollständig. Deshalb nennt man den Ort des Kampfes Horma (»Bann«); die Namenserklärung ist wohl kaum zutreffend.

(3) Neben den Ätiologien findet man zahlreiche Erzählungen im Pentateuch, die nur mit Mühe einem bestimmten Typ zuzuordnen sind. Im folgenden sollen die markantesten vorgeführt werden.

Die auf uns Heutige unmoralisch wirkende Erzählung, wie Abraham seine schöne Frau Sara sich gegenüber den Ägyptern als seine Schwester ausgeben läßt, damit er, wenn sie in den Harem des Pharao kommt, nicht – als ihr Ehemann – getötet wird, sondern es ihm vielmehr wohlergeht, was auch eintrifft (1Mose 12,10–20; Ähnliches wird in der Variante 1Mose 26,1–11 von Isaak und Rebekka und dem König Abimelech von Gerar berichtet), wollte ursprünglich die Schönheit der Ahnfrau Sara (Rebekka) und die Klugheit des Ahnherrn Abraham (Isaak) rühmen.

Um den Ruhm Abrahams geht es auch in 1Mose 14,12–24, wo Abraham als Krieger auftritt, der seinen Neffen Lot aus der Gefangenschaft befreit. Die Idee, daß Abraham auch ein Krieger war, muß in einer Zeit entstanden sein, als man keine rechte Vorstellung vom historischen Abraham mehr hatte; denn der war – das zeigen die Erzählungen des 1. Mosebuches in aller Deutlichkeit – ein friedlicher Nomade gewesen. Zu einem offenbar noch späteren Zeitpunkt wurde der Bericht von Abrahams Heldentat mit einem anderen – etwas krausen und verstümmelten – Bericht verknüpft, der von einem Krieg

erzählt, den vier Großkönige gegen fünf Vasallen, Stadtköni-
ge, führten (1Mose 14,1–11). Was dieser Bericht ursprünglich
einmal bezweckte und welche historischen Ereignisse sich
möglicherweise dahinter verbergen, bleibt für uns im dunk-
len.

Ein älteres Element dieses Kapitels dürfte der Abschnitt
V. 18–20 sein, wonach Abraham dem Melchisedek, dem König und Priester von Salem, d. h. Jerusalem, den Zehnten gibt.
Dieser Text wurde offenbar – wahrscheinlich zur Zeit Davids
– in propagandistischer Absicht verfaßt: Er wollte der – durch
Abraham repräsentierten – Landbevölkerung Judas einleuchtend machen, daß sie den Zehnten an den Tempel in Jerusalem
entrichten muß.

Aus verhältnismäßig später Zeit stammt auch der Text 1Mose
15,7–21, wo Gott die Verheißung an Abraham, daß er, Abraham, das Land besitzen werde, mit einer Schwurhandlung bekräftigt: Abraham zerschneidet drei Tiere in zwei Hälften und
legt die Teile einander gegenüber (V. 9–10), und wie es dunkel
ist, geht Jahwe zwischen den Teilen hindurch, Abraham sieht
aber nur Feuer und Rauch als Zeichen der Gegenwart Jahwes
(V. 17). Dieser Abschnitt ist einem damals üblichen Ritus
nachgestaltet, daß nämlich bei einem Bundesschluß – genauer:
einer Selbstverpflichtung – der sich Verpflichtende zwischen
den Teilen eines zerlegten Tieres hindurchging, um damit aus-
zudrücken: Falls er die Verpflichtung nicht einhält, soll es ihm
so ergehen wie dem Tier (dieser Ritus wird in Jer 34,18 erwähnt).

Im Hintergrund der für uns befremdlichen und wohl keines
wegs völlig auslotbaren Erzählung 1Mose 22,1–14, wo Gott
dem Abraham befiehlt, ihm seinen Sohn Isaak zu opfern, aber,
als Abraham dem Befehl nachkommen will, ihn daran hindert
und ihn einen Widder opfern läßt, steht vielleicht die Ablösung des Menschenopfers durch ein Tieropfer.

Aus der Erzählung, wie Esau, der Jäger, sein Erstgeburtsrecht,
weil er hungrig ist, für ein Linsengericht an seinen Bruder
Jakob, den Hirten, verkauft (1Mose 25,29–34), spricht die Ri-

valität zwischen dem Jäger und dem Hirten und das Überlegenheitsgefühl des letzteren gegenüber dem ersteren.

Davon, daß Jakob den Esau um dessen Anspruch betrügt, handelt auch die Erzählung 1Mose 27,1–45, die berichtet, wie Jakob mit Hilfe seiner Mutter Rebekka seinem fast blinden Vater den Segen – die Lebenskraft, die nach dem Glauben des Altertums der auf den Tod zugehende Vater an einen Sohn weitergeben kann – ablistet. Das abscheuliche Tun Rebekkas und Jakobs erscheint zwar wie ein gelungener Streich. Aber indirekt gibt zumindest derjenige, der die Erzählung in den größeren Zusammenhang der Jakob-Geschichten einfügte, doch zu erkennen, daß er dieses Tun mißbilligt: Jakob wird zwanzig Jahre in der Fremde sein, und Rebekka sieht ihn nie wieder.

Die Erzählung 1Mose 32,23–32 gehört neben 2Mose 4,24–26 zu den urtümlichsten der Bibel. In ihrer älteren Gestalt (V. 23–26a.27.30b.32) berichtet sie, daß Jakob an einer Furt des Flusses Jabbok mit einem »Mann« – einem Nacht-Dämon, der den Übergang über den Fluß verhindern will – kämpft und von ihm den »Segen« – Anteil an seiner Kraft – erhält. Auf einer sehr viel späteren Stufe der Überlieferung (V. 28–30a.31) wurde der Nacht-Dämon mit Gott, also mit Jahwe, identifiziert.

Die Erzählung, wie Dina, die Tochter Jakobs, von einem Mann namens Sichem, dem Sohn des Hamor, vergewaltigt wird, dieser sie dann aber heiraten möchte, wozu die Brüder Dinas jedoch nur bereit sind, wenn Sichem und die Männer seiner Stadt sich beschneiden lassen, und wie schließlich Dinas Brüder über die durch die Beschneidung geschwächten Männer herfallen und ihre Stadt plündern (1Mose 34,1–31), ist innerhalb der Jakob-Geschichten eine Sondertradition (Dina kommt sonst nur noch in 1Mose 30,21 und 46,15 vor, und beide Stellen sind wohl im Hinblick auf unser Kapitel formuliert worden). Diese Erzählung vereinigt zwei verschiedene Überlieferungen (die eine handelt von Sichem, Dina und ihren Brüdern, die andere bringt Hamor mit ins Spiel, der eine

Verschwägerung zwischen den Leuten seiner Stadt und der
Familie Dinas vorschlägt) und ist daher in ihrem Handlungsablauf etwas unklar. Man darf vermuten, daß der Dina-Erzäh-
lung ein historischer Kern zugrundeliegt, nämlich eine Auseinandersetzung zwischen der *Stadt* Sichem und einer Gruppe von Israeliten.

Ein historischer Kern liegt wohl auch der Erzählung vom
»Goldenen Kalb« (2Mose 32,1–35) zugrunde, wonach die Israeliten, während Mose sich auf dem Berg Sinai befindet, ein
goldenes Stierbild herstellen, das Mose bei seiner Rückkehr
vernichtet. Wahrscheinlich spielt die Erzählung auf einen
Vorgang der frühen Königszeit an – der König Jerobeam I.
von Israel ließ in den Heiligtümern von Bet-El und Dan je ein
goldenes Stierbild aufstellen (1Kön 12,26–32) – und verurteilt
ihn, indem sie zum Ausdruck bringt, solch ein Vorgang habe
schon den Zorn des Mose erregt.

In ähnlicher Absicht könnte die Erzählung vom Aufstand der
»Rotte Korach« gegen Mose und ihrem Untergang (4Mose
16,1–35), die nachträglich mit der Erzählung vom (Aufstand
und) Untergang Datans und Abirams zusammengefügt wurde, verfaßt worden sein. Denn die »Söhne Korachs«, die Korachiten, waren untergeordnete Mitglieder des Jerusalemer
Tempelpersonals; und ihr Streben nach einer höheren Einstu-
fung oder nach mehr Privilegien wird in unserer Erzählung –
so darf man vermuten – indirekt verurteilt: Schon der Ahnherr der Korachiten habe sich gegen Mose aufgelehnt und sei
dafür bestraft worden.

Abschließend sei die Tamar-Erzählung (1Mose 38,1–30) erwähnt, die einem noch zu nennenden Typ der Erzählung, der
Novelle, nahesteht. Ihr Inhalt: Juda, der Ahnherr des gleich-
namigen Stammes, verheiratet seinen ältesten Sohn mit einer
Frau namens Tamar, und als dieser stirbt, gibt er sie seinem
zweiten Sohn zur Frau, der ebenfalls stirbt, und zwar weil er
sich weigerte, mit Tamar ein Kind zu zeugen. Nun wäre Juda
nach dem Gesetz verpflichtet, Tamar seinem dritten Sohn zur
Frau zu geben, weil der Erstgeborene aus dieser Ehe als Sohn

des ersten Mannes der Tamar gelten soll (so das Gesetz 5 Mose 25,5–10). Aber Juda weigert sich; darum verkleidet Tamar sich als Dirne, begegnet unerkannt dem Juda und empfängt ein Kind von ihm. Juda muß zugeben, daß sie »gerecht«, gemeinschaftstreu – nämlich gegenüber ihrem verstorbenen ersten Mann – gehandelt hat (V. 26).

(4) Sicherlich bestanden ursprünglich die einzelnen Sagen, sofern es sich um altes Überlieferungsgut handelt, unabhängig voneinander, d.h. sie wurden jede für sich – und zwar innerhalb der jeweiligen Sippe – weitergegeben. Später wuchsen manche von ihnen zu einer größeren Einheit zusammen und bildeten *Sagenkränze*. Der umfangreichste ist der »Jakob-Esau-Laban-Sagenkranz« (1 Mose 25; 27–33), der von Jakobs Auseinandersetzung mit seinem Bruder Esau und seiner Flucht vor Esau (1 Mose 25; 27–28) zu seinem Onkel Laban, seinem Aufenthalt bei Laban, seiner Trennung von Laban (1 Mose 29–31) und von seinem Zusammentreffen mit Esau (1 Mose 32–33) berichtet. Hier bildet der »Jakob-Esau-Sagenkranz« (1 Mose 25; 27–28; 32–33) den Rahmen für den »Jakob-Laban-Sagenkranz« (1 Mose 29–31). Daneben gibt es den »Abraham-Lot-Sagenkranz« (1 Mose 12,1–8; 13; 18–19), der von der Einwanderung Abrahams und seines Neffen Lot nach Kanaan, von Abrahams Ansiedlung bei Hebron und der Lots in Sodom und dem Untergang Sodoms berichtet.

Manchmal wurde die Einzelsage durch die Aufnahme in einen Sagenkranz verändert. Dazu ein Beispiel. Zweifellos erzählte die Sage 1 Mose 32,23–32 in ihrer ursprünglichen Form, daß Jakob *allein* einem Nacht-Dämon begegnete; im jetzigen Zusammenhang hat Jakob seine Familie dabei (V. 23–24), und ausdrücklich muß der Erzähler nun betonen, daß Jakob beim Kampf allein war (V. 25a).

Auf einer wiederum späteren Überlieferungsstufe kamen weitere Erzählungen über Abraham und Jakob hinzu, und schließlich wurden – beim Zusammenwachsen der einzelnen Gruppen Israels zu einem Volk – die drei »Erzväter« Abraham, Isaak (von ihm handelt eigentlich nur das Kapitel 1 Mose

26) und Jakob als Großvater, Vater und Enkel miteinander
verknüpft.

(5) Zwei Erzählungen gibt es im Pentateuch, die man als *Novellen* zu bezeichnen pflegt, weil hier in gedrängter und zielstrebiger Form eine ungewöhnliche Begebenheit dargestellt
wird.

Eine davon ist die Josefserzählung in 1Mose 37; 39–50*. Sie
schildert, wie Josef, einer der zwölf Söhne Jakobs, von seinen
Brüdern nach Ägypten verkauft wird, dort aus dem Sklavendasein und dem Gefängnis zu höchsten Ehren gelangt, weil er
die Träume des Pharao deuten kann und eine Hungersnot
voraussagt, die eintrifft und die Josefs Brüder zur zweimaligen Reise nach Ägypten veranlaßt, bei deren erster Josef den
Brüdern unerkannt gegenübertritt, bei der zweiten jedoch
sich zu erkennen gibt, sich mit ihnen versöhnt und schließlich
die Brüder und ihre Familien und den Vater Jakob nach
Ägypten übersiedeln läßt.

Im Gegensatz zu einem Großteil der Sagen, wo Gott unmittelbar am Geschehen beteiligt ist, indem er zu den Menschen
redet, ihnen im Traum erscheint oder sie sogar besucht, spielt
sich das Geschehen in der Josefserzählung ganz und gar unter
Menschen ab; sie allein tragen die Konflikte aus – ohne daß
Gott seine Anweisungen oder tröstliche Zukunftsaussichten
gibt. Nur verhalten spricht die Josefserzählung von Gott, aber
sie tut es an entscheidender Stelle, nämlich wie Josef sich den
Brüdern zu erkennen gibt: »Gott hat mich vor euch hergesandt, daß er ... euer Leben erhalte zu einer großen Errettung.
Und nun, ihr habt mich nicht hergesandt, sondern Gott; der
hat mich dem Pharao zum Vater gesetzt ... und zum Herrscher über ganz Ägyptenland« (1Mose 45,7–8; ähnlich 50,20).
So zeigt sich der zutiefst religiöse Charakter dieser Novelle:
Sie verweist auf Gott als den, der verborgen das Schicksal des
Menschen lenkt; sie erkennt im irdischen Geschehen das
Handeln Gottes.

Darin steht die Josefserzählung einer anderen Erzählung nahe, nämlich der von Rebekkas Brautwerbung (1Mose 24,1–

67). Sie schildert, wie Abraham seinen Knecht in seine, Abrahams, Heimat sendet, um für seinen Sohn Isaak eine Frau zu holen, wie der Knecht bei der »Stadt Nahors« – Nahor ist der Bruder Abrahams (1Mose 11,26–27) – zu einem Brunnen kommt und dort betet: »Jahwe, ... laß mir's heute begegnen und erweise meinem Herrn Abraham Gnade. Ich stehe hier am Wasserquell, und die Töchter der Leute in der Stadt kommen jetzt heraus, um Wasser zu schöpfen. Wenn ich nun zu einem Mädchen sage: ›Neige meinen Krug, daß ich trinke‹, und sie spricht: ›Trinke nur, aber auch deine Kamele will ich tränken‹ – die soll es sein, die du deinem Knecht Isaak bestimmt hast« (V. 12–14). Bald kommt Rebekka – die Tochter Nahors und Schwester Labans, also Isaaks Cousine (nach einer anderen Tradition war sie Tochter des Betuël, V. 15.24.47.50) – an den Brunnen; sie handelt genau so, wie der Knecht es erwartete, und er kann sie als Frau für Isaak gewinnen. Auch hier ist es Gott, der die Geschicke lenkt, aber ohne daß er direkt eingreift.

(6) Eine Sonderform der alttestamentlichen Erzählung ist der *Stammbaum*, die *Genealogie*. So nennt der Stammbaum 1Mose 4,1–2.17–26 und 5,1–32 die Nachkommen Adams und Kains, der in 1Mose 11,10–32 die Nachkommen Sems bis zu Abraham. Die Völkertafel 1Mose 10,1–32 führt die gesamte Menschheit auf die drei Söhne Noahs – Sem, Ham und Jafet – zurück. Letzteres ist typisch für das israelitische Denken: Miteinander verwandte oder beieinander wohnende Gruppen, Stämme und Völker werden als Angehörige von Familien betrachtet. Dementsprechend gelten die zwölf Stämme Israels als Nachkommen der zwölf Söhne Jakobs, was die Erzählung 1Mose 29,31–30,24 ausführlich darstellt. Hier lassen sich die Sammlungen der Stammessprüche in 1Mose 49,1b–28a und 5Mose 33,2aβ–29 anschließen; es handelt sich um lobende, tadelnde, auch spottende Charakteristiken der einzelnen Stämme in verschiedener Form und aus verschiedener Zeit. Ferner erscheinen in 1Mose 22,20–24 zwölf aramäische Stämme – oder Ortschaften – als Söhne Nahors, des Bruders

Abrahams, in 1Mose 25,1–4 arabische Stämme – oder Ortschaften – als Nachkommen Abrahams von Ketura, in 1Mose 25,12–16 zwölf Gruppen der Ismaeliter, eines Nomadenstammes, als Söhne Ismaels, des Sohnes Abrahams von Hagar, und in 1Mose 36,9–30.40–43 die Söhne und Enkel Esaus und Seïrs, womit die Stämme und Sippen der Edomiter und der Horiter (sie wohnten *vor* und später *neben* den Edomitern im Land) gemeint sind.

b) Rechtssätze

Die Rechtssätze des Alten Testaments gliedern sich in zwei Gruppen. Ein Beispiel für die erstere: »Wenn Männer miteinander streiten und einer den anderen mit einem Stein oder einer Hacke schlägt, so daß er zwar nicht stirbt, aber bettlägerig wird, falls er dann wieder aufsteht und draußen an seinem Stock umhergehen kann, so bleibt der Schläger straffrei; nur sein Daheimsitzen soll er bezahlen und für seine Heilung aufkommen« (2Mose 21,18–19). Der Rechtssatz nennt also zuerst den generellen Tatbestand (»wenn«, hebr. *ki*), dann den Sonderfall (»falls«, hebr. *im*). Ein weiteres Beispiel: »Wenn ein Mann seinen Sklaven – oder seine Sklavin – mit einem Stock schlägt, so daß er (der Sklave) unter seiner Hand stirbt, so soll er unbedingt gerächt werden. Falls er jedoch einen oder zwei Tage am Leben bleibt, soll er nicht gerächt werden, da es sich um sein (eigenes) Geld handelt« (2Mose 21,20–21). Die Aufgliederung des Tatbestandes in einen Oberfall (»wenn«) und einen oder mehrere Unterfälle (»falls«) läßt sich sehr schön am Sklavengesetz (2Mose 21,1–11) beobachten: V. 2 »wenn«, darauf viermal »falls« (V. 3a.3b.4.5), V. 7 »wenn«, darauf wieder viermal »falls« (V. 8.9.10.11).

Diese Rechtsform nennt man »kasuistisch«, d. h. soviel wie »auf Einzelfälle (lat. *casūs*) bezogen«. Das kasuistisch formulierte Recht kommt im AT – wie auch in der vorderorientalischen Umwelt – häufig vor. Es lieferte die Maßstäbe für das normale Gerichtsverfahren.

Vom kasuistischen Recht unterscheidet sich das apodiktisch

formulierte Recht. »Apodiktisch« heißt: »unbedingt richtig«, »keinen Widerspruch duldend«. Das apodiktische Recht ist in *Reihen* überliefert und gliedert sich in drei Typen.

Erstens gibt es Sätze über todeswürdige Verbrechen mit der Formulierung: »Wer das und das tut, muß unbedingt getötet werden« (2Mose 21,12.15–17; 3Mose 20,9–13.15–16; 24,16–17).

Daneben steht die Fluchreihe 5Mose 27,15–25 mit der Formulierung: »Verflucht ist, wer das und das tut«. Sie stellt – als Selbstverfluchung – solche Praktiken unter Strafe, die »im Verborgenen«, außerhalb der Kontrolle der Öffentlichkeit durchgeführt werden können.

Der dritte Typ sind die »Prohibitive« mit der Formulierung: »Nicht sollst du das und das tun« (dem Hebräischen angemessener wäre die strengere Formulierung: »Nicht *wirst* du das und das tun«). Die Prohibitive betreffen das Verhalten gegenüber bestimmten Personen (2Mose 22,17.20–21.27), das Verhalten in der Gerichtsbarkeit (2Mose 23,1–3.6–9) oder den unerlaubten Geschlechtsverkehr mit Verwandten (3Mose 18,7–16). Allgemeiner, umfassender ist die Reihe 19,13–18 und die berühmteste der Prohibitiv-Reihen, die Reihe der Zehn Gebote (2Mose 20,2–17; 5Mose 5,6–21), die allerdings nicht rein apodiktisch ist, sondern eine Mischform darstellt. Fragt man nach der Anwendung des apodiktischen Rechts im Leben des Volkes Israel, so läßt sich nur sagen, daß es schwerlich Bestandteil des normalen Gerichtsverfahrens war; alles andere – ob es vielleicht regelmäßig im Kult verkündet oder in der Familie weitergegeben wurde – bleibt offen.

4. Zum Werdegang des Pentateuchs

Das vielgestaltige Material der Pentateuch-Überlieferungen ist, wie an der Inhaltsangabe deutlich wird, zu einer wohlkomponierten Einheit zusammengefügt worden. Genaueres Zusehen aber zeigt, daß oft ein Text dem anderen wider-

spricht, daß manchmal etwas schon Berichtetes noch einmal
berichtet wird oder daß innerhalb eines Abschnitts Widersprüche oder Doppelungen sichtbar werden. Außerdem findet sich ein anscheinend willkürlicher Wechsel der Gottesbe-
zeichnungen: Manchmal steht der Eigenname Jahwe, manchmal das hebräische Wort für »Gott«, nämlich *Elohim* (eigentlich *ᵃlohim*). Ein paar Beispiele sollen diese Ungereimtheiten
verdeutlichen.

Nach dem Schöpfungsbericht (1Mose 1,1–2,4a) schuf Gott
das Licht, den Himmel, die Erde und das Meer und die Pflanzen, Sonne und Mond, die Tiere und den Menschen – als
Mann und Frau – in sechs Tagen, und zwar in der genannten
Reihenfolge. Was dann aber kommt, steht zum Vorangehenden im krassen Widerspruch: Die Erde war zunächst eine
Wüste; Gott erschuf den Menschen – genauer: zuerst nur den
Mann – und dann erst die Pflanzen, die Tiere und die Frau
(1Mose 2,4b–25).

Der Anfang der Sintfluterzählung (1Mose 6,5–8,22) hat folgenden Ablauf. *Jahwe* beschließt, die Menschheit mit Ausnahme Noachs zu vernichten (6,5–8), was *Gott* dann noch
einmal beschließt (6,11–13); *Gott* befiehlt Noach, eine Arche
zu bauen (6,14–17), in die Arche zu gehen und von jeder Tierart ein Paar mitzunehmen, weil bald die Sintflut kommt
(6,18–21); Noach gehorcht dem Befehl *Gottes* (6,22); jetzt befiehlt *Jahwe* dem Noach, in die Arche zu gehen, nun aber von
den reinen Tieren je sieben Paare, von den unreinen je ein Paar
mitzunehmen, weil bald die Sintflut kommt (7,1–4); Noach
gehorcht dem Befehl *Jahwes* (7,5).

Schon die Lektüre bis zu dieser Stelle läßt den Leser ahnen,
daß hier zwei verschiedene Erzählfäden ineinander ver-
schlungen sind, und dieser Eindruck wird durch den anschließenden Abschnitt, den Bericht über die Einschiffung
und das Kommen der Flut (7,6–20) erhärtet: Einerseits bre-
chen die Brunnen der Urflut auf und öffnen sich die Fenster
des Himmels (V. 11) entsprechend dem Weltbild von 1Mose
1,6–8, wo sich über der Himmelskuppel Wasser befindet, an-

dererseits kommt die Flut als vierzigtägiger *Regen* (V.12). Auch das Sinken des Wassers wird zweimal erzählt (V. 21 und 22–23), und aus V. 24 erfahren wir, daß die Flut hundertfünfzig Tage lang gedauert hatte, was der Angabe von V. 12 widerspricht.

Nach 2Mose 3,1–4,16 wird Mose von Gott beauftragt, die Israeliten aus Ägypten herauszuführen. Wenig später (2Mose 6,2–7,7) bekommt Mose noch einmal diesen Auftrag, und zwar ohne Hinweis auf den früheren und ohne daß dem Leser die Doppelung irgendwie plausibel gemacht wird.

Im Bericht von der Rettung der Israeliten am Meer (2Mose 13,17–14,31) heißt es: »Und Jahwe ließ das Meer hinweggehen durch einen starken Ostwind die ganze Nacht, und er machte das Meer zum trockenen Land, und das Wasser wurde gespalten« (14,21aßb). Ein Sturm kann zwar das Meer zurückdrängen, es aber nicht spalten. Der aufmerksame Leser merkt auch, daß die ausgestreckte Hand des Mose das Meer spalten (14,16) und dann wieder schließen (14,26) soll. Überdies wird die Rückkehr des Wassers zweimal berichtet (14,27aß und 28aα). Offensichtlich sind auch hier – wie bei der Sintfluterzählung – zwei verschiedene Handlungsfäden miteinander verknüpft worden.

Am Sinai wird Mose mehrfach auf den Berg hinaufkommandiert und steigt er mehrfach wieder herab: Er steigt zu Gott hinauf (2Mose 19,3); in 19,7–8a wird vorausgesetzt, daß er herabgestiegen ist, in 19,8b, daß er wieder hinaufgestiegen ist; er steigt vom Berg herab (19,14); er steigt auf den Berg hinauf (19,20); er steigt herab (19,27); jetzt (!) verkündet Gott die Zehn Gebote (20,1–17); Mose nähert sich Gott, steigt also hinauf (20,21); er soll zu Jahwe hinaufsteigen (24,1); das tut er aber zunächst nicht (24,2–8); er steigt hinauf (wohin?) (24,9); er soll auf den Berg hinaufsteigen (24,12); er steigt auf den Berg hinauf (24,13b); er steigt auf den Berg hinauf (24,15a). Dieses unnötige, ja sinnlose Hin und Her zwingt zu der Annahme, daß hier mehrere Bearbeiter, Ergänzer am Werk waren.

So weit die Beispiele; sie lassen sich beliebig vermehren. Der Pentateuch enthält Ungereimtheiten in Hülle und Fülle. Er kann also nicht das Werk eines planmäßig arbeitenden Erzählers sein, sondern ist offensichtlich etappenweise entstanden. Um diesen Vorgang, die Entstehung des Pentateuchs, zu erhellen, hat die Wissenschaft viel Mühe und Scharfsinn aufgewandt. Endgültige Lösungen aller Rätsel gibt es wohl nie, aber doch weitgehende Übereinstimmung im Grundsätzlichen. Dazu gehört die Erkenntnis, daß drei – von der Wissenschaft behelfsmäßig mit Namen versehene – »Quellenschriften« den Grundbestand des Pentateuchs bilden, nämlich

– das jahwistische Geschichtswerk, entstanden vielleicht um 950 v. Chr.,
– das elohistische Geschichtswerk, entstanden vielleicht um 800 v. Chr.,
– die Priesterschrift, entstanden gegen Ende des 6. Jahrhunderts v. Chr.

Dabei geht es, weil das 5. Mosebuch – außer 5Mose 34 – als eigener Komplex zunächst außer Betracht bleiben kann, nur um die ersten vier Mosebücher, den Tetrateuch. Hier lassen sich die zur Priesterschrift gehörenden Texte (samt Zusätzen) fast mühelos aus ihrer Umgebung herausheben (sie verwenden den Namen »Jahwe« seit der Mosezeit). Auch die – nicht sehr zahlreichen – als »elohistisch« zu bezeichnenden Texte sind recht deutlich bestimmbar (sie verwenden durchgehend das Wort »Elohim«). Die dann noch verbleibenden Texte verwenden schon vor der Mosezeit den Namen »Jahwe« und können weitgehend dem Jahwisten zugerechnet werden.

Aus einem Grund, der uns verborgen bleibt, wurden diese drei Quellenschriften im Lauf der Zeit durch mehrere Bearbeiter, »Redaktoren«, miteinander verknüpft, d.h. etappenweise ineinandergeschachtelt.

1. Zunächst erfolgte die Verbindung des jahwistischen mit dem elohistischen Geschichtswerk, wobei der Redaktor die

jahwistischen Texte wohl weitgehend vollständig, die elohistischen nur teilweise in dieses neue von ihm geschaffene, das »jehowistische« Geschichtswerk aufnahm. Dazu kam irgendwann das Bundesbuch (2Mose 20,22–23,33).

2. In der Mitte oder gegen Ende des 6. Jahrhunderts v. Chr. entstanden fast gleichzeitig

– die Priesterschrift (sie beschreibt den Zeitraum von der Schöpfung der Welt bis zum Tod des Mose; in sie wurde nachträglich das Heiligkeitsgesetz und manches andere Material eingefügt);
– das Deuteronomistische Geschichtswerk (es beginnt mit dem 5. Mosebuch, dem Deuteronomium, und umfaßt den Zeitraum von Mose bis zum Babylonischen Exil).

3. Später wurden das »jehowistische« Werk, die Priesterschrift und das Deuteronomistische Geschichtswerk miteinander verbunden. Dabei sind zwei Möglichkeiten denkbar, und beide werden in der Wissenschaft diskutiert:

– Das »jehowistische« Werk wurde in die Priesterschrift eingearbeitet, *bevor* die Verbindung dieses neuen, »jehowistisch-priesterschriftlichen« Werkes mit dem Deuteronomistischen Geschichtswerk stattfand (so das klassische Modell);
– erst *nach* der Verbindung des »jehowistischen« Werkes mit dem Deuteronomistischen Geschichtswerk wurde die Priesterschrift in dieses neue »jehowistisch-deuteronomistische Werk« eingefügt (so ein neueres Modell).

Zu welchem Ergebnis die Wissenschaft in dieser Frage auch immer kommen mag – sicher dürfte sein, daß erstens das »jehowistische« Werk zugunsten der Priesterschrift verkürzt wurde und daß zweitens mit dem Hinzukommen des Deuteronomistischen Geschichtswerks eine Bearbeitung des Tetrateuchs erfolgte, die in Wortwahl, Stil und Thematik dem Deuteronomistischen Geschichtswerk nahesteht.

5. Das jahwistische Geschichtswerk

Der Jahwist verwendet von Anfang an – also bereits in der Paradies- und Sündenfall-Erzählung – den Gottesnamen »Jahwe«. Mit großer Wahrscheinlichkeit darf man dem Jahwisten folgende Texte zurechnen:

(1) *Urgeschichte:* Paradies und Sündenfall (1Mose 2,4b–3,24) – Kain und Abel (4,1–16) – Kains Nachkommen (4,17–24) – Adams Nachkommen (4,25–26; 5,29*) – Gottessöhne (6,1–4) – Sintflut (6,5–8; 7,1–5.7.10.12.16b.17b.22–23aα.b; 8,2b–3a.6–12.13b.20–22; Noach nimmt von den reinen Tieren je sieben Paare, von den unreinen je ein Paar mit in die Arche; die Sintflut kommt als vierzigtägiger Regen) – Noach und seine Söhne (9,18–27) – Völkertafel (10,1b.8–19.21.24–30) – Turmbau zu Babel (11,1–9) – Herkunft Abrams (11,27–32*).

(2) *Vätergeschichte:* a) *Abram/Abraham:* Abrams Berufung und Zug nach Kanaan (1Mose 12,1–4a.6–9) – Abram und Sarai in Ägypten (12,10–20) – Abram und Lot (13,1–5.7–11a.12bβ.18) – Sarai und Hagar (16,1b–2.4–14) – Jahwe bei Abraham (18,1–16aα) – Untergang Sodoms und Gomorras und Lots Rettung (19,1–28) – Lot und seine Töchter (19,30–38) – Isaaks Geburt (21,1–2*.6–7) – Brautwerbung um Rebekka (24,1–67) – Abrahams Tod und Segnung Isaaks (25,11); b) *Isaak, Jakob, Esau und Laban:* Geburt Esaus und Jakobs (1Mose 25,21–26a.27–28) – Esau verkauft sein Erstgeburtsrecht (25,29–34) – Isaak und Abimelech (26,1–2aα.3a.6–33) – Jakob gewinnt den Erstgeburtssegen (27,1–45) – Jakobs Traum in Bet-El (28,11–22*) – Jakob bei Laban, Heirat mit Lea und Rahel (29,1–23.25–28.30) – Geburt und Namensgebung der Kinder Jakobs (29,31–30,24*; hier sind Texte des Jahwisten und des Elohisten zusammengefügt, deren saubere Trennung nicht mehr möglich ist) – Jakob überlistet Laban (30,25–43) – Jakobs Trennung von Laban (31,1–18aα.19–54) – Jakob rüstet sich zur Begegnung mit Esau (32,1–14a) – Jakobs Kampf am Jabbok (32,23–26a.27.30b.32) – Jakobs Versöhnung mit Esau (33,1–4.6–9.12–20) – Geburt Benjamins und

Rahels Tod (35,16–20) – Rubens Schandtat (Fragment) (35,21–22a); c) *Josefserzählung* (1Mose 37*; 39–47*; 50*; auch hier sind Texte des Jahwisten und des Elohisten ineinandergearbeitet, deren saubere Trennung nicht mehr möglich ist) – Tamar-Erzählung (38,1–30).

(3) *Auszugsgeschichte:* Israels Bedrückung in Ägypten (2Mose 1,6.8–12.22) – Geburt des Mose (2,1–10) – Moses Flucht nach Midian (2,11–23aα) – Moses Berufung (3,1abα.2–4a.5.7–8.16–17) – Moses Rückkehr nach Ägypten (4,19–20a) – der »Blutbräutigam« (4,24–26) – Mose versammelt die Ältesten (4,29.31b) – erste Verhandlungen mit dem Pharao (5,1–6,1) – Plagenerzählung: I. Fischsterben (7,14–18.20aβ–21a.23–25), II. Frösche (7,26–29; 8,4–11aα), III. Ungeziefer (8,16–28), IV. Haustierseuche (9,1–7), V. Hagel (9,13.17–18.23aβ–30.33–34), VI. Heuschrecken (10,1–11.13aβ–19.24–26.28–29), VII. Tod der Erstgeborenen der Ägypter (11,1–7; 12,29–39), dazu Passa-Anweisung (12,21–23.27b) – die Wolken- und Feuersäule (13,20–22) – Rettung am Meer (14,5b–7.9aα.10bα.11–14.19b–20.21aβbα.24.25b.27aβb.30–31;   ein von Jahwe gesandter Ostwind treibt das Meer zurück, die in Panik geratenen Ägypter fliehen dorthin und ertrinken; die Israeliten sind an dem Vorgang nicht beteiligt).

(4a) *Wüstenwanderung,* erster Teil: Israel in Mara (15,22aβ–25) – Wasser aus dem Felsen (17,1–7*) – Sieg über die Amalekiter (17,8–16).

(5) *Aufenthalt am Sinai* (der Bericht über die Ereignisse am Sinai ist zum Teil so verworren, daß eine Zuweisung von Texten an den Jahwisten – und ebenso an den Elohisten – nur mit Fragezeichen erlaubt sein kann): Mose erhält (auf dem Berg) Anweisungen von Jahwe und gibt diese an das Volk weiter (2Mose 19,10–13a*.14–15*) – Jahwe steigt auf den Sinai herab, wobei der Berg wie ein Vulkan bebt und raucht (19,16aα.18) – Mose wird noch einmal auf den Berg berufen, erhält weitere Anweisungen und teilt diese dem Volk mit (19,20–25) – Mose empfängt zwei Steintafeln mit Geboten (24,12–15a; 31,18) – wegen der Anfertigung des Goldenen Kalbes zerbricht Mose

die Tafeln (32,1–8*.15–35*) – Mose fertigt zwei neue Tafeln mit Geboten an (34,1–28*) – Aufbruch vom Sinai (4Mose 10,29–36; es handelt sich um ein Fragment).

(4b) *Wüstenwanderung*, zweiter Teil: Unzufriedenheit des Volkes in der Wüste (4Mose 11,1–35*) – Erkundung des verheißenen Landes (13,17b–20.22–24.27–31; 14,4.11.24–25.39–45) – Auflehnung Datans und Abirams (16,12–14.25.27b–31.33abα.34; fragmentarisch).

(5) *Beginn der Landnahme:* Einnahme von Horma (4Mose 21,1–3) – Teile der Bileam-Erzählung (22,22–34 Bileam und die Eselin; 23,28; 24,1–19 Bileam segnet Israel, wird von Balak fortgejagt und verkündet noch ein Segenswort) – erste Landvergabe im Ostjordanland (32,1.16–19?).

Innerhalb des genannten Textmaterials finden sich mehrere Spannungen, Widersprüche. So gelten nach 1Mose 4,20–22a die Lamech-Söhne Jabal, Jubal und Tubal-Kain als Stammväter der Zeltbewohner, Musikanten und Schmiede – aber durch die Sintflut (6,5–8,22*) werden diese Kulturerrungenschaften doch wieder vernichtet. Ferner schildert die Völkertafel (1Mose 10*), wie sich die ganze Menschheit – und zwar als Nachkommenschaft der Noach-Söhne Sem, Ham und Jafet – über die Erde verteilt, aber am Anfang der Erzählung vom Turmbau zu Babel (1Mose 11,1–9) ist die ganze Menschheit auf einmal wieder zusammen und wird durch Jahwes Eingriff über alle Welt zerstreut. Es handelt sich also um Texte verschiedener Herkunft.

Anders liegen die Dinge in dem Bericht über die Gesetzestafeln, wo man ebenfalls eine Merkwürdigkeit antrifft. Auf dem Sinai bekommt Mose von Jahwe zwei steinerne Tafeln, die Jahwe beschrieben hat (2Mose 24,12; 31,18). Was auf den Tafeln stand, erfahren wir nicht; aber es müßte doch ein Text gewesen sein, der vorher erwähnt worden war, und dafür kommen wohl nur die Zehn Gebote (20,2–17) in Frage. Diese Tafeln zerschmettert Mose aus Zorn, weil die Israeliten das Goldene Kalb angefertigt haben (32,19). Auf Befehl Jahwes haut Mose zwei neue Steintafeln zurecht, die Jahwe mit den

Worten der früheren Tafeln beschriften will (34,1–4). Dann teilt Jahwe dem Mose eine Reihe von Geboten mit (34,11–26), die sich von den Zehn Geboten stark unterscheiden. Und diese, die Gebote von 34,11–26, schreibt jetzt nicht Jahwe, sondern Mose auf die neuen Tafeln (34,27–28). Anscheinend ist hier die Erzählung vom Goldenen Kalb mit dem Zerbrechen der Tafeln, die Jahwe selbst beschrieben hat (23,12b–13a.14–15a; 31,18; 32*; 34,1*), eine nachträglich eingefügte Sondertradition.

Außerdem dürften die Erzählung von Rebekkas Brautwerbung (1Mose 24) und die Josefserzählung (1Mose 37*; 39–47*; 50*), wo Jahwes verborgene Führung ohne äußere Wunder geschildert wird, jünger sein als solche Erzählungen, in denen Jahwe selber zu den Menschen kommt und mit ihnen redet (z. B. 1Mose 3,8–19; 4,9–15; 18,1–16aα).

Aus alledem folgt, daß man sich das jahwistische Werk als ein sukzessives, nach und nach gewachsenes, nicht von einem einzigen Verfasser entworfenes Gebilde zu denken hat, wobei es wohl kaum möglich ist, innerhalb dieses Werkes mehrere durchlaufende Schichten, Erzählungsfäden voneinander abzuheben.

Dieser unausgeglichene Charakter des Werkes erschwert die Antwort auf die Frage nach seiner Eigenart und Absicht. Als sein »Hauptthema« könnte man »die Erwählung Israels zum Volk Jahwes« nennen. So schildert die jahwistische Urgeschichte, die ja zu Abraham, dem Ahnherrn Israels, hinführt, wie Jahwe auf die Schuld und die Verfehlungen des Menschen zwar mit strafendem Eingreifen, aber zugleich gnädiger Bewahrung antwortet (1Mose 3; 4,1–16; 6,5–8.22*). In den Vätergeschichten des Jahwisten sind es vor allem die Verheißungen (z. B. 1Mose 12,7; 26,2aα.3a; 28,13–15), die Jahwes Fürsorge für die Ahnherren Israels zum Ausdruck bringen.

Da das jahwistische Werk, das Ergebnis eines längeren oder gar langen Entstehungsprozesses zu sein scheint, läßt sich über die Herkunft seiner einzelnen Teile nur wenig sagen. Die ältesten Teile, den »Grundstock«, siedelt die Forschung in der

Zeit Davids und Salomos, also der Zeit des Großreiches Juda-Israel an. Als Hauptargument gilt die Tatsache, daß Davids Großreich (vgl. 2Sam 8,1–14) die Völker umfaßte, die beim Jahwisten eine Rolle spielen: Philister (1Mose 26), Moabiter und Ammoniter (1Mose 19,30–38; 4Mose 22–24*), Aramäer (1Mose 29–31*), Edomiter (1Mose 25,21–34; 32–33*), Amalekiter (2Mose 17,8–16).

6. Das elohistische Geschichtswerk

Eine zweite Quellenschrift liegt nach Meinung vieler Ausleger in einer größeren Anzahl von Texten vor, die Gott durchgehend mit dem Gattungsbegriff *Elohim* »Gott« bezeichnen (wo innerhalb dieser Texte der Name »Jahwe« auftaucht, scheint es sich um nachträgliche Veränderungen zu handeln). Diesem, dem elohistischen Werk, rechnet man hauptsächlich folgende Texte zu:

(1) An der *Urgeschichte* ist der Elohist nicht beteiligt.

(2) *Vätergeschichte:* a) *Abraham:* Abraham und Sara bei Abimelech (1Mose 20,1–17) – Verstoßung Hagars und Ismaels (21,8–21) – Abrahams Bund mit Abimelech (21,22–34) – Abrahams Versuchung (22,1–14) – b) *(Isaak), Jakob, Esau und Laban:* Jakobs Traum in Bet-El (1Mose 28,11–22*) – Geburt und Namensgebung der Kinder Jakobs (29,31–30,24*; hier sind Texte des Elohisten und des Jahwisten ineinandergeschachtelt, deren saubere Trennung nicht mehr möglich ist) – Jakob in Mahanajim (32,2–3) – Jakobs Vorbereitung auf die Begegnung mit Esau (32,14b–22) – Jakobs Begegnung mit Esau (33,5.10–11) – erneuter Aufenthalt Jakobs in Bet-El (35,1–5.7–8); c) *Josefserzählung* (1Mose 37*; 39–47*; 50*; auch hier sind Texte des Elohisten und des Jahwisten ineinandergearbeitet, deren saubere Trennung nicht mehr möglich ist).

(3) *Auszugsgeschichte:* Ungehorsam der Hebammen (2Mose 1,15–21) – Berufung des Mose (3,1bβ.4b.6.9–15*) – Moses

Rückkehr nach Ägypten (4,18.20b) – Rettung am Meer (13,17–19; 14,5a.19a.25a; es handelt sich nur um Bruchstükke).

(4) *Wüstenwanderung:* Moses Begegnung mit seinem Schwiegervater (2Mose 18,1–12*.13–27).

(5) *Aufenthalt am Sinai:* Mose steigt auf den Berg (2Mose 19,3a) – Mose führt, während sich ein Gewitter (als Begleiterscheinung der Ankunft Gottes auf dem Berg) entlädt, das Volk an den Berg (19,16aβ–17.19) – Mose beruhigt das furchtsame Volk (20,18–21) – Bundesmahl auf dem Berg (24,9–11).

(6) *Beginn der Landnahme:* Teil der Bileam-Erzählung (4Mose 22,41; 23,1–25 Bileam segnet Israel zweimal).

Wie schon diese Inhaltsübersicht zeigt, besteht das Werk des Elohisten aus einer Reihe von Einzelstücken, manchmal nur Fragmenten, die – wenn überhaupt – nur lose miteinander verbunden sind. Daher wird manchmal die Existenz eines elohistischen Erzählwerkes bestritten und hält man die als elohistisch angesehenen Texte für eine Bearbeitungsschicht zum jahwistischen Werk.

Für die Existenz eines elohistischen Erzählwerkes spricht, daß es mehrere Dubletten, Varianten zum Erzählgut des Jahwisten aufweist, so besonders die Erzählung von Hagars Flucht in die Wüste (1Mose 21,8–21 neben 16,1b–2.4–14 beim Jahwisten), vom Vertrag zwischen Abraham und Abimelech (1Mose 21,22–34 neben 26,12–31 beim Jahwisten) oder von der Berufung des Mose (2Mose 3,1bβ.4b.6.9–15* neben 3,1abα.2–4a.5.7–8.16–17 beim Jahwisten).

Den fragmentarischen Charakter des elohistischen Werkes erklärt man damit, daß der Redaktor, der das jahwistische und das elohistische Werk zusammenfügte, aus dem elohistischen nur solche Erzählungen aufnahm, die denen des Jahwisten nicht allzu ähnlich waren, und solche, die das Werk des Jahwisten nicht enthielt.

Andrerseits macht – um nur ein Beispiel zu nennen – der Bericht über die Gefährdung Saras (1Mose 20,1–17) bei genauerem Zusehen nicht den Eindruck einer erzählenden Dublette, sondern eines reflektierenden Kommentars zur jahwistischen Erzählung 12,10–20 und scheint deren Kenntnis vorauszusetzen. Daher nehmen manche Ausleger an, daß die als elohistisch angesehenen Texte kein eigenes Erzählwerk, sondern eine Bearbeitungsschicht zum jahwistischen Werk sind. Unter diesem Vorbehalt wird im folgenden vom »elohistischen Werk« gesprochen.

Über die Eigenart des elohistischen Werkes läßt sich bei der schmalen und fragmentarischen Textbasis nur wenig sagen. Wenn der Elohist durchweg die Gottesbezeichnung Elohim verwendet, so will er vielleicht Gottes _Transzendenz_ betonen. Dem entspricht es, daß Gott dem Menschen nicht unmittelbar begegnet (wie beim Jahwisten z. B. in 1Mose 3,8–19 oder 18,1–16aα), sondern im _Traum_ erscheint (1Mose 20,3.6; 28,12; 31,24; 46,2; in der Nacht 21,12–13; 22,1–2). Ein für den Elohisten typisches Motiv ist die Erprobung des Menschen auf seine _Gottesfurcht_, seinen Gehorsam (1Mose 20,11; 22,12; 2Mose 1,17.21; 18,21; 20,20).

Gegenüber dem Jahwisten zeigt sich beim Elohisten ein höherer Grad der Reflexion und größere Feinheit in der ethischen Einstellung. Dafür zwei Beispiele. Während der Jahwist in 1Mose 12,10–20 den für uns äußerst befremdlichen Vorgang, wie Abraham sich in voller Absicht seine Frau wegnehmen läßt, nicht nur knapp, sondern auch drastisch und unbefangen erzählt, offenbar mit Freude an Abrahams Klugheit, der seine schöne Frau als seine Schwester ausgibt, mildert die Variante des Elohisten in 20,1–17, die fast nur aus Reden besteht, die Drastik erheblich ab: Der König, von Gott rechtzeitig gewarnt, berührt Sara nicht; und Sara wird zu Abrahams Halbschwester, so daß Abraham nicht gelogen hat. Während nach der Darstellung des Jahwisten in 1Mose 16,6 Abraham die Hagar ohne Bedenken fortschickt, tut er es beim Elohisten in 21,11–12 erst auf den Zuspruch Gottes hin und versorgt er sie mit Lebensmitteln.

Bei der Frage nach der Entstehungszeit und dem Herkunftsort des elohistischen Werkes kommt man über vage Vermutungen nicht hinaus. Vielfach wird angenommen, das elohistische Werk sei um 800 v. Chr. oder kurz danach im Nordreich Israel entstanden. Aber die Indizien dafür sind schwach, und so läßt sich auch eine spätere Entstehung im Südreich Juda denken.

7. Das Bundesbuch

Einen Sonderkomplex innerhalb des Berichtes vom Aufenthalt am Sinai stellt das Bundesbuch (2Mose 20,22–23,33) dar, das als Anweisung Jahwes an Mose, die er den Israeliten weitergeben soll, stilisiert und somit dem jetzigen Zusammenhang eingefügt ist (20,22; 21,2), aber ursprünglich ein eigenständiges Gesetzeswerk bildete.

Der einleitende Abschnitt 20,22–26; 21,1 ist nachträglich der Gesetzessammlung 21,2–23,19 vorgeschaltet worden. Diese hat folgenden Inhalt:

Sklavengesetz (21,2–11) – Liste todeswürdiger Verbrechen (21,12.15–17; darin die Asylbestimmung bei Totschlag V.13–14) – Körperverletzungen mit oder ohne Todesfolge (21,18–36) – Eigentumsdelikte (21,37–22,16) – Religiöse und soziale Vorschriften (22,17–30) – Verhalten im Rechtsverfahren (23,1–3.6–9; darin eingeschoben die Hilfeleistung für einen »Feind«, wohl einen Prozeßgegner, V.4–5) – sakrale Bestimmungen (23,10–19).

Es folgt ein Anhang (23,20–33) mit der Verheißung der Landnahme und mit Vorschriften über das Verhalten gegenüber den Landesbewohnern.

Der Anhang (23,20–33) scheint aus der Zeit des Exils zu stammen. Die meisten der übrigen Teile dürften erheblich älter sein. Allerdings kommt die Mosezeit nicht in Frage, denn mehrfach sind die Verhältnisse des Kulturlandes, also der Seßhaftwerdung vorausgesetzt (Äcker und Weinberge 22,4–5; 23,10–11.16.19; Häuser 22,6–7; Geldwirtschaft 21,30.32.35; 22,6.16.24), aber nirgends das Königtum. Vielleicht darf man die Gesetzessammlung oder zumindest deren Grundstock zeitlich in der späten Richter- oder der frühen Königszeit ansiedeln.

Die Aufnahme des Bundesbuches (ohne den Anhang 23,10–33) an den jetzigen Ort im AT erfolgte vielleicht zusammen mit der Redaktion, die das Werk des Elohisten in das des Jahwisten einarbeitete. Weiter läßt sich vermuten, daß zu jener Zeit die Erzählung 2Mose 24,2–8 geschaffen wurde, wo Mose die Israeliten auf das »Buch des Bundes« (V.7) – daher der Name »Bundesbuch«, der in diesem selbst nicht vorkommt – verpflichtet.

8. Die Priesterschrift

Die zur Priesterschrift gehörenden Texte lassen sich am leichtesten aus ihrer Umgebung herauslösen (die markantesten Merkmale werden nachher genannt); es handelt sich um folgende:

(1) *Urgeschichte:* Schöpfung (1Mose 1,1–2,4a) – Stammbaum Adams (5,1–28.30–32) – Sintflut (6,9–22; 7,6.11.13–16a.18–21.24; 8,1–2a.3b–5.13a.14–19; Noach nimmt von jeder Tierart je ein Paar mit in die Arche; die Sintflut kommt, indem sich die »Brunnen der Tiefe« und die »Fenster des Himmels« öffnen, und dauert hundertfünfzig Tage) – Gottes Bund mit Noach (9,1–17) – Schlußnotiz über Noach (9,28–29) – Völkertafel (10,1–7.20.22–23.31–32) – Stammbaum Sems bis Terach (11,10–26) – Terachs Söhne Abram, Nahor und Haran und dessen Sohn Lot (11,27) – Terachs Auszug nach Haran (11,31–32).

(2) *Vätergeschichte:* a) *Abram/Abraham:* Auszug Abrams mit Sarai und Lot nach Kanaan (1Mose 12,4b–5) – Trennung von Lot (13,6.11b–12bα) – Zerstörung der Städte, in denen Lot wohnte (19,29; diesen Vers hat der Redaktor umgestellt) – Geburt Ismaels (16,1a.3.15–16) – Bund Gottes mit Abram, dabei Umbenennung Abrams in Abraham und Sarais in Sara

(17,1–27) – Geburt und Beschneidung Isaaks (21,1–2*.3–5) – Tod und Begräbnis Saras (23,1–20) – Tod und Begräbnis Abrahams (25,7–10) – die Söhne Ismaels (25,12–17); b) *Isaak, Jakob, Esau und Laban:* Isaaks Heirat mit Rebekka (1Mose 25,19–20; danach hat der Redaktor eine Notiz über die Geburt Esaus und Jakobs weggelassen) – Isaaks Alter bei der Geburt Esaus und Jakobs (25,26b) – Esaus Frauen (26,34–35) – Entsendung Jakobs nach Paddan-Aram (27,46–28,9) – Jakobs Nebenfrauen (29,24.29; eine Notiz über Jakobs Frauen hat der Redaktor weggelassen) – Jakobs Söhne (35,22b–26; diesen Abschnitt hat der Redaktor umgestellt) – Jakobs Rückkehr nach Kanaan (31,18aβb; 33,18a; hier hat der Redaktor gekürzt) – Gotteserscheinung in Bet-El (35,6.9–13) – Ankunft Jakobs in Hebron, Tod und Begräbnis Isaaks (35,27–29) – Esaus Nachkommen und seine Niederlassung in Seïr (36,1–8) – Jakobs Niederlassung in Kanaan (37,1); c) *Josefserzählung:* Josef und seine Brüder (1Mose 37,2; danach hat der Redaktor eine Notiz über die Verschleppung Josefs nach Ägypten weggelassen) – Josef beim Pharao (41,46a) – Jakobs Zug nach Ägypten (46,6–7) – Jakobs Ansiedlung in Ägypten (47,5–6*.7–11.27b–28) – Jakobs Worte an Josef (48,3–7) – Jakobs Worte an alle seine Söhne (49,1a.28b–32) – Jakobs Tod und Begräbnis (48,33; 50,12–13).

(3) *Auszugsgeschichte:* Jakobs Söhne in Ägypten (2Mose 1,1–5) – Unterdrückung, Hilfeschrei, Erhörung (1,7.13–14; 2,23aβ–25) – Berufung Moses und Aarons (6,2–12; 7,1–7) – Plagenerzählung: I. Verwandlung von Aarons Stab in eine Schlange (7,8–13), II. Wasser zu Blut (7,19–20aα.21b–22), III. Frösche (8,1–3.11aβb; hier hat der Redaktor etwas gekürzt), IV. Mücken (8,12–15), V. Geschwüre (9,8–12), vielleicht VI. Hagel (9,22–23aα.35; gekürzt), VII. Heuschrecken (10,12–13aα.20; gekürzt), VIII. Finsternis (10,21–22.27; gekürzt) – Schlußbemerkung (11,9–10) – Passa und Auszug aus Ägypten (12,1–20.28.40–41) – Rettung am Meer (14,1–4.8.9aβb.10aα.bβ.15–18.21aα.bβ–23.26–27aα.28–29; indem Mose seine Hand ausstreckt, wird das Meer gespalten;

die Israeliten ziehen hindurch, während die nachfolgenden Ägypter ertrinken).

(4a) *Wüstenwanderung*, erster Teil: Stationenverzeichnis (2Mose 15,22aα.27) – Wachteln und Manna (16,1–36*) – Stationenverzeichnis (17,1abα).

(5) *Aufenthalt am Sinai:* Stationenverzeichnis (2Mose 19,1–2a) – die Wolke auf dem Berg Sinai, die Herrlichkeit Jahwes, Mose in der Wolke (24,15b–18) – Anweisungen für die Einrichtung des Kultus: Erhebung einer Abgabe (25,1–9), Lade, Tisch, siebenarmiger Leuchter (25,10–40), die »Wohnung« (26,1–37), Altar und Vorhof (27,1–21), Priesterkleidung (28,1–43), Riten für die Einsetzung der Priester (29,1–46) – Aufstellung des Heiligtums (40,17) – Priesterweihe Aarons und seiner Söhne (3Mose 8,1–36) – Aarons erste Opferhandlungen (9,1–24) – Nadab und Abihu; Priesterbestimmungen (10,1–20) – Volkszählung (4Mose 1,1–54) – Lagerordnung (2,1–34) – Gliederung und Aufgaben der Leviten (3,1–4,49) – Aufbruch vom Sinai (9,15–23; 10,11–28).

(4b) *Wüstenwanderung*, zweiter Teil: Erkundung des verheißenen Landes (4Mose 13,1–17a.21.25–26.32–33; 14,1–3.5–10.26–38) – wunderbares Wasser aus dem Felsen (20,2–13*) – Aarons Tod, sein Nachfolger Eleasar (20,22b–29).

(6) *Beginn der Landnahme:* Stationenverzeichnis (21,4aα; 22,1) – Jahwe kündigt den Tod des Mose an, Moses Nachfolger Josua (27,12–23) – der Tod des Mose (5Mose 34*).

Die Stilmerkmale der Priesterschrift und damit die zu ihr gehörenden Abschnitte lassen sich auch in der deutschen Übersetzung ziemlich mühelos erkennen. Denn die Priesterschrift liebt *Zahlen* jeder Art: Alters- und Datumsangaben, Maße und Bestandsaufnahmen des Volkes; dem entspricht ihr Interesse an Ordnung und System. Das sei im folgenden an Beispielen erläutert.

Zunächst die Urgeschichte. Der Schöpfungsbericht (1Mose 1,1–2,4a) ist nach einem gleichförmig-monotonen Sieben-Tage-Schema aufgebaut (was aber zugleich den Eindruck des Feierlich-Erhabenen vermittelt), wobei die Pflanzen in zwei

verschiedene Arten unterteilt werden (V. 11–12.29). Der
Stammbaum 5,1–28.30–32 bringt zu jeder Person Altersanga-
ben. Wir erfahren die genauen Maße der Arche (6,15–16), das
Alter Noachs (7,6) und das Datum des Beginns (7,11) und des
Endes (8,4–5) der Sintflut.

Die Vätergeschichte der Priesterschrift besteht – im Gegensatz zu der des Jahwisten und des Elohisten – weitgehend nur
aus Notizen und Altersangaben; es sind gleichsam »standes-
amtliche« Mitteilungen: das Alter Abrams beim Auszug nach
Kanaan (1Mose 12,4b), bei der Geburt Ismaels (16,16), bei
Abrahams Beschneidung (17,24), bei der Geburt Isaaks
(21,5), bei seinem Tod (25,7); das Alter Saras beim Bundesschluß Gottes mit Abraham (17,17) und bei ihrem Tod (23,1);
das Alter Isaaks bei seiner Heirat (25,20), bei der Geburt seiner Söhne (25,26b) und bei seinem Tod (35,27); das Alter
Esaus bei seiner Heirat (26,34); das Alter Josefs bei seinem
Auftritt vor dem Pharao (41,46a); das Lebensalter Jakobs
(47,28).

In der Auszugsgeschichte wird das Alter des Mose bei seiner
Berufung genannt (2Mose 7,7), die Dauer des Aufenthalts in
Ägypten (12,40), das Datum der Ankunft der Israeliten in der
Wüste Sin (16,1).

Beim Aufenthalt am Sinai nennt die Priesterschrift sowohl
das Datum der Ankunft (2Mose 18,1) und des Aufbruchs
(4Mose 10,11–12) und liefert eine Zählung der Männer für
den Heerbann (4Mose 1,1–54), eine Zählung für die Lagerordnung (2,1–34) und eine Zählung der Leviten (3,1–51).

Wie sehr die Priesterschrift an Ordnung und System interes-
siert ist, zeigt sich auch daran, daß sie den Geschichtsablauf in
Epochen einteilt. Zum einen verwendet sie in der Ur- und
Vätergeschichte als Gliederungselement ein Wort, das eigentlich »Zeugungen«, dann »Nachkommenschaft«, »Geschlecht« bedeutet. Es steht in der Überschrift zum Stammbaum Adams (1Mose 5,1; hier: »dies ist das Buch von Adams
Geschlecht«), zur Völkertafel (10,1), zum Stammbaum Sems
(11,10) und Terachs (11,27), zur Aufzählung der Söhne Isma-

els (25,12) und der Nachkommen Esaus (36,1.9); anderwärts bedeutet dieses Wort »Geschichte«, so in den Überschriften 1Mose 6,9; 25,19; 37,2 und in der Unterschrift 2,4a. Zum zweiten wird die Vätergeschichte von der Urgeschichte und der Mosezeit dadurch abgehoben, daß Gott sich dem Abraham, Isaak und Jakob als »der allmächtige Gott« (das hebräische Wort *Schaddaj*, das man mit »allmächtig« zu übersetzen pflegt, ist kaum noch zu deuten) offenbart (1Mose 17,1; 35,11; 2Mose 6,3; außerdem 1Mose 28,3; 48,3), danach, also ab der Mosezeit, als »Jahwe« (2Mose 6,2–3).

Die Vorliebe der Priesterschrift für Ordnung und System führt manchmal zu einer gewissen Weitschweifigkeit. Man lese nur die Rede Gottes an Noach (1Mose 9,1–17) oder an Abraham (1Mose 17), den Bericht von der Rettung am Meer, wo die Priesterschrift wiederholt die Streitmacht des Pharaos ausführlich umschreibt (2Mose 14,9.17.18.23.26.28), oder die Strafandrohung Jahwes in 4Mose 14,26–35, in der Jahwe mehrfach dasselbe sagt.

Sicherlich hat die Priesterschrift das »jehowistische« Geschichtswerk gekannt und als Vorlage für den Gesamtaufriß ihrer Darstellung verwendet. Auch ist sie formal ein *Erzählwerk*, aber ihr liegt kaum daran, die geschilderten Vorgänge auszuschmücken, ihnen Farbe und Lebendigkeit zu geben. Das wird verständlich, sobald man darauf achtet, worum es der Priesterschrift *inhaltlich* geht. Ihr Hauptinteresse gilt offensichtlich – und das hat ihr den Namen »Priesterschrift« eingebracht – den Institutionen des *Kultus*: der Einrichtung des Heiligtums (2Mose 25–29; 40,17), dem Opferdienst (3Mose 9) und den Aufgaben der Leviten (4Mose 3–4).

Hier, bei der Darstellung der Kultinstitutionen, kommt die Priesterschrift zu ihrem Ziel. Vor einem universalen Hintergrund – Schöpfung (1Mose 1,1–2,4a), Bund Gottes mit der ganzen Menschheit (9,1–17) und Völkertafel (10*) – schildert sie Jahwes Sonderbeziehung zu seinem Volk, die sich am Heiligtum – wobei die »Wohnung« (2Mose 26) eine recht seltsame Kombination eines Zeltes mit einem darin eingefügten

Holzbau, einem verkleinerten Abbild des Jerusalemer Tempels, ist – und in den Kultzeremonien verwirklicht. Als äußeres Zeichen der Gegenwart Jahwes erscheint seine »Herrlichkeit«, ein gewaltiges Feuer- und Lichtphänomen, und zwar beim Aufstieg Moses auf den Berg, wo er die Anweisungen Jahwes empfängt (2Mose 24,15b–18), und beim Vollzug der ersten Opfer (3Mose 9,6.23). Die »Herrlichkeit« Jahwes wird außerdem mehrfach während der Wüstenwanderung sichtbar: 2Mose 16,7.10; 4Mose 14,10; 16,10; 20,9.

Kultisch-rituelle Institutionen sind auch sonst Gegenstand mancher Texte der Priesterschrift. So läuft der Schöpfungsbericht (1Mose 1,1–2,4a) und ebenso die Wachtel-Manna-Erzählung (2Mose 16*) auf den Sabbat hinaus, der Bund mit Abraham (1Mose 17) enthält das Gebot der Beschneidung, und der Abschnitt 2Mose 12,1–20 handelt ausführlich vom Passa.

Damit – ebenso wie mit den Angaben der Priesterschrift zu den Opferriten und zum Kultpersonal – bekommen wir einen Hinweis darauf, wo die Priesterschrift *zeitlich* einzuordnen ist. Denn der Sabbat als regelmäßiger Ruhetag und die Beschneidung des Säuglings kamen höchstwahrscheinlich erst während des Exils auf und wurden für Israel als Unterscheidungsmerkmale gegenüber der heidnischen Umwelt verbindlich. Ferner handelt die ausführlichste Erzählung der Priesterschrift davon, daß Abraham einen Begräbnisplatz für die verstorbene Sara erwirbt (1Mose 23). Das erklärt sich am einfachsten aus der Situation des Exils, in der die Israeliten fern der Heimat großen Wert darauf legten, daß wenigstens der Begräbnisplatz ihrer Angehörigen ihr Eigentum war. Auch das Gebot Isaaks an Jakob, keine Nichtisraelitin zu heiraten (1Mose 28,1b.6b), entspricht der Zeit des Exils, als – nach Aufhören des israelitisch-judäischen Staates – die Heirat nur unter Israeliten für die Weiterexistenz Israels lebensnotwendig wurde.

Die Priesterschrift will die Kulteinrichtungen des Jerusalemer Tempels – samt den Riten und der Hierarchie des Tempelpersonals – und die während des Exils wichtig gewordenen Bräuche wie Sabbat und Beschneidung legitimieren, indem sie behauptet: Alles dies wurde schon von (Abraham und) Mose auf göttlichen Befehl ins Werk gesetzt.

Nachträglich sind der Priesterschrift – und zwar etappenweise – zahlreiche *Ergänzungen* zugefügt worden, so die Aufzählung der Nachkommen Jakobs (1Mose 46,8–27), die Genealogie Rubens, Simeons und Levis (2Mose 6,13–30), weitere Anweisungen für die Einrichtungen des Kultus (30,1–31,17), die Ausführung der in 25–29 gegebenen Anweisungen (35–39; 40,1–16.18–38), Opfervorschriften (3Mose 1–7), Reinheitsvorschriften (11–15), das Ritual des Versöhnungstages (16), Ablösung von Gelübden und Weihegaben (27), verschiedene Gesetze (4Mose 5,1–9,14), silberne Trompeten (10,1–10), kultisch-rituelle Bestimmungen (15), Aufruhr der Rotte Korach (16*), Nachträge zum Aufruhr der Rotte Korach (17,1–26), Bestimmungen über Priester und Leviten (17,27–28; 18), Reinigungswasser (19), erneute Zählung (25,19; 26), Erbrecht der Töchter (27,1–11), Opferbestimmungen (28,1–30,1), Gelübde von Frauen (30,2–17), Sieg über die Midianiter (31), Anweisungen zur Landverteilung im Westjordanland (33,50–56; 34), Leviten- und Asylstädte (35), Erbrecht der Töchter (36).

Alle diese Partien sind im Stil der Priesterschrift abgefaßt, hier war wohl eine Art von »Schülern« am Werk.

9. Das Heiligkeitsgesetz

Innerhalb der Ergänzungen zur Priesterschrift steht der Komplex 3Mose 17–26, eine Gesetzessammlung, die man als »Heiligkeitsgesetz« zu bezeichnen pflegt, weil darin der Begriff der »Heiligkeit« eine wichtige Rolle spielt (19,2; 20,7–8.26; 21,6–8.15.23; 22,9.16.32).

Der Inhalt: Opfern und Fleischgenuß (17) – Geschlechtsverkehr (18) – Verhalten in der Gemeinschaft (19) – Todeswürdigkeit geschlechtlicher und anderer Verfehlungen (20) – Heiligkeit der Priester (21) – Heiligkeit kultischer Abgaben und Opfer (22) – Feste (23) – Dienst am Leuchter und Schaubrottisch; Gotteslästerung (24) – Umgang mit dem Grundbesitz: Sabbat- und Jobeljahr (25) – Segen und Fluch (26).

In der Ankündigung von Segen oder Fluch für den Fall des Gehorsams oder Ungehorsams (3Mose 26) mit der Abschlußformel V. 46 liegt deutlich erkennbar das Ende der Sammlung vor, während sich der Anfang formal nicht vom Vorangehenden abhebt. Typisch für das Heiligkeitsgesetz ist die Formel »Ich bin Jahwe« (z. B. 18,5.6; 19,12; 20,26; 21,12; 22,2.3; 26,2) oder »Ich bin Jahwe, euer Gott« (z. B. 18,2.4; 19,2–4; 20,7; 23,22; 24,22; 25,38; 26,1), die hier fast doppelt so oft erscheint wie im gesamten übrigen Pentateuch. Ferner unterscheidet sich das Heiligkeitsgesetz von der Priesterschrift – und steht andererseits dem 5. Mosebuch nahe – durch zahlreiche Ermahnungen, »Paränesen« (z. B. 18,24–30; 19,36b–37; 20,22–26; 22,31–33; 25,18–22 und vor allem das Schlußkapitel 26), in denen Israel aufgefordert wird, die Gebote zu befolgen und sich von den Greueln der anderen Völker fernzuhalten.

Das Heiligkeitsgesetz dürfte in einem längeren Wachstumsprozeß entstanden sein, und es hat seine Endgestalt in der spät- oder nachexilischen Zeit erhalten.

10. Das 5. Mosebuch (Deuteronomium)

Eine Sonderstellung innerhalb des Pentateuchs nimmt das 5. Mosebuch ein, das weitgehend als Rede des Mose an Israel, und zwar als Abschiedsrede »jenseits des Jordans« (1,1), vor dem Einzug Israels in das verheißene Land, stilisiert ist. Am Schluß steht ein *Bericht*, nämlich über den Tod des Mose (34). Auffälligerweise wird die Rede (1–33) mehrfach durch *erzählende* Passagen – manchmal handelt es sich nur um den Hinweis, daß Mose den Israeliten etwas mitteilen – unterbrochen. Der Inhalt des Buches ist folgender:

(1) *Einleitungsreden* (5Mose 1–11): Nach einer erzählenden
Überschrift (1,1–5), der eine weitere in 4,44–5,1aα folgt, rekapituliert Mose die Ereignisse zwischen dem Aufbruch Israels
vom Horeb (so heißt der Sinai im 5. Mosebuch und in den
Texten, bei denen eine Verwandtschaft mit ihm besteht) und
seiner Ankunft im Ostjordanland (1,6–3,29), ermahnt er Israel zum Einhalten des Gesetzes (4,1–40), rekapituliert er den
Bundesschluß am Horeb (5,1aβ–6,3), ermahnt er – mit dem
Sch^ema »Höre, Israel« – Jahwe als den einen und einzigen zu
verehren (6,4–5) und »diese Worte« – die vorangehenden oder
den Komplex 5Mose 5–26 – sich anzueignen und weiterzugeben (6,6–9), und hält er eine Reihe predigtartiger Mahnreden
(6,10–9,7a; 10,10–11); dazwischen rekapituliert er die Geschichte vom Goldenen Kalb (9,7b–10,5); schließlich verheißt
er, sofern die Israeliten Jahwe gehorchen, reiche Ernten und
den Besitz des verheißenen Landes (10,12–11,32). Aus der
Moserede fallen die erzählenden Abschnitte 4,41–43 (Asylstädte) und 10,6–9 (Stationenverzeichnis, Tod des Aaron und
Befugnisse der Leviten) heraus. Ferner fällt auf, daß die in 1,5
und 4,44.45 angekündigte Gesetzesmitteilung erst in Kapitel
12–26 erfolgt.
(2) *Das Gesetz* (5Mose 12–26): Einheit des Kultortes (12) –
Verführung zum Fremdkult (13) – Trauerbräuche, Speisen,
Zehntabgaben (14) – Erlaßjahr, Sklavenfreilassung, Erstge-
burtsopfer (15) – Jahresfeste (16,1–17) – Richter und Gericht
(16,18–20; 17,2–13), dazwischen verbotene Kultbräuche
(16,21–17,1) – König (17,14–20) – Priester (18,1–8) – Profeten
(18,9–22) – Asylstädte (19,1–13) – Grenzverrückung (19,14) –
Zeugen vor Gericht (19,15–21) – Kriegsgesetze (20) – Mord
von unbekannter Hand (21,1–9) – Heirat mit einer Kriegsge-
fangenen (21,10–14) – Erbrecht (21,15–17) – widerspenstiger
Sohn (21,18–21) – Bestattung eines Gehängten (21,22–23) –
Hilfeleistungen für den Nächsten (22,1–4) – Travestie, Schutz
der Vogelmutter, Dachgeländer, Vermengungen von Un-
gleichartigem, Mantelquasten (22,5–12) – Beweis der Jungfrauschaft, Ehebruch, Beischlaf mit einer Jungfrau und mit

der Stiefmutter (22,13–23,1) – Zugehörigkeit zur Gemeinde Jahwes (23,2–9) – Reinheit des Kriegslagers (23,10–15) – entlaufener Sklave, Tempelprostitution, Zins, Gelübde, Mundraub (23,16–26) – Wiederverheiratung mit einer Geschiedenen (24,1–4) – Vorrecht Jungverheirateter, Mühlenpfändung, Menschendiebstahl, Aussatz, Pfändung, Behandlung der Tagelöhner, Todesstrafe nur am Schuldigen (24,5–16) – Behandlung von Fremdling, Waise und Witwe (24,17–22) – Prügelstrafe, dreschender Ochse, Schwagerehe, schamlose Frau, rechtes Maß und Gewicht, Befehl zur Ausrottung der Amalekiter (25) – Gebete bei der Darbringung der Erstlinge und des dreijährigen Zehnten (26,1–15) – Schlußermahnung (26,16) – Bundesverpflichtung (26,17–19).

Das Ganze macht einen recht verworrenen Eindruck. Erkennbar ist nur, daß der erste Abschnitt (12,1–16,17) von der Kulteinheit und der Kultreinheit, der zweite (16,18–18,22) von Amtspersonen – im weiteren Sinne – handelt. Die übrigen Teile dieser Gesetzessammlung sind vielleicht erst nach und nach – und zwar ohne durchschaubares System – zusammengefügt worden.

Etwa die Hälfte der Rechtsmaterialien von 5Mose 12–26 findet sich ebenfalls im Bundesbuch. Vergleicht man die betreffenden Texte miteinander, so sind die des 5. Mosebuches meistens ausführlicher; sie entfalten die verschiedenen Aspekte eines Tatbestandes. Beispiele sind die Gesetze über die Erstgeburt (2Mose 22,29 und 5Mose 15,19–23), über die Asylstädte (2Mose 21,12–14 und 5Mose 19,1–13), über die Zeugen vor Gericht (2Mose 23,1b und 5Mose 19,15–21), über Hilfeleistungen für den Nächsten (2Mose 23,4–5 und 5Mose 22,1–4). Außerdem enthalten die Gesetze des 5. Mosebuches predigtartige Ermahnungen, so das über die Jahresfeste (5Mose 16,1–17 gegenüber 2Mose 23,14–17) oder über das Erlaßjahr (5Mose 15,1–11 gegenüber 2Mose 23,10–11). Ferner soll nach 2Mose 21,2–4 der Sklave nach sechs Jahren ohne Entschädigung entlassen werden, während 5Mose 15,12–15 bestimmt, daß sein bisheriger Herr ihm Nahrung mitgibt; und in 5Mose

22,28–29 wird das verführte Mädchen gegenüber 2Mose 22,15–16 rechtlich bessergestellt. So repräsentiert 5Mose 12–26 ein fortgeschritteneres Stadium der sozialen und ethischen Entwicklung als das Bundesbuch.

Von den Texten, die keine Entsprechung im Bundesbuch haben und mehr Predigten als Gesetze sind, seien die das Profetentum betreffende Abschnitte 5Mose 13,2–6 und 18,9–22 und das Königsgesetz 5Mose 17,14–20, wo das Königtum recht kritisch betrachtet wird, genannt. Profetie und Königtum waren dem Bundesbuch offenbar noch fremd. Die gewichtigste Neuerung gegenüber dem Bundesbuch ist die den Gesetzesteil des 5. Mosebuches einleitende Forderung der »Kultzentralisation«, d.h. die Vorschrift, nur an *einem* Kultort Opfer zu vollziehen und kultische Abgaben zu entrichten (5Mose 12,2–28).

(3) *Abschlußreden* (5Mose 27–30): Kapitel 27, durch erzählende Überschriften (V. 1a.9a.11) in drei Abschnitte gegliedert, fällt insofern aus den Bestimmungen des 5. Mosebuches heraus, als es keine immer geltenden Gesetze, sondern Vorschriften für einmalige Kulthandlungen auf den Bergen Garizim und Ebal bei Sichem enthält. – Der Abschnitt 28,1–68 kündigt Israel Segen oder Fluch an, falls es die Gebote befolgt oder nicht befolgt. – In dem Abschnitt 28,69–29,28, der laut der erzählenden Überschrift (28,69) von einem zweiten Bund Jahwes – neben dem Bund am Horeb – mit Israel in Moab handelt, mahnt Mose, »die Worte dieses Bundes« zu befolgen, und droht im Falle des Ungehorsams mit Strafe. – In Kapitel 30 stellt Mose den Israeliten, wenn sie, nachdem Jahwe sie wegen ihres Ungehorsams unter alle Völker zerstreut hat, zu ihm umkehren, die Heimkehr in Aussicht.

(4) *Anhänge* (5Mose 31–34): Kapitel 31 ist durch erzählende Überschriften (V. 1–2aα.9–10aα.23aα.24–25) in fünf Abschnitte – darin wiederum erzählende Passagen (V. 7aα.14b–16aα.30) – gegliedert: Mose beruft Josua zu seinem Nachfolger (V. 1–8), Mose befiehlt, das Gesetz alle sieben Jahre zu verlesen (V. 9–13), Jahwe befiehlt Mose, ein Lied aufzuschrei-

ben, was Mose tut (V. 14–22), Mose beauftragt Josua (V. 23) und befiehlt, das Gesetz neben der Lade zu deponieren (V. 24–30). – Kapitel 32 beginnt mit dem in 31,19.21–22.30 genannten Lied, dem »Lied des Mose« (V. 1–43), einem Gedicht, das beschreibt, wie Jahwe das Volk Israel unter den Völkern erwählte und es trotz seines Ungehorsams in das Land Kanaan brachte; es folgen, jeweils mit einer erzählenden Überschrift eingeleitet (V. 44–46aα.48), die Mahnung Moses an das Volk, die Worte des Gesetzes zu bewahren (V. 44–47), und der Befehl Jahwes an Mose, auf den Berg Nebo zu steigen (V. 48–52). – Kapitel 33 bringt den mit einer erzählenden Überschrift (V. 1–2aα) eingeleiteten »Segen des Mose«, eine Sammlung von Stammessprüchen (V. 2aβ–29). – Kapitel 34, der Bericht vom Tod des Mose, enthält sowohl Elemente der Priesterschrift als auch des Deuteronomistischen Geschichtswerkes, die voneinander zu trennen nicht mehr möglich ist.

Der größte Teil der Einleitungs- und Schlußreden ebenso wie ein großer Teil der Gesetzesvorschriften sind Ermahnungen, »Paränesen«. Dabei ergeht sich die Sprache des 5. Mosebuches in einer auf die Dauer ermüdenden Weitschweifigkeit, weil gewisse Grundelemente vielfach wiederholt und wortreich-umständlich formuliert werden. So erinnert das 5. Mosebuch seine Leser an die Zusagen und die großen Gaben und Taten Jahwes für Israel; es mahnt zum Halten der Gebote und kündigt Segen als Lohn des Gehorsams an. Ein paar Beispiele für den Redestil des 5. Mosebuches: »Zieht hinein und nehmt das Land ein, von dem Jahwe euren Vätern … geschworen hat, daß er es ihnen … geben wolle« (1,8; ähnlich 6,18; 8,1; 9,5; 10,11); daß Jahwe das Land den Vätern zugeschworen hat, wird außerdem in 6,23; 7,13; 11,9.21; 19,8; 26,3.15; 28,11; 30,20; 31,7.20; 34,4 gesagt; Israel wird – in wechselnder Formulierung – aufgefordert, »die Gebote Jahwes zu bewahren und seiner Stimme zu gehorchen« (13,5.19; 15,5; 26,17; 28,1.15) oder »die Gebote Jahwes zu hören, zu bewahren und danach zu tun« (4,1; 5,1; 7,12) und Jahwe zu lieben (5,10; 6,5; 7,9; 10,12; 11,1.13.22; 13,4; 19,9), und zwar »von ganzem Her-

zen und von ganzer Seele« (6,5; 10,12; 11,13; 13,4; die letztgenannte Wendung ferner in 4,29; 26,16; 30,2.6.10).
Bietet sich das 5. Mosebuch demnach in seiner Thematik und
seinem Sprachgebrauch als ein sehr einheitliches Gebilde dar,
widerspricht dem sein Aufbau mit dem unausgeglichenen System der Überschriften, mit dem befremdlichen Wechsel von
der Moserede zur Erzählung über Mose und mit dem manchmal sprunghaften Gedankengang. So ist zu vermuten, daß
dieses Buch nicht in einem Zuge niedergeschrieben wurde,
sondern seine Endgestalt in einem langen Entstehungsprozeß
bekommen hat. Nach Ansicht der meisten Ausleger bildet –
etwas vereinfacht ausgedrückt – die Gesetzessammlung 5Mo-
se 12–26 den Kern des Buches, um den später ein innerer
(5Mose 5–11 und 27–28*) und noch später ein äußerer (5Mose
1–4 und 29–34*) Rahmen gelegt wurde.
Auffälligerweise wird Israel sowohl im Kern als auch im inneren und äußeren Rahmen manchmal in der Einzahl als »Du«,
manchmal in der Mehrzahl als »Ihr« angeredet. Die meisten
Ausleger stimmen darin überein, daß dieser Wechsel kein Stilmittel und nicht zufällig ist, sondern auf Bearbeiter zurückgeht,
die älteres Überlieferungsgut mit neuem Material aufgefüllt
haben. Trifft das zu, dann dürfte in einem Teil der »Du«-Passa-
gen das ältere Gut vorliegen, während die jüngeren Stücke
sowohl in der »Ihr«- als auch in der »Du«-Form abgefaßt sind.
Aber es gelingt nicht, anhand dieses Merkmals einzelne Schichten durchgehend präzise voneinander abzuheben.
Wenn das 5. Mosebuch trotz aller Sprünge im Gedankengang
und in der Form dennoch sprachlich und thematisch als Einheit wirkt, erlaubt dieser Tatbestand den Schluß, daß die Bearbeiter ihre Tätigkeit nicht als Korrektur, sondern als weiter-
führende Ergänzung der älteren Texte verstanden, daß hier
also eine Art von »Schülern« am Werk war.
Bei der Frage nach der *Entstehungszeit* des 5. Mosebuches
läßt sich auf jeden Fall sagen, daß der äußere Rahmen (5Mose
1–4 und 29–34*) in der Zeit des Exils – und zwar im Zusammenhang mit dem Deuteronomistischen Geschichtswerk –

entstanden ist. Wie nahe man den inneren Rahmen (5 Mose 5–11 und 27–28*) an den äußeren oder an den Kern (5 Mose 12–26) heranrücken soll, bleibt fraglich.

Für die zeitliche Einordnung des Kerns, der Gesetzessammlung, könnte das AT an anderer Stelle einen Hinweis geben. In 2 Kön 22–23 wird erzählt, man habe im 18. Regierungsjahr des Königs Joschija von Juda (622 v. Chr.) bei Reparaturarbeiten im Jerusalemer Tempel ein Gesetzbuch gefunden, das dem König vorgelesen wurde, woraufhin dieser nach den Anweisungen des Gesetzbuches eine Kultreform durchführte. Die Maßnahmen des Königs entsprachen nun weitgehend den Anordnungen von 5 Mose 12–26. So beseitigte Joschija die Kultstätten, »Höhen«, sowohl der fremden Götter (2 Kön 23,5.13) als auch die Kultstätten, »Höhen«, Jahwes außerhalb Jerusalems (V. 8–9.15.19–20) gemäß der »Zentralisationsforderung« von 5 Mose 12,2–28, und er ließ das Passafest in der Weise feiern (2 Kön 23,21–23), wie 5 Mose 16,1–7 es anordnet. Beides – die Zentralisation des Jahwekultes in Jerusalem und die Passafeier dort – waren einschneidende Änderungen im Kultwesen Israels. Ferner schaffte Joschija die Ascheren (2 Kön 23,6), die Tempelprostitution (V. 7), das Kinderopfer (V. 10), den Gestirndienst (V. 11–12), die Steinmale (V. 14) und die Totenbeschwörer und Zeichendeuter (V. 24) ab, wie es in 5 Mose 16,21; 23,18–19; 18,10a; 17,3; 16,22; 18,11 geboten wird.

Nach alledem ist ohne Zweifel das 5. Mosebuch oder ein Teil desselben das »Gesetzbuch«, von dem der Bericht 2 Kön 22–23 handelt. Geht man von der Geschichtlichkeit, der Historizität jenes Berichtes (sie wird manchmal bestritten) aus und davon, daß der äußere Rahmen des 5. Mosebuches (Kapitel 1–4 und 29–34*) in der Zeit des Exils entstanden ist, so haben wir das »Gesetzbuch«, das dem König Joschija im Jahre 622 v. Chr. vorgelegt wurde, in der Gesetzessammlung 5 Mose 12–26 – vielleicht in einer knapperen, noch nicht durch Ergänzungen überarbeiteten Gestalt, vielleicht mit dem inneren Rahmen (5 Mose 6–11 und 27–28*), vielleicht ohne ihn – zu sehen. Ob das »Gesetzbuch« schon längere oder lange Zeit vorher oder erst zur Zeit des Joschija abgefaßt worden ist, wissen wir nicht. Im letzteren Fall meint das 5. Mosebuch mit dem Ausdruck »die Stätte, die Jahwe erwählen wird/erwählt hat« (z. B. 5Mose 12,5; 14,23–25; 16,2; 17,8) zweifellos die Stadt Jerusalem; das wäre aber auch denkbar, wenn das »Gesetzbuch« des Joschija aus einer früheren Zeit stammt.

11. Die deuteronomistische Bearbeitung

In den Büchern 1Mose, 2Mose und 4Mose finden sich mehrere Passagen, die den jeweiligen Zusammenhang unterbrechen und in Wortwahl, Stil und Thematik dem 5. Mosebuch, dem Deuteronomium, nahestehen und die man daher als »deuteronomistisch« bezeichnet. Dazu gehört die Rede Jahwes an Abraham in 1Mose 13,14–17 mit der Verheißung, daß er das Land erhalten und große Nachkommenschaft haben wird; das Selbstgespräch Jahwes in 1Mose 18,17–19 über Abrahams Sonderstellung, der zu einem großen Volk werden und seine Nachkommen Gehorsam lehren soll, damit Jahwe seine Verheißungen erfüllt; die Rede des Engels an Abraham in 1Mose 22,15–18, die noch einmal Abrahams Gehorsam hervorhebt und ihm große Nachkommenschaft verheißt; die Rede Jahwes an Isaak in 1Mose 26,3b–5, die der Rede Jahwes an Abraham in 1Mose 13,14–17 ähnlich ist; das Gebet Jakobs in 1Mose 32,10–13, mit dem Jakob sich auf Jahwes Verheißung beruft; die Ernennung Aarons zum »Mund« des Mose durch Jahwe in 2Mose 4,14–16, weil Mose behauptet, zum Reden nicht tauglich zu sein; die Passa- und Mazzot-Anweisung in 2Mose 12,24–27a und 13,3–16; die Rede Jahwes an Mose in 2Mose 19,3b–9, wonach Mose das Volk zum Gehorsam verpflichten soll, damit es »ein Königtum von Priestern und ein heiliges Volk« wird, und dann die Zustimmung des Volkes; die Rede Jahwes (daß Jahwe spricht, wird nur vom Inhalt her deutlich) an Israel in 2Mose 23,20–33, wo Jahwe ankündigt, daß er einen Boten (Engel) vor dem Volk hersenden will, der das Volk beschützt, und wo Jahwe vom Volk Gehorsam, vor allem die entschiedene Ablehnung des Götzendienstes, fordert; das Gespräch zwischen Jahwe und Mose in 2Mose 32,9–14, wo Mose Jahwes Gnade für das – durch die Anfertigung des Goldenen Kalbes – ungehorsame Volk erfleht und dabei auf Jahwes frühere Verheißungen hinweist; der Abschnitt 2Mose 33,1–6, in dem Jahwe sich weigert, mit den Israeliten zu ziehen, worauf diese ihren Schmuck ablegen und Jahwe seine Entscheidung überdenken will; das Gespräch zwischen Jahwe und Mose in 4Mose 14,11–25, wo Mose um Vergebung für das Volk bittet und Jahwe antwortet, daß er zwar vergibt, aber niemand von den Israeliten außer Kaleb das verheißene Land sehen soll; die Verhandlung zwischen Mose und Edom in 4Mose 20,14–21, wo Edom die Bitte, Israel den Durchzug durch sein, Edoms, Land zu erlauben, ablehnt.

II.
Die Bücher Josua – 2. Könige
(das Deuteronomistische Geschichtswerk)

1. Vorbemerkung

Die Bücher Josua, Richter, 1. und 2.Samuel und 1. und 2.Könige gehören – wie noch gezeigt werden soll – literarisch zusammen; sie bilden *ein* großes Erzählwerk, das die Wissenschaft als »Deuteronomistisches Geschichtswerk« bezeichnet, weil seine Leitgedanken der Thematik des 5. Mosebuches, des Deuteronomiums, entsprechen. Aller Wahrscheinlichkeit nach gehört auch das letztere zum Deuteronomistischen Geschichtswerk, was aber zunächst außer Betracht bleiben soll. Dagegen ist das Buch Rut, das in unseren Bibeln – nicht aber im hebräischen Urtext des AT – auf das Richterbuch folgt, eine gegenüber dem Deuteronomistischen Geschichtswerk selbständige Erzählung.

2. Inhalt

Das Buch Josua

Das Richterbuch

Jaïr (10,1–5) – Jiftach (10,6–12,7) – Ibzab, Elon und Abdon (12,8–15) – Simson (13–16).
(3) *Anhänge* (Richt 17–21): Die Entstehung des Heiligtums in Dan (17–18) – die Schandtat in Gibea und der Rachezug gegen Benjamin (19–21).

Die Samuelbücher

(1) *Samuel und Eli* (1Sam 1–7): Samuels Geburt und sein Dienst bei Eli (1,1–2,11) – die Bosheit der Söhne Elis (2,12–36) – Samuels Berufung (3) – die Schicksale der Lade (4,1–7,1), dabei Elis Tod (4,12–18) – Samuels Richteramt (7,2–17).
(2) *Samuel und Saul* (1Sam 8–15): Israel begehrt einen König (8) – Sauls Salbung durch Samuel (9,1–10,16) – Sauls Wahl zum König (10,17–27) – Sauls Sieg über die Ammoniter (11) – Samuels Abschiedsrede (12) – Beginn des Krieges gegen die Philister (13) – Sieg über die Philister (14,1–46) – Notizen über Saul (14,47–52) – Sauls Verwerfung (15).
(3) *Saul und David* (1Sam 16–2Sam 1): Davids Salbung durch Samuel (16,1–13) – David kommt an Sauls Hof (16,14–23) – David und Goliat (17) – Davids Freundschaft mit Jonatan (18,1–5) – Sauls Eifersucht auf David (18,6–16) – David wird Sauls Schwiegersohn (18,17–30) – Davids Rettung vor Sauls Nachstellungen (19) – Davids Abschied von Jonatan (20,1–21,1) – David bei den Priestern von Nob (21,2–10) – David bei Achisch von Gat (21,11–16) – David in Adullam und Mizpe (22,1–5) – Sauls Rache an den Priestern von Nob (22,6–23) – David in Keïla (23,1–13) – David verschont Saul (23,14–24,23) – Samuels Tod (25,1a) – David und Abigajil (25,1b–44) – David verschont Saul zum zweiten Mal (26) – David bei den Philistern (27,1–28,2) – Saul bei der Totenbeschwörerin in En-Dor (28,3–25) – David wird von den Philistern zurückgeschickt (29) – Davids Sieg über die Amalekiter (30) – das Ende Sauls (31) – Die Aufnahme der Botschaft von Sauls und Jonatans Tod bei David (2Sam 1).
(4) *David* (2Sam 2–24; 1Kön 1–2): a) *Davids Königsherr-*

schaft (2Sam 2–8): Das Königtum Davids über Juda, Ischbaals über Israel (2,1–3,1) – Davids Söhne (3,1–5) – Abners Verrat und Tod (3,6–39) – Ischbaals Tod (4) – Davids Königtum über Israel (5,1–5) – Eroberung Jerusalems (5,6–12) – Davids Söhne (5,13–16) – Davids Sieg über die Philister (5,17–25) – die Lade kommt nach Jerusalem (6) – Gottes Verheißung für David und sein Königtum (7) – Davids Großreich (8,1–14) – Davids Beamte (8,15–18); b) *der Streit um die Nachfolge Davids* (2Sam 9–20; dazu 1Kön 1–2): David, Merib-Baal und Ziba (9) – Davids Kampf mit den Ammonitern (10) – Davids Ehebruch mit Batseba und Ermordung Urijas (11) – Natans Strafpredigt, Davids Reue, Geburt Salomos (12,1–25) – Eroberung der Hauptstadt der Ammoniter (12,26–31) – Amnons Schandtat an Abschaloms Schwester (13,1–22) – Abschaloms Rache an Amnon und seine Begnadigung (13,23–14,30) – Abschaloms Aufstand und Tod (15–19) – Schebas Aufstand (20,1–22) – Davids Beamte (20,23–26); c) *Anhänge* (2Sam 21–24): David und die Nachkommen Sauls (21,1–14) – die Riesentöter (21,15–22) – Davids Danklied (22) – Davids letzte Worte (23,1–7) – die Helden Davids (23,8–39) – David erwirbt den Tempelplatz (24).

Die Königsbücher

(1) *Schluß des Streites um die Nachfolge Davids* (1Kön 1–2): Salomos Salbung zum König (1) – Davids letzter Wille und sein Tod (2,1–12) – das Ende der Gegner Salomos (2,13–46).
(2) *Salomo* (1Kön 3–11): Salomos Heirat (3,1) – Salomos Bitte um Weisheit (3,2–15) – Salomos Urteil (3,16–28) – die Verwaltung des Reiches (4,1–5,8) – Salomos Weisheit (5,9–14) – Vorbereitungen zum Tempelbau (5,15–32) – der Tempelbau (6) – die Palastgebäude (7,1–12) – die Ausstattung des Tempels (7,13–51) – Einweihung des Tempels und Salomos Gebet und Opfer (8) – Verheißung für den Tempel (9,1–9) – verschiedene Regierungsmaßnahmen Salomos (9,10–28) – Besuch der Königin von Saba (10,1–13) – Salomos Reichtum

(10,14–29) – Salomos Ungehorsam (11,1–13) – Salomos Gegner (11,14–40) – Salomos Tod (11,41–43).

(3) *Die Zeit der getrennten Königreiche Juda und Israel* (1Kön 12–2Kön 17): Der Abfall der Nordstämme (d. h. Israels) von Juda (12,1–19) – Jerobeam I. von Israel (12,20–32) – der ungehorsame Gottesmann (12,33; 13) – das kranke Kind Jerobeams (14,1–18) – Jerobeams Tod (14,19–20) – Rehabeam von Juda (14,21–31) – Abija und Asa von Juda (15,1–24) – Nadab, Bascha, Ela, Simri, Omri und Ahab von Israel (15,25–16,34) – Elija am Bach Kerit und bei der Witwe zu Sarepta (17) – das Gottesurteil auf dem Karmel (18) – Elija am Horeb (19,1–18) – Berufung Elischas (19,19–21) – Aramäerkriege (20) – Nabots Weinberg (21) – Krieg mit den Aramäern, Ahabs Tod (22,1–40) – Joschafat von Juda (22,41–51) – Ahasja von Israel (22,52–54) – Ahasja und Elija (2Kön 1) – Entrückung Elijas (2,1–18) – Elischa macht eine Quelle gesund und straft spottende Knaben (2,19–25) – Joram von Israel: Feldzug gegen Moab und Elischas Hilfe (3) – Elischa mehrt das Öl einer Witwe, erweckt ein totes Kind, macht schädliche Speise gesund und speist viele mit zwanzig Broten (4) – Elischa heilt den Aramäer Naaman (5) – Elischa macht Eisen schwimmen (6,1–7) – Elischa schlägt ein aramäisches Heer mit Blindheit (6,8–23) – Belagerung und Errettung Samarias (6,24–7,20) – Elischa hilft einer Frau (8,1–6) – Elischa in Damaskus (8,7–15) – Joram und Ahasja von Juda (8,16–29) – Jehu von Israel (9–10) – Atalja (11) – Joasch von Juda (12) – Joahas und Joasch von Israel (13), dabei Elischas Tod (13,14–21) – Amazja von Juda (14,1–22) – Jerobeam II. von Israel (14,23–29) – Asarja (Usija) von Juda (15,1–7) – Secharja, Schallum, Menahem, Pekachja und Pekach von Israel (15,8–31) – Jotam von Juda (15,32–38) – Ahas von Juda (16) – Hoschea von Israel und der Untergang Israels (17,1–23) – Geschichte und Kult der Samaritaner (17,24–41).

(4) *Das Reich Juda* (2Kön 18–25): Hiskija (18,1–12) – Errettung Jerusalems vor Sanherib (18,13–19,37) – Hiskijas Krankheit und Genesung (20,1–11) – Gesandtschaft aus Babel

(20,12–19) – Hiskijas Tod (20,20–21) – Manasse und Ammon
(21) – Joschija (22,1–23,30) – Joahas (23,31–35) – Jojakim
(23,36–24,7) – Jojachin, erste Wegführung nach Babel (24,8–
17) – Zidkija (24,18–25,7) – Zerstörung Jerusalems und zweite
Wegführung nach Babel (25,8–21) – Gedaljas Statthalterschaft
(25,22–26) – Begnadigung Jojachins (25,27–30).

3. Formen der Überlieferung in den Büchern
Josua – 2. Könige

Die Hauptmasse des Textmaterials der Bücher Josua – 2. Könige besteht aus Erzählungen unterschiedlichster Art. In den Büchern Josua und Richter und im ersten Teil des 1. Samuelbuches haben wir weitgehend Sagen vor uns, denen zweifellos ein historischer Kern zugrundeliegt, der aber fantasievoll ausgeschmückt ist. Die dann folgende Darstellung über den Aufstieg Davids und die Ereignisse der Königszeit dürfte weitgehend historisch zuverlässig sein, ausgenommen vor allem viele Erzählungen über Profeten, bei denen es sich um volkstümliche Wundergeschichten handelt. In die Erzählungen hineingearbeitet sind ein paar Lieder oder Gedichte, mehrere Reden und Listen von Orten und Personen. Der größte Teil der Erzählungen soll im folgenden vorgestellt werden:

a) Der Komplex Jos 2–9 ist eine Sammlung *ätiologischer Sagen*. Mehrfach wird der ätiologische Charakter der Texte durch die formelhafte Notiz unterstrichen, daß ein Sachverhalt »bis auf den heutigen Tag«, d. h. bis zur Zeit des Erzählers, bestehe (Jos 4,9; 5,9; 6,25; 7,26; 8,28.29; 9,27; als ätiologische Formel außerdem Jos 14,14; Richt 15,19; 1Sam 5,5).
Die Erzählung von der Dirne Rahab, die zwei nach Jericho gesandte Kundschafter der Israeliten auf dem Dach ihres in die Stadtmauer gebauten Hauses versteckt und als Lohn die Zusage erhält, daß sie und ihre Familie bei der Einnahme Jerichos durch die Israeliten verschont werden (Jos 2), will die

Frage beantworten, warum eine kanaanäische Familie, die sich von einer Dirne Rahab herleitet, inmitten der Israeliten wohnt (Jos 6,25). Der Handlungsablauf in Jos 2 ist etwas merkwürdig, weil das auf dem Dach begonnene Gespräch zwischen Rahab und den Kundschaftern (V. 9–14), nachdem Rahab die Männer mit einem Seil am Fenster herabgelassen hat (V. 15), in V. 16–21 fortgesetzt wird, wobei die Männer ihr eine rote Schnur überreichen, die sie bei der Einnahme Jerichos ins Fenster hängen soll (V. 18a). Offenbar sind hier zwei Überlieferungen miteinander verknüpft worden: eine, die von einem Seil, und eine, die von einer roten Schnur handelt.

Noch seltsamer wirkt streckenweise die anschließende Erzählung vom Durchzug Israels durch den Jordan (Jos 3,1–5,1), und zwar vor allem in dem Abschnitt 3,14–4,11: Die Priester, die als Träger der Lade vor dem Volk gehen, kommen an den Jordan, das Wasser verschwindet, und die Priester bleiben mitten im Jordan stehen (3,14–17a). Das Volk zieht hindurch (3,17b; 4,1). Dann befiehlt Jahwe, zwölf Steine aus dem Flußbett des Jordans aufzunehmen (4,1b–3), obwohl das Volk doch schon auf der anderen Seite des Jordans ist. Nun befiehlt Josua, man solle zwölf Steine in den Jordan tragen, und zwar vor der Lade (4,4–7); diese befindet sich aber doch schon längst im Flußbett. Jetzt werden erst einmal zwölf Steine *aus* dem Jordan geholt (4,8), und dann stellt Josua zwölf Steine *im* Jordan auf (4,9). Doch das Durcheinander ist noch nicht beendet, denn nach dem Hinweis, daß die Priester mitten im Jordan stehen (4,10a), was bereits in 3,17 gesagt war, heißt es weiter: »Und das Volk ging eilends hinüber. Als nun das Volk ganz hinübergegangen war, da ging die Lade Jahwes auch hinüber und die Priester vor dem Volk her« (4,10b–11). Die Lade hinter dem Volk, die Priester vor dem Volk – das ergibt keinen Sinn.

Der Befund zwingt zu der Annahme, daß in Jos 3,1–5,1 zwei verschiedene Erzählungen vom Durchzug durch den Jordan miteinander vermengt sind. Nach der einen ließ Josua zwölf Steine im Jordan aufstellen (4,9), nach der anderen zwölf Steine in Gilgal (4,20).

Auf die kurze Erzählung, daß Josua am »Vorhäutehügel« die
israelitischen Männer beschneiden ließ, weil das seit dem
Auszug aus Ägypten nicht mehr geschehen war, mit einer
Ätiologie des Ortsnamens Gilgal, der – sachlich unzutreffend
– mit dem hebräischen Wort für »(ab)wälzen« gedeutet wird
(Jos 5,2–9), und eine Notiz, daß die Israeliten ungesäuertes
Brot und geröstetes Korn aßen und das Passa feierten (5,10–
12), folgt der – fragmentarische – Bericht über ein Zusammentreffen Josuas mit dem »Fürsten (Anführer) über das
Heer Jahwes« (5,13–15).
Die Erzählung, wie Israel die Mauern Jerichos kampflos zum
Einsturz bringt und die Stadt erobert (Jos 6), weist ähnliche
Merkwürdigkeiten wie Jos 3,1–5,1 auf. So wird einerseits berichtet, daß die Israeliten sieben Tage lang je einmal (V. 14),
andrerseits, daß sie an *einem* Tag siebenmal die Stadt umkrei-
sen (V. 15b). Hier sind wieder ganz offensichtlich zwei ver-
schiedene Überlieferungen ineinandergeschachtelt worden.
Anscheinend liegt beiden Überlieferungen ein ätiologisches
Motiv zugrunde, d. h. es geht um den Versuch einer Antwort
auf die Frage, warum zu der Zeit, als die Israeliten in Palästina
Fuß faßten, die Stadtmauer Jerichos in Trümmern lag. Denn
nach Ausweis der Archäologie war Jericho zur Zeit der Landnahme Israels ein unbefestiger Ort, von dessen einstiger
Stadtmauer nur noch Reste übrig waren.
Die ätiologische Absicht der Erzählung von Achans Diebs-
tahl (Jos 7) liegt auf der Hand. Ein Israelit namens Achan
entwendet einige Sachen vom »Bann«, von dem Jahwe ge-
weihten Beutegut, und wird durch ein Losverfahren als der
Schuldige ermittelt. Man führt ihn und seine Familie in das –
später so genannte (V. 26b) – Tal Achor (V. 24), und Josua sagt:
»Weil du uns betrübt hast, so betrübe dich Jahwe an diesem
Tage« (V. 25a). Hier wird der Name Achor mit dem hebräischen Wort *akar* erklärt, das so viel wie »betrüben, ins Unglück bringen« bedeutet. Zugleich klingt der Name Achan –
wenn auch etwas entfernt – an das Wort *akar* an. Dann
(V. 25b) steinigen die Israeliten den Achan und seine Familie

und verbrennen sie. Das Nebeneinander von Steinigen und
Verbrennen – der Text läßt auch den umgekehrten Vorgang zu
– ergibt keinen Sinn. Offenbar will die Erzählung zweierlei
verbinden, nämlich die Ätiologie eines Steinhaufens »bis auf
den heutigen Tag« (V. 26a) und die Tatsache, daß für denjeni-
gen, der unsere Erzählung niederschrieb, das Verbrennen die
übliche Strafe beim Übertreten des Banngebotes war (vgl.
V. 15).
Auch die nächste Erzählung (Jos 8,1–29), wonach Israel die
Stadt Ai erobert, ist eine Ätiologie. Sie schildert, wie Josua
sein Heer in zwei Gruppen aufteilt, von denen eine sich in
einen Hinterhalt legt, während die andere die Stadt angreift
und sich beim Gegenangriff der Männer der Stadt zur Schein-
flucht wendet, was der Gruppe im Hinterhalt ermöglicht, die
jetzt wehrlose Stadt einzunehmen und anzuzünden. Nun bedeutet der Name Ai »Trümmerstätte«, und keine Stadt wird
jemals von Anfang an so genannt worden sein. Sondern so
hieß sicherlich ein Schutthügel, der Überrest einer zur Zeit
der Landnahme Israels längst zerstörten Stadt. Die Sage von
der Einäscherung Ais will erklären, wie der Name »Ai« zu-
standekam. Bei der Schlußnotiz, daß über dem Leichnam des
Königs von Ai ein Steinhaufen aufgeschichtet wird, der »bis
auf den heutigen Tag« besteht (V. 29), handelt es sich ebenfalls
um eine Ätiologie. In die Erzählung hineinverwoben ist der
Rest einer Sondertradition, wonach Josua seinen Speer in
Richtung Ais ausstreckt (V. 18 und 26), also offenbar mittels
einer magischen Handlung – ohne Hinterhalt – den Sieg her-
beiführt.
Die anschließende Erzählung von der List der Gibeoniter, die
vortäuschen, sie kämen aus einer fernen Gegend, dadurch einen Bund zwischen Israel und der Stadt Gibeon herbeiführen
und, sobald der Betrug ans Licht kommt, zum Dienst als
Holzhauer und Wasserschöpfer am Haus Gottes/Jahwes »bis
auf den heutigen Tag« verurteilt werden (Jos 9), ist in mancherlei Hinsicht rätselhaft. Das Heiligtum, an dem die Gibeoniter
Dienst tun müssen, könnte der Jerusalemer Tempel sein.

Bemerkenswert ist, daß alle in Jos 2–9 genannten Orte (Jericho, Gilgal, das Tal Achor, Ai und Gibeon) zu dem kleinen Territorium des Stammes Benjamin gehören. Hier liegen also in Benjamin entstandene und zunächst auch weitertradierte Sagen vor, die erst nachträglich durch die Gestalt des Josua miteinander verklammert wurden.

Später kamen Texte hinzu, die das in Jos 2–9 Berichtete zu einer ganz Palästina betreffenden Aktion unter Führung Josuas ausweiten: die ätiologische Erzählung vom Sieg über fünf Könige des Südlandes (Jos 10), in der mehrere Überlieferungen – die Namen der eroberten Städte in V. 1–15 weichen teilweise von denen in V. 16–39 ab, und die in der Höhle eingeschlossenen Könige sterben einerseits durch Verhungern (so der ursprüngliche Sinn von V. 16), andrerseits durchs Schwert (V. 26–27) – miteinander verknüpft sind, und die Erzählung vom Sieg über eine Koalition des Nordens, deren Anführer der König Jabin von Hazor war (Jos 11,1–15), ferner die abschließende Zusammenfassung Jos 11,16–20.

Über den Komplex Jos 2–9 hinaus trifft man nur noch vereinzelt auf ätiologische Sagen. Dazu gehören die Erzählungen Richt 15,9–17 und 15,18–19, wo berichtet wird, daß die Namen Ramat-Lehi (»Kinnbacken-Höhe«) und »Quelle des Rufenden« auf Simson zurückgehen, der mit einem Eselskinnbacken tausend Gegner erschlagen und, als er durstig war, Jahwe angerufen hatte.

Eine Kultätiologie (Kultgründungssage) liegt in 2Sam 24 vor: David wehrt ein – von ihm selbst durch eine Volkszählung bewirktes – Unheil ab, indem er die Tenne des Jebusiters (die Jebusiter waren die vorisraelitischen Bewohner Jerusalems) Arauna kauft und dort einen Altar errichtet und Opfer darbringt; zweifellos handelt es sich um den Platz, auf dem der Jerusalemer Tempel gebaut wurde. In der Urform der jetzt mehrschichtigen Erzählung war vermutlich nicht David, sondern Arauna der Gründer des Jerusalemer Heiligtums.

b) Die *Erzählungen über die Richterzeit und die Anfänge Sauls* gehören zum großen Teil einem Texttyp an, der sich als »Heldensage« bezeichnen läßt, weil hier kriegerische Taten einzelner Personen geschildert werden.

Recht drastisch ist die Erzählung über den Linkshänder Ehud, der den beleibten Moabiterkönig Eglon, dem Israel tributpflichtig ist, durch die Mitteilung, er habe eine Gottesbotschaft für ihn, veranlaßt, sich ehrfurchtsvoll zu erheben, ihm sein Schwert in den Leib sticht, das Gemach von innen verschließt und unbemerkt entkommt (Richt 3,12–30).

Zwei Frauen sind die Hauptfiguren der Erzählung Richt 4, nämlich Debora, auf deren Initiative hin Barak ein kanaanäisches Heer unter Führung der Sisera (er wird nachträglich in V. 2 und 23–24 zum »Feldhauptmann« des aus Jos 11,1 bekannten Königs Jabin von Hazor gemacht) besiegt, und Jaël, die den Sisera tötet; das anschließende Deboralied (Richt 5) schildert die Ereignisse in poetischer Form.

Von Gideon wird berichtet, daß er nach seiner Berufung durch Jahwe zum Heerführer (Richt 6,11–24) heimlich einen Altar des Baal niederreißt und einen Altar für Jahwe errichtet (6,25–32), ein israelitisches Heer gegen die Nomadenstämme der Midianiter und der Amalekiter sammelt (6,33–35), sich seinen Auftrag durch ein Wunder bestätigen läßt (6,36–40), auf Befehl Jahwes sein Heer reduziert, damit der Sieg über die Feinde als alleiniger Sieg Jahwes erscheint (7,1–8), mit seiner kleinen Schar das Midianiterheer in die Flucht schlägt (7,9–22) und dann die Midianiterfürsten Oreb und Seeb (7,23–8,3) und Sebach und Zalmunna (8,4–21) besiegt und tötet.

Ganz anderer Art als die Heldensage ist die Erzählung über Abimelech, den Sohn Jerubbaals (dieser Jerubbaal wird fälschlich mit Gideon identifiziert, z. B. Richt 8,29–32) in Richt 9, der sich nach der Ermordung seiner siebzig Brüder zum König von Sichem macht (V. 1–6), mit den Sichemiten in Zwietracht gerät (V. 22–25), die Stadt erobert und zerstört (V. 42–49) und bei einem weiteren Feldzug gewaltsam zu Tode kommt (V. 50–55); eingeschaltet in die Abimelech-Erzählung ist die Jotam-Episode mit der Jotam-Fabel von den Bäumen, die den Dornstrauch zu ihrem König machen, einem antiköniglichen Dokument (V. 7–21), und der Bericht über den erfolglosen Aufstandsversuch der Sichemiten unter Gaal (V. 26–41), der zeitlich *vor* der zum Untergang Sichems führenden Auseinandersetzung (V. 23–25.42–49) liegt.

Auch die Erzählungen über Jiftach (Richt 10,17–12,7) sind Texte eigener Art, die der Heldensage recht fern stehen.

Unklar bleibt, worauf die Erzählung 11,30–40 hinausläuft: Jiftach gelobt, er wolle, was ihm (als erstes) bei seiner siegreichen Heimkehr vom Feldzug aus seinem Haus entgegenkomme, für Jahwe opfern, und dann tritt ihm seine Tochter, sein einziges Kind entgegen; sie fügt sich dem Gelübde, bittet aber, zwei Monate lang ihre Jungfrauschaft beweinen zu dürfen; Jiftach vollzieht sein Gelübde, und seitdem ist es Brauch in Israel, daß die Mädchen alljährlich vier Tage lang um Jiftachs Tochter klagen. Vielleicht geht es hier nicht um ein Menschenopfer, sondern um ein Fest, bei dem junge Frauen ihre Keuschheit opferten, um die Fruchtbarkeit der Ehe zu sichern.

Fast tragikomisch ist die Erzählung 12,1–6: Aus einem nichtigen Anlaß geraten der Heerbann des westjordanischen Stammes Efraim und der Heerbann des ostjordanischen Gilead, das zum Stamm Manasse gehört, östlich des Jordans in Streit, und die Gileaditer besiegen die Efraimiter; die letzteren wollen über die Jordanfurten nach Hause, indem sie sich als Gileaditer ausgeben, was aber von diesen durchschaut wird, weil die Efraimiter das Wort *schibbolet*, »Ähre«, als *sibbolet* aussprechen; daraufhin fallen von den Efraimitern zweiundvierzigtausend Mann. In dieser ganz und gar unwahrscheinlichen Erzählung kommen offenbar Stammesrivalitäten zum Ausdruck; so hält sie den Efraimitern vor, daß sie nicht einmal richtig hebräisch können.

Die Simson-Geschichten (Richt 13–16) setzen mit einer legendenhaften Erzählung ein – dem Manoach und seiner Frau verkündet ein Engel die Geburt eines Sohnes und bekräftigt dies durch ein Wunder (13) – und schließen mit der Schilderung einer Heldentat: Simson, der von den Philistern geblendet wurde, bringt einen Tempel zum Einsturz und nimmt etwa dreitausend Philister mit in den Tod (16,22–30). Ansonsten wird Simson als ein Mann von großer Körperkraft dargestellt, der mehrfach Streit mit den Philistern bekommt, ihnen Streiche spielt und viele von ihnen tötet und der kein Glück bei Frauen hat; letzteres wird vor allem in der Episode mit Delila deutlich, die ihm das Geheimnis seiner Kraft entlockt (16,4–21).

Am Schluß des Richterbuches stehen zwei recht düstere Erzählungen. Die eine schildert, wie der Stamm Dan auf der Suche nach einem neuen Siedlungsgebiet eine glücklich und in Frieden lebende Stadt einäschert und sein Hauptheiligtum mit Kultgegenständen ausstattet, die einem friedfertigen Mann gewaltsam entwendet worden sind (Richt 17–18). Die zweite berichtet, daß, nach einer frevelhaften Verletzung des Gastrechtes durch die Männer der Stadt Gibea in Benjamin, die übrigen Stämme einen Rachefeldzug gegen Benjamin unternehmen und den Stamm fast ausrotten; aber damit der Stamm überleben kann, werden für ihn junge Frauen aus zwei Städten geraubt (Richt 19–21). Entscheidend für das Verständnis beider Erzählungen dürfte ein Satz sein, der sich im Anfangsteil der ersten und am Schluß der zweiten findet: »Zu der Zeit war kein König in Israel; jeder tat, was ihm recht dünkte« (17,6; 21,25); und in der Mitte der ersten und am Anfang der zweiten Erzählung heißt es: »Zu der Zeit war kein König in Israel« (18,1a; 19,1a). Offensichtlich will der Berichterstatter sagen: Die königslose Zeit war eine Zeit der Anarchie, in der es keinen Schutz vor den Verbrechen der jeweils Stärkeren gab. Damit stellt er das Königtum als Ordnungsfaktor heraus, und wir haben in Richt 17–21 so etwas wie eine Tendenzschrift aus der beginnenden Königszeit vor uns, die der Verteidigung der Monarchie gegen ihre damals zweifellos vorhandenen Kritiker dienen soll.

Dem Typ der Heldensage darf man die Erzählung 1Sam 9,1–

10,16 zurechnen. Allerdings ist sie nachträglich bearbeitet worden, was ihren Charakter teilweise verändert hat. In der ursprünglichen Form geht es um folgendes: Der junge Saul begibt sich mit einem Knecht auf die Suche nach Eselinnen, die seinem Vater entlaufen sind, und wendet sich, weil er die Eselinnen nicht findet, an den »Gottesmann« Samuel, der seltsamerweise zunächst namenlos bleibt (9,1–14.18); Samuel bewirtet die beiden und nimmt sie über Nacht zu sich (9,19.22–25); am nächsten Tag sagt er dem Saul voraus, daß er bald von zwei Männern die Mitteilung erhalten wird, die Eselinnen hätten sich angefunden, und daß er dann auf drei Männer treffen wird, die ihn mit Speise versorgen; dann soll er zupacken (gemeint ist wohl: die Feinde, die Philister angreifen); sobald Saul von Samuel weggeht, gibt Gott ihm ein »anderes Herz«, d.h. Saul wird zur Tapferkeit befähigt, und was Samuel voraussagte, trifft ein (9,26–27; 10,2–4.7.9). So weit die ursprüngliche Form der Sage, in der das Motiv der Salbung (9,15–17; 10,1) noch nicht vorkam: Saul, der sich bei der Suche nach Eselinnen an einen »Gottesmann« wendet, erhält etwas ganz anderes, nämlich die Bestimmung zum Heerführer.

Auch die Erzählungen von Sauls Wahl zum König (1Sam 10,17–27), seinem Feldzug gegen die Ammoniter (11,1–11), seinem Kampf – mit seinem Sohn Jonatan – gegen die Philister (13,1–7a.15b–18.23; 14) sind Heldensagen, und das gilt auch für die in 1Sam 15 verwendete Tradition von Sauls Krieg gegen die Amalekiter, die zu einer der Profetie nahestehenden Lehrerzählung über Sauls Ungehorsam und Verwerfung umgeformt wurde.

c) Von den Taten und Schicksalen Davids handeln zwei größere Erzählkomplexe, deren erster, die *Geschichte vom Aufstieg Davids,* in 1Sam 16,14–2Sam 5,10 enthalten ist. Sie hat folgenden Inhalt:

David, der Sohn des Isai aus Bethlehem in Juda, kommt an Sauls Hof, und zwar als Sauls Waffenträger und um Saul, der an Depressionen leidet, durch Musikspiel aufzuheitern (1Sam

16,14–23). Die Erzählung von Davids Sieg über Goliat (17;
18,1–2) ist nachträglich eingefügt worden; unter anderem fällt
auf, daß Saul den David, seinen Dienstmann, nach 17,55–58
noch gar nicht kennt. David schließt Freundschaft mit Sauls
Sohn Jonatan (18,3–4), kämpft erfolgreich gegen die Philister,
was ihn allgemein beliebt, aber Saul eifersüchtig macht (18,5–
16) und wird Sauls Schwiegersohn, nachdem er dem Saul – der
hoffte, David würde im Kampf gegen die Philister fallen –
zweihundert Philistervorhäute abgeliefert hat (18,17–30).
Saul sucht vergeblich, David zu töten (19,1–17). Die Episode,
wie Saul, um des zu Samuel, der hier einer Gruppe von Eksta-
tikern vorsteht, geflohenen Davids habhaft zu werden, dorthin geht und in Ekstase gerät (19,18–20,1a), ist ein sehr später
Einschub in die Aufstiegsgeschichte.
David bekräftigt seine Freundschaft mit Jonatan und erfährt,
daß Saul fest entschlossen ist, ihn zu töten (20,16–42; 21,1). Er
bittet den Priester Ahimelech in dem Ort Nob um Proviant
und erhält »Schaubrote« und das Schwert Goliats (21,2–10;
der Hinweis in V. 10, daß David den Goliat getötet habe, ist
ein nachträglicher Zusatz). David flieht zu Achisch, dem König der Philisterstadt Gat (21,11–16), bringt seine Familie in
das Gebiet der Moabiter, um sie vor Saul zu schützen, und
sammelt allerlei Abenteurer und Gestrandete um sich, aus denen er eine Freischärlertruppe bildet (22,1–5). Saul tötet, weil
Ahimelech dem David geholfen hatte, die Priesterschaft und
Bevölkerung von Nob (22,6–23). David kommt dem Ort Keïla in Juda zu Hilfe (23,1–13) und verschont zweimal den ihn
verfolgenden Saul, obwohl sich ihm die Gelegenheit bietet,
Saul zu töten (23,14–24,23 und 26,1–25; es handelt sich um
zwei parallel gebaute Varianten, die der Verfasser der Aufstiegsgeschichte hintereinandergeschachtelt hat, um den Eindruck von Davids Großmut zu steigern). Dazwischen wird
Samuels Tod mitgeteilt und berichtet, wie David einen Tribut
von dem Herdenbesitzer Nabal fordert und nach dessen Tod
seine Frau Abigajil heiratet (25).
David tritt in den Dienst des Philisterfürsten Achisch von Gat

(27). Die Philister rüsten zum Kampf gegen die Israeliten, und Achisch verpflichtet David zur Heeresfolge (28,1–2), aber die anderen Philisterfürsten lehnen Davids Teilnahme am Kriegszug ab (29). Dazwischen ist nachträglich die etwas unanschauliche, teils düster, teils komisch-burlesk wirkende Erzählung vom Besuch Sauls bei der Totenbeschwörerin in En-Dor (28,3–25) eingefügt worden. David besiegt den Nomadenstamm der Amalekiter (30). Die Philister besiegen Israel; Saul und drei seiner Söhne fallen (31). David trauert um Saul und Jonatan (2Sam 1). Er wird König über Juda (2,1–4a) und nimmt Kontakt mit der Stadt Jabesch auf (2,4b–7). Sauls Sohn Ischbaal wird König über Israel, d.h. über die Nordstämme (2,8–11). Es kommt zum Krieg zwischen Israel und Juda, in dem Abner, der Heerführer Ischbaals, einen Bruder des Joab, des Heerführers Davids, tötet (2,12–3,1). Davids Söhne (3,2–5). Abner geht zu David über und wird von Joab ermordet (3,6–39). Nach der Ermordung Ischbaals (4) wird David auch über Israel König (5,1–5) und nimmt Jerusalem in Besitz (5,6–9).

Den Schluß der Geschichte vom Aufstieg Davids bildet (wahrscheinlich) der Satz: »Und Jahwe, der Gott Zebaot, war mit ihm (nämlich David)« (5,10b), der in ähnlicher Form – »und Jahwe ist mit ihm« (1Sam 16,18) – gleich am Anfang der Aufstiegsgeschichte und außerdem in 1Sam 18,12bα.14b.28aβ begegnet. Dieser Satz dürfte die Absicht der Aufstiegsgeschichte deutlich machen. Denn sie zeichnet David in einem strahlend hellen Licht: Er ist der von Jahwe Begünstigte, ja Erwählte; und obwohl der König ihn ohne Grund zu töten sucht, obwohl David die Gelegenheit bekommt, ihn zu töten, tut er es nicht. Am Untergang Sauls trifft David keine Schuld. Hier wird mit einem so starken Schwarz-Weiß-Kontrast gearbeitet, manchmal ohne Rücksicht auf historische Wahrscheinlichkeiten, daß man die Aufstiegsgeschichte als Propagandaschrift zugunsten Davids ansehen muß. Offenbar gab es, als David König war, noch genügend Leute, die der Regierungszeit Sauls nachtrauerten und in Opposition zu David standen. Einer solchen Front gegenüber will die Aufstiegsge-

schichte die Legitimität der Herrschaft Davids sicherstellen.
Mit 2Sam 9 beginnt die *Geschichte von der Thronfolge Davids,* die bis 1Kön 2 reicht und die als ein Meisterwerk altisraelitischer Erzählkunst gilt. Allerdings setzt sie in 2Sam 9 etwas abrupt ein; man vermutet, daß eine Einleitung voranging, die im Zuge der Redaktion weggebrochen wurde. Der Inhalt des Werkes ist folgender:

David überträgt dem Merib-Baal (Mefi-Boschet), dem Sohn Jonatans und Enkel Sauls, die Güter des letzteren und betraut mit deren Verwaltung den Ziba, einen »Knecht«, wohl Gutsverwalter, Sauls (2Sam 9). Während Davids Heer einen Kriegszug gegen die Ammoniter und Aramäer unternimmt (10), begeht David in Jerusalem Ehebruch mit Batseba, der Frau des Urija, den David in den Tod schickt (11); am Schluß des Kapitels vermerkt der Erzähler: »Aber Jahwe mißfiel die Tat, die David getan hatte« (V. 27b). Natan hält David eine Strafpredigt; dieser bekennt, daß er gesündigt habe, und zur Strafe muß sein und Batsebas Kind sterben; Batseba gebiert einen Sohn, der den Namen Salomo erhält; der Ammoniterfeldzug wird erfolgreich beendet (12); zu Salomo bemerkt der Erzähler: »Und Jahwe liebte ihn« (V. 24bβ). Einige Zeit darauf vergewaltigt Amnon, der älteste Sohn Davids, seine Halbschwester Tamar, die Vollschwester Abschaloms; Abschalom ermordet Amnon und muß vor dem Zorn Davids ins Ausland fliehen (13), kann aber durch Vermittlung des Heerbannführers Joab an den Königshof zurückkehren (14).

Nach vier Jahren läßt Abschalom sich in Hebron zum König ausrufen und wird von einem Großteil der Israeliten rasch anerkannt (15,1–12). David verläßt mit seinen Anhängern Jerusalem, während Abschalom nach Jerusalem marschiert (15,13–16,14). Abschalom hält Kriegsrat über das weitere Vorgehen; sein Ratgeber Ahitofel schlägt vor, David sofort anzugreifen; dagegen empfiehlt Huschai, ein heimlicher Bundesgenosse Davids, man solle erst ein großes Heer zusammenmenziehen; dieser – schlechtere – Vorschlag findet Abschaloms Zustimmung (16,15–17,14a); der Erzähler vermerkt: »So schickte es Jahwe, daß der kluge Rat Ahitofels verhindert wurde, damit Jahwe Unheil über Abschalom brächte« (17,14b). Huschai schickt dem David heimlich Botschaft über das Ergebnis des Kriegsrats, und auf Huschais Vorschlag überschreitet David den Jordan in östlicher Richtung (17,15–22). Ahitofel begeht Selbstmord (17,23). Es kommt zum Kampf zwischen Davids Heer, das nun nicht mehr von Joab, sondern von Amasa angeführt wird, und dem Heer Abschaloms; das letztere unterliegt; und obwohl David befohlen hatte, Abschalom zu verschonen, tötet Joab ihn; David kehrt nach Jerusalem zurück (17,24–19,41). Ein gewisser Scheba, vom Erzähler als »ruchloser Mann«, also Taugenichts oder gar Verbrecher, bezeichnet, veranlaßt einen Aufstand Israels, d. h. der Nordstämme, bei dessen Niederschlagung Joab den Amasa ermordet (20,1–22).

Daran schließen Texte verschiedenen Inhalts an, die den Erzählzusammenhang unterbrechen und erst nachträglich hier eingefügt wurden (20,23–24,25).

Die Geschichte von der Thronfolge Davids geht in 1Kön 1 weiter. David ist alt geworden, und sein Sohn Adonija erhebt Anspruch auf die Königswürde, wobei er von Joab und dem Priester Abjatar unterstützt wird; zur Vorbereitung veranstaltet er ein Opferfest (1,1–10). Auf Vorschlag Natans suggeriert Batseba dem David, er habe einst versprochen, daß ihr gemeinsamer Sohn Salomo König werden solle, und David läßt Salomo zum König proklamieren (1,11–40). Adonija, der Salomos Rache fürchtet, flieht an den Altar, die Asylstätte; Salomo sichert ihm Straffreiheit zu, wenn er sich wohlverhalte (1,41–53). David stirbt, und Salomo wird sein Nachfolger (2,1–12). Den Schluß der Geschichte von der Thronfolge Davids bilden Salomos erste Regierungsmaßnahmen: Er läßt den Adonija, den er als Konkurrenten fürchtet, durch den Söldnerführer Benaja töten (2,13–25), nimmt dem Abjatar, dem Parteigänger Adonijas, sein Amt als Priester (2,26–27) und schickt den Mörder Benaja schließlich zu Joab, der ebenfalls Parteigänger Adonijas war (2,28–35), und zu Schimi, der einst

David beleidigt hatte und dem Salomo offenbar mißtraute
(2,36–46).
Überblickt man die Geschichte von der Thronfolge Davids,
so ist es ja eine recht betrübliche Familienchronik, die hier in
kunstvoll gestalteter Erzählform vor dem Leser ausgebreitet
wird. Keiner der Hauptakteure erscheint in einem positiven
Licht; Ehebruch, Vergewaltigung, Aufstände, Intrigen und
Morde bringen das Geschehen voran. Daß hier einer nicht
objektiv berichten, sondern Kritik am Königshaus üben will,
steht wohl außer Zweifel; denn sonst hätte er kaum Davids
Ehebruch, den Mord an Urija oder Tamars Vergewaltigung
mit für den Handlungsablauf überflüssigen Details ausgemalt. Aber wogegen sich seine Kritik richtet, bleibt offen.
Denn einerseits ist davon die Rede, daß Jahwe Salomo liebt
(2Sam 12,24bβ) und den Ratschlag Ahitofels vereitelt
(17,14b), also will, daß David König bleibt und Salomo sein
Nachfolger wird. Andrerseits erweckt der Berichterstatter
den Eindruck, daß Salomo mittels einer Intrige auf den Thron
kam (1Kön 1,11–40), und er teilt ausführlich mit, wie brutal
Salomo zu Anfang seiner Regierungszeit vorging (2,13–46).
Nun könnte man – und einige Ausleger tun das auch –
die beiden Sätze 2Sam 12,24bβ und 17,14b für das Werk eines
Bearbeiters halten, und dann wäre die Geschichte von
der Thronfolge Davids wohl eine gegen Salomo, d.h. eine
gegen das Erbkönigtum gerichtete Schrift. Andere Ausleger streichen den Schlußbericht über die Maßnahmen Salomos als spätere Zufügung; dann wäre die Erzählung zum
Ruhme Salomos verfaßt. Aber das ist natürlich alles speku-
lativ.
Weitere Erzählungen von Königen sind im wesentlichen folgende: Davids Salbung zum König durch Samuel (1Sam 16,1–
13), ein spät entstandener Text; Salomos Urteil (1Kön 3,16–
28), wo ein weit verbreitetes Motiv auf Salomo übertragen
wird; der Besuch der Königin von Saba bei Salomo (1Kön
10,1–13), eine Art Märchen; Jehus Aufstand (2Kön 9–10) und
Herrschaft und Sturz der Königin Atalja (2Kön 11), wo beide

Male die historischen Vorgänge dramatisch und packend dargestellt werden.

d) Mit der Sage verwandt ist die *Anekdote*; sie läßt sich definieren als eine Erzählung, die in geschliffener, pointierter
Form mit einem komisch-burlesken Einschlag den Charakter
einer Persönlichkeit durch eine Handlung oder einen Ausspruch kennzeichnet. Ein paar Beispiele finden sich im Richterbuch und in den Samuelbüchern.

Während die Bewohner von Gaza dem Simson, der in die
Stadt gekommen war, am Stadttor auflauern, um ihn, wenn er
am Morgen aus der Stadt hinausgeht, zu töten, hebt er, der
Kraftmensch, um Mitternacht die beiden Torflügel aus und
spaziert unbehelligt davon (Richt 16,1–3). Das Standbild des
von den Philistern verehrten Gottes Dagon fällt vor der Lade
– durch die Jahwe repräsentiert ist – aufs Gesicht und geht
schließlich sogar in die Brüche – ein lächerlicher Anblick, der
die Überlegenheit Jahwes zeigt (1Sam 5,1–4); angefügt ist ein
ätiologisches Motiv: seitdem treten die Besucher des Dagon-
Heiligtums nicht mehr auf dessen Schwelle (was natürlich in
Wirklichkeit schon immer dort und anderswo Brauch war)
(V. 5). Michal, Davids Frau, täuscht die Boten Sauls, die er
geschickt hat, um David zu holen, indem sie ein Gottesbild
aus Ziegenhaargeflecht ins Bett legt und behauptet, das sei der
kranke David, woraufhin Saul das Bett zu sich holen läßt und
den Irrtum bemerkt – eine urkomische Situation (1Sam
19,11–17). David, als Gefangener vor den König Achisch gebracht, stellt sich geistesgegenwärtig verrückt, und Achisch
läßt ihn mit der Bemerkung laufen, er habe schon genug Ver-
rückte im Land (1Sam 21,11–16). David macht den ihn verfolgenden Saul lächerlich, indem er dem Saul, der seine Notdurft
verrichtet, ein Stück seines Mantels abschneidet, das er nachher vorzeigen kann (1Sam 24,1–23), und indem er sich ins
feindliche Lager einschleicht und dem Saul die persönlichsten
Gegenstände stiehlt (1Sam 26,1–25) (die ursprüngliche Form
beider Anekdoten war zweifellos erheblich knapper als die

jetzt vorliegende). Abschalom bittet vergeblich um einen Besuch Joabs, der zwischen ihm, Abschalom, und David vermitteln soll, erreicht aber sein Ziel durch eine List, indem er das Feld Joabs in Brand stecken läßt – typisch für den Durchsetzungswillen Abschaloms (2Sam 14,28–33).

e) Die *Erzählungen von Profeten* sind zum größten Teil Wundergeschichten, bei denen kaum noch zu ermitteln ist, ob und wieweit ihnen ein historischer Kern zugrunde liegt.
Die Erzählung vom Gottesmann aus Juda, der in Bet-El ein Drohwort gegen den von Jerobeam I. erbauten Altar ausspricht, dann die Einladung des Königs zum Mahl ablehnt, weil Jahwe ihm den weiteren Aufenthalt in Bet-El verboten habe, sich aber von einem Profeten aus Bet-El umstimmen läßt, zur Strafe von einem Löwen getötet und schließlich ehrenvoll bestattet wird (1Kön 13,1–32), dürfte in einem längeren Überlieferungsprozeß gewachsen sein; die ältere Form handelte wohl von der Ätiologie eines Profetengrabes; der Abschnitt über den Ungehorsam des Gottesmannes (V. 16–18.20–22) kam erst spät hinzu.
Die Erzählung, wie Jerobeam I. seine Frau zu dem blinden Profeten Ahija schickt, um zu erfahren, ob ihr kranker Sohn genesen wird, und wie Ahija der Frau den Tod des Sohnes ankündigt, der dann auch eintritt (1Kön 14,1–18), ist zumindest in V. 7–11.14–16 nachträglich erweitert worden.
Der erste Teil der Erzählungen über *Elija* (1Kön 17–18) besteht aus einer Reihe von Einzelelementen, die durch das Motiv der Dürre miteinander verklammert worden sind: Elija kündigt dem König Ahab eine Dürre an (17,1), wird am Bach Kerit von Raben gespeist (17,2–7), versorgt eine Witwe in Sarepta (17,8–16) und macht den toten Sohn seiner Hauswirtin – sie wird im jetzigen Text mit der vorher genannten Witwe gleichgesetzt – wieder lebendig (17,17–24); er begegnet zunächst Ahabs Hofmeister Obadja, dann Ahab selbst und fordert ihn auf, die Baals-Profeten zum Berg Karmel zu beordern (18,1–20); auf dem Karmel – hier ist, trotz der Dürre,

genügend Wasser – zeigt Elija durch ein von ihm herbeige-
führtes Wunder, daß Jahwe und nicht Baal wirklich Gott ist
(18,21–40; der Text macht einen recht verworrenen Eindruck); Elija teilt Ahab das Ende der Dürre mit (18,41–46;
auch dieser Abschnitt weist einige Ungereimtheiten auf).

Den Kern der Elija-Erzählung 1 Kön 19,1–18 bilden zwei Einzelstücke, nämlich Elijas Stärkung durch einen Engel bei
Beerscheba (V. 3aβ–5) und seine Begegnung mit Jahwe am
Horeb (V. 9–10.15aα.18; sehr spät dürften V. 11–14 und 15aβ–
17 zugefügt worden sein); nachträglich kamen eine Einleitung
– Elija flieht aus Furcht vor Ahabs Frau Isebel nach Beerscheba (V. 1–3aα) – und ein verbindendes Zwischenstück – Elija
geht, von dem Engel ein zweites Mal gestärkt, zum Horeb
(V. 6–8) – hinzu.

Die berühmte, aber im einzelnen nicht immer plausible und
außerdem – wie der Vergleich mit 2 Kön 9,25–26 ergibt, wo
Elija nicht genannt wird – unhistorische Erzählung von Nabots Weinberg (1 Kön 21) dürfte in ihrer ursprünglichen Form
nur V. 1–16 (die Schilderung des Vorfalls), V. 17–19aα (den Redeauftrag Jahwes an Elija) und V. 21.24 (das Drohwort über
Ahabs Dynastie) umfaßt haben; alles übrige ist spätere Ergänzung.

Die Erzählung, wie der durch einen Sturz verletzte Sohn
Ahabs, König Ahasja, sich an den Philistergott Beelzebul
wendet, worauf Elija ihm den Tod ankündigt, der dann eintritt (2 Kön 1,1–2.5–8.17a), wurde nachträglich um das Erscheinen eines Engels und die Begegnung Elijas mit den Boten
des Königs (V. 3–4.9–16) erweitert.

Innerhalb des Elija-Komplexes finden sich Erzählungen über
Kriege zwischen Israel und Aram, wobei auch Profeten eine
Rolle spielen (1 Kön 20 und 22). Allerdings wurden die mei-
sten, wenn nicht alle Auftritte der Profeten erst spät in die
Erzählungen eingefügt, so in 20,13–14.22.28 (jeweils ein er-
mutigendes Wort an den König von Israel), in 20,35–43 (ein
»Profetenjünger« spricht ein Drohwort gegen den König von
Israel, weil dieser den gefangenen König von Aram freigelas-

sen habe, statt ihn zu »bannen«, ihn als Jahwe verfallen zu töten) und in 1Kön 22 zumindest V. 19–23 (die Vision des Profeten Micha von einer Ratsversammlung im Himmel mit dem »Lügengeist«).

Die Erzählungen über *Elischa,* der laut 1Kön 19,19–21 in den Dienst des Elija tritt und laut 2Kön 2,9–10.15 Anteil am Geist Elijas erhält, d. h. von Elija zu seinem Nachfolger eingesetzt wird, zeigen ihn als Wundertäter (2Kön 2,14.19–22; 4,38–41.42–44; 5,1–14; 6,1–7.8–23) und als Vorsteher einer Zunft von »Profetenjüngern« (der Begriff kommt nur im Zusammenhang mit Elischa vor: 2.3.5.7.15; 4,1.38; 5,22; 6,1; 9,1); mit letzterem ist wohl so etwas wie ein den Derwischen vergleichbarer Orden gemeint, dessen Mitglieder sich durch rhythmische Körperbewegungen in Ekstase versetzten.

In den Wundergeschichten 13,14–19 und 13,20–21 geht es einmal um zwei magische Handlungen, zum anderen um die magische Kraft Elischas, die über seinen Tod hinaus wirksam bleibt: durch die Berührung mit den Gebeinen Elischas wird ein Toter wieder lebendig.

In der Erzählung, wie der kranke König von Damaskus, Ben-Hadad, durch einen Mann namens Hasaël den in Damaskus weilenden Elischa fragen läßt, ob er genesen wird, was dieser bejaht, und wie Hasaël den Ben-Hadad ermordet und den Thron besteigt (8,7–10a.14–15), ist nachträglich Elischas Vorauswissen über den Tod Ben-Hadas und die Thronbesteigung Hasaëls und über die Kriege Hasaëls gegen Israel (V. 10b–13) eingefügt worden.

In zwei Erzählungen ist überhaupt die Gestalt Elischas erst nachträglich hineingekommen: in die vom Feldzug der Könige von Israel und Juda gegen die Moabiter (3,4–27; Nachtrag V. 9b–19) und in die von der Hungersnot im belagerten Samaria, die durch den unerwarteten und überstürzten Abzug des feindlichen Heeres ein Ende findet, so daß sich die ausgehungerte Einwohnerschaft der Stadt reichlich aus den zurückgelassenen Beständen der Feinde versorgen kann (6,24–7,20; Nachträge 6,31–33; 7,1–2.16b–20).

Ob der Erzählung, wie Elischa den israelitischen Offizier Jehu durch einen »Profetenjünger« zum König salben läßt, was dessen Anerkennung als König durch die Mitoffiziere zur Folge hat (9,1–6.10b–13), ein historischer Kern zugrundeliegt, ist umstritten.

Die *Jesaja*-Erzählungen (2Kön 18,17–20,19; weitgehend identisch mit Jes 36–39) gliedern sich in drei Teile: die Errettung Jerusalems vor Sanherib von Assyrien (18,17–19,37), Hiskijas Krankheit und Genesung (20,1–11) und die Gesandtschaft aus Babylon an Hiskija (20,12–19).

Der erste Teil ist aus zwei Parallelberichten zusammengesetzt (18,17–19,9a.36–37 und 19,9b–35), die folgenden Aufbau haben:

- Kapitulationsforderung der Assyrer (18,17–37 und 19,9b–13), im ersten Bericht ausführlicher;
- Reaktion Hiskijas (19,1–5 und 19,14–19), beide Male Gang in den Tempel, dann im ersten Bericht Botensendung an Jesaja, im zweiten Gebet;
- Verheißung Jesajas (19,6–7 und 19,20–34), im zweiten Bericht mit dem Spottlied 19,21–28;
- Rettung Jerusalems (19,8–9a.36–37 und 19,35), im ersten Bericht Abzug der Assyrer und Ermordung Sanheribs, im zweiten Untergang des Belagerungsheeres.

Im zweiten Teil wurde an den Bericht von der Krankheit und Genesung Hiskijas (20,1–7) ein – für uns nicht mehr durchschaubares – Wunderzeichen angefügt (V. 8–11), das wohl aus dem Parallelbericht Jes 38,1–8 übernommen ist.

In der vermutlichen Grundschicht des dritten Teils (20,12a.13–16; das ursprüngliche Drohwort Jesajas ist nicht mehr erhalten) ging es wohl um Verhandlungen über eine Koalition Babyloniens mit Juda gegen die Assyrer.

4. Texte der deuteronomistischen Bearbeitung

In den Büchern Josua – 2.Könige finden sich zahlreiche Passagen, die in Sprache, Stil und Thematik der Ausdrucksweise und Gedankenwelt des 5.Mosebuches, des Deuteronomiums, nahestehen und die man darum als »deuteronomistisch« bezeichnet. Es handelt sich manchmal um kurze Notizen oder Einschübe, manchmal um längere Reden oder kommentierende Geschichtsbetrachtungen.

Eine Eigenart der Königsbücher ist, daß sie nach einem ziemlich festen Schema aufgebaut sind. Sie besitzen gleichsam ein inneres Gerüst in Form von Einleitungs- und Schlußnotizen über die einzelnen Könige Judas und Israels. Die jeweilige Einleitungsnotiz beginnt mit dem Datum des Regierungsantritts, das aus den Regierungsjahren des im Nachbarreich herrschenden Königs errechnet wird (diese Angabe entfällt bei den letzten Königen Judas, weil das Reich Israel seit 722 v. Chr. nicht mehr existierte), und sie schließt mit einem Urteil über das Verhalten des Königs. Dieses Urteil ist meistens – bei den Königen Israels durchweg – negativ und lautet: »Er tat, was Jahwe mißfiel«, wörtlich: »Er tat das Böse in den Augen Jahwes« (z. B. 1Kön 15,26.34; 16,19.25.30; 2Kön 3,2; 15,9.18.24; bei den Königen Judas z. B. 1Kön 14,22; 2Kön 8,18.27; 23,32.37); nur ein paar Könige Judas bekommen das positive Urteil: »Er tat, was Jahwe wohlgefiel«, wörtlich: »Er tat das Rechte in den Augen Jahwes« (1Kön 15,11; 22,43; 2Kön 12,3; 14,3; 15,3.34; 18,3; 22,2). Dabei wird den Königen Israels vorgeworfen, sie seien »in dem Wege Jerobeams gewandelt und in seiner Sünde, womit dieser Israel sündigen gemacht hatte« (z. B. 1Kön 15,34; 16,19.26; ähnlich z. B. 2Kön 3,3; 13,2.11; 14,24; 15,9), d.h. sie hätten den von Jerobeam I. eingerichteten Jahwe-Kult in den Heiligtümern Dan und Bet-El (1Kön 12,26–32), also außerhalb des Jerusalemer Tempels, geduldet und damit der »Zentralisationsforderung« von 5Mose 12 zuwidergehandelt. Dementsprechend erhalten die judäischen Könige Hiskija (2Kön 18,3–4) und Joschija (2Kön

22,2) ein uneingeschränktes Lob, weil sie die »Höhen«, die Jahwe-Heiligtümer außerhalb Jerusalems, abgeschafft haben. Nebenbei: Diese Art der Zensurenvergabe ist äußerst befremdlich, da die Könige vor Joschija noch gar nichts von der »Zentralisationsforderung« wissen konnten und da außerdem das Lebenswerk vieler Könige nur danach bemessen wird, ob sie *einen* Jahwe-Kultort anerkannten oder mehrere; soziale und politische Maßnahmen oder Verfehlungen der Könige bleiben ganz außer Betracht.

Die Urteile über die Könige sind also vom Inhalt her deuteronomistisch, wie auch die Formeln »das Böse in den Augen Jahwes tun« und »das Rechte in den Augen Jahwes tun« im 5. Mosebuch vorkommen (z. B. 12,25; 13,19; 17,2; 31,29).

Anderwärts kommt die deuteronomistische Bearbeitung in Form ausführlicher Reden und Kommentare zu Worte. Die wichtigsten sind folgende:

– Josuas Beauftragung durch Jahwe, die Rede Josuas an die Amtsleute und die Ostjordanier und deren Antwort (Jos 1),
– Josuas Abschiedsrede an ganz Israel (Jos 23),
– der Überblick über die Richterzeit (Richt 2,11–3,6),
– Samuels Rede an das Volk (1Sam 12),
– die Rede und das Gebet Salomos nach der Vollendung des Tempelbaus (1Kön 8,14–53),
– die Betrachtung über das Schicksal des Nordreichs und über den Götzendienst der Samaritaner (2Kön 17,7–23.32–41).

Die genannten Abschnitte gliedern die Textmasse der Bücher Josua – 2.Könige, indem sie an Schaltstellen, an Höhe- und Wendepunkten der Geschichte Israels die Vorgänge werten und deuten: zu Beginn und am Ende der Landnahme (Jos 1 und 23), zu Beginn der Richterzeit (Richt 2,11–3,6) und des Königtums (1Sam 12), nach der Vollendung des Tempelbaus (1Kön 8,14–53), nach dem Ende des Nordreichs (2Kön 17,7–23.32–41).

Außerdem sind manche Erzählungen deuteronomistisch bearbeitet, ohne daß sich die Bearbeitung säuberlich vom Grundbestand der Texte trennen läßt.

Typische Wendungen des deuteronomistischen Sprachgebrauchs (d.h. sie kommen sonst gar nicht oder in den deuteronomistischen Partien des Jeremia-Buches oder in späteren,
deuteronomistisch beeinflußten Texten vor), und zwar nach
dem Urtext (unsere Bibeln übersetzen manchmal anders),
sind folgende (aufgeführt werden nur Stellen der voranstehend erwähnten Abschnitte): »Das Böse in den Augen Jahwes
tun« (außer in den Urteilen über die Könige in Richt 2,11;
2Kön 17,17) – »Israel sündigen machen« (außer in den Urteilen über die Könige in 2Kön 17,21) – »Jahwe erzürnen« (in
den Urteilen über die Könige 1Kön 16,7.23.33; 22,54; außerdem in Richt 2,12; 2Kön 17,11.17) – »dem Baal folgen« (2Kön
17,15), »anderen Göttern folgen und sie anbeten« (Richt
2,12), »anderen Göttern folgen, ihnen dienen und sie anbeten« (Richt 2,19), »anderen Göttern dienen und sie anbeten«
(Jos 23,16; ähnlich V.7), »das Heer des Himmels anbeten und
dem Baal dienen« (2Kön 17,16), »andere Götter fürchten, anbeten und ihnen dienen« (2Kön 17,35), »den Baalen/dem
Baal und den Astarten/den Baalen und den Astarten dienen«
(Richt 2,11.13; 1Sam 12,10), »andere Götter fürchten« (2Kön
17,7.37.38) – »Jahwe fürchten« (1Sam 12,14.24; 1Kön 8,40.43;
2Kön 17,32.33.34.39.41) – etwas tun »von ganzem Herzen
und von ganzer Seele« (Jos 23,14; 1Kön 8,48), »von ganzem
Herzen« (1Sam 12,20.24; 1Kön 8,23) – die Gebote »bewahren
und tun/bewahren, um zu tun …« (Jos 1,7.8; 23,6; 2Kön
17,37) – vom Gesetz/vom Weg Jahwes/von Jahwe »abwei-
chen« (Jos 1,7; 23,6; Richt 2,17; 1Sam 12,20) – das »Vertrei-
ben« anderer Völker durch Jahwe (Jos 23,5.9.13; Richt
2,21.23; 2Kön 17,8).

5. Zum Werdegang des Deuteronomistischen Geschichtswerkes

Obwohl die deuteronomistische Bearbeitung sehr geschlos-
sen wirkt, zeigt sie doch bei näherem Zusehen zahlreiche Unebenheiten. Dafür zwei Beispiele: In der Beauftragung Josuas

durch Jahwe wird das Gebot: »Sei getrost und unverzagt«, das sich auf die Zusage des göttlichen Beistandes gründet (Jos 1,6), im nächsten Vers wiederholt, jetzt aber mit dem Gehorsam Josuas gegenüber dem Gesetz verknüpft. Und die Urteile über die letzten Könige Judas in 2Kön 23, 32.37; 24,9.19 (»Und er tat das Böse in den Augen Jahwes, wie seine Väter/wie Jojakim getan hatten/hatte«) sind viel knapper als die vorangehenden.

Von derartigen Beobachtungen ausgehend, verteilen viele Ausleger die deuteronomistischen Texte auf drei Schichten; in die Grundschrift des »Historikers« seien später Texte eingefügt worden, in denen es um Profeten geht, und noch später solche, deren Hauptinteresse dem Gesetz gilt. Aber präzise Kriterien dafür gibt es nicht.

Zwar zeigen die Unebenheiten innerhalb der deuteronomistischen Abschnitte, daß mehrere Bearbeiter am Werk waren; aber der Einfachheit halber ist im folgenden nur von *dem* Deuteronomisten die Rede.

Der Deuteronomist schuf sein Werk, indem er die zahlreichen ihm vorliegenden Texte manchmal einfach aneinanderfügte, manchmal mit Zusätzen versah, manchmal kürzere Notizen oder an den Schaltstellen der Geschichte Israels kommentierende Reden und Geschichtsbetrachtungen einschob. Wie er dabei vorging, das Verfahren der Komposition sei an ein paar Beispielen erläutert.

An den Anfang stellte er den Mittelteil des 5. Mosebuches (5Mose 5–28*) und umgab ihn mit dem Rahmen 5Mose 1–4 und 29–34*.

Den Bericht von der Eroberung des Westjordanlandes (Jos 2–11) leitete er mit dem von ihm verfaßten Text Jos 1 ein und fügte an jenen Bericht eine Aufzählung der Ergebnisse der Landnahme an (12). Um die Verteilung des Landes auf die einzelnen Stämme zu dokumentieren, verwendete er in 13–19 zwei Listen, deren eine, überwiegend aus vorstaatlicher Zeit, die Grenzen der Stammesgebiete beschreibt (vor allem 15,1–12; 16,5–9; 17,1–11; 18,11–20; 19,10–39), während die andere, aus der Zeit des Königs Joschija von Juda, die Städte im Territorium des Reiches Juda nennt (vor allem 15,21–62; 18,21–24; 19,41–46).

Die vorliegende Form des Richterbuches ist zum großen Teil das Werk des Deuteronomisten, und auf ihn geht auch die Bezeichnung »Richter« für die Gestalten, die jenes Buch in seinem Hauptteil schildert, zurück (Richt 2,16–19). Das verwundert, weil die Bezeichnung gar nicht zu Ehud oder Gideon und schon gar nicht zu einem Raufbold und Streichemacher wie Simson paßt, obwohl von ihm gesagt wird, er habe Israel zwanzig Jahre lang gerichtet (15,20; 16,31b). Wie der Deuteronomist auf die Bezeichnung »Richter« kam, stellt man sich etwa folgendermaßen vor:

Ihm standen einerseits zwei Listen mit fünf Männern, die »Israel richteten« (10,1–5 und 12,8–17), zur Verfügung. Zweifellos übten diese Männer richterliche Funktionen aus; über den Umfang und Inhalt wissen wir aber nichts. Die Texte erwecken den Eindruck, als sei jeweils *ein* Richter für ganz Israel zuständig gewesen und als habe nach dem Tode eines Richters ein anderer Stamm den Richter gestellt. Aber das könnte auch eine Konstruktion des Deuteronomisten sein.

Neben den beiden Listen mit den fünf Richtern – man bezeichnet sie als »Kleine Richter« – kannte der Deuteronomist Berichte über Rettergestalten wie Ehud, Debora, Gideon, Jiftach. Nun gehören Debora und Jiftach sowohl – wie sich aus 4,4b–5 und 12,7a ergibt – zu den Leuten mit richterlicher Funktion als auch zu den Rettergestalten. Überdies hat das hebräische Wort für »richten« manchmal auch die Bedeutung »regieren, herrschen«. Daher nahm der Deuteronomist an, das von Debora und Jiftach und von den »Kleinen Richtern« ausgesagte »Richten« sei im Sinne von »herrschen« oder auch »befreien« zu verstehen, und demgemäß bezeichnete er alle möglichen Leute als »Richter« (die Rettergestalten nennt man »Große Richter«). Und zwar konstruiert er – entsprechend den zwölf Stämmen Israels – eine Zwölfzahl von »Richtern«, deren Tätigkeit er in zeitlicher Abfolge, als Sukzession denkt:

1. Otniël (3,7–11), 2. Ehud (3,12–30), 3. Schamgar (über ihn
wußte der Deuteronomist kaum etwas, aber er brauchte ihn
wegen der Zwölfzahl) (3,31), 4. Debora (Barak wird nicht
mitgezählt, da er gleichzeitig mit Debora wirkte) (4,1–24), 5.
Gideon (6,1–8,35) (Abimelech wird nicht mitgezählt, da seine
Herrschaft negativ geprägt war), 6. Tola (10,1–2), 7. Jaïr
(10,3–5), 8. Jiftach (10,17–12,7), 9. Ibzan (12,8–10), 10. Elon
(12,11–12), 11. Abdon (12,13–15), 12. Simson (13,1–16,31).
Ob die Reihenfolge auch nur in etwa mit der wirklichen
Chronologie übereinstimmt, wissen wir nicht.

Die Darstellung über den Anfang des Königtums beginnt mit
1Sam 8: Weil Samuels Söhne, die er als »Richter« eingesetzt
hatte, rechtswidrig handeln, fordern die Ältesten Israels von
Samuel, er solle einen König über sie einsetzen, was Samuel
mißfällt; aber Jahwe stimmt ihn mit dem Argument um, Israel
habe nicht Samuel, sondern Jahwe verworfen. Demnach sieht
der Deuteronomist, der diesen Text geschrieben hat, in dem
Wunsch des Volkes nach einem König nichts anderes als die
Ablehnung Jahwes, als eine Form des Atheismus. Dieser Text
steht also dem Königtum äußerst kritisch, äußerst feindlich
gegenüber. Dann muß der Leser sich aber verwundert fragen,
warum gleich darauf die Erzählung 9,1–10,16 folgt, wonach
Samuel den Saul zum »Fürsten« salbt – eine Erzählung, die
dem Saul und damit auch dem Königtum zweifellos positiv,
freundlich gegenübersteht. Weiter bezeichnet Samuel den
Saul in der anschließenden Geschichte von Sauls Wahl zum
König (10,17–27) als den »Erwählten Jahwes« (V. 24), und
auch der Bericht über Sauls Ammonitersieg und seine – erneute – Bestimmung zum König (11) bewertet das Königtum
uneingeschränkt positiv, während im anschließenden Text
(12), der aus der Feder des Deuteronomisten stammt, die Bitte
um einen König als schlechtweg böse gilt (V. 17b.19b).

Der Komplex 1Sam 8–12 macht also einen zwiespältigen Eindruck, und wie man diesen Befund deuten soll, ist ungeklärt.
Ein Lösungsvorschlag lautet, die Abschnitte 8,6–22a und
12,1–25 habe ein zweiter, königskritischer Deuteronomist ge-

schrieben, während der erste Deuteronomist königsfreund-
lich war. Vielleicht aber will der Deuteronomist hier deutlich
machen, daß die Monarchie in Israel etwas Zwiespältiges war,
wie es ja seine vielfach negativen, aber manchmal auch positiven Urteile über die einzelnen Könige zeigen.

Ein königsfreundlicher Text liegt ferner in der – vom Deute-
ronomisten überarbeiteten – Natanweissagung (2Sam 7,1–16)
vor, bei der es sich um ein mehrschichtiges Gebilde handelt.
Das älteste Element ist wohl das Versprechen Davids, für die
Lade ein Haus, d.h. einen Tempel zu bauen (V.2), worauf
Natan sagt, Jahwe werde David »ein Haus bauen«, d.h. eine
Dynastie gründen (V.11b). Sehr spät kam der Gedanke in den
Text, daß Jahwe gar keinen Tempel braucht (V.5–7).

6. Zur Entstehungszeit und zur Absicht des Deuteronomistischen Geschichtswerkes

Da das Deuteronomistische Geschichtswerk in 2Kön 25,27–
30 mit der um 560 v. Chr. erfolgten Begnadigung des deportierten Königs Jojachin von Juda endet, hat es seine vorliegende Gestalt erst damals oder kurz darauf erhalten. Falls die
manchmal geäußerte Vermutung zutrifft, daß ein zweiter
Deuteronomist die Schlußkapitel der Königsbücher geschrieben habe, kann natürlich das Werk des ersten Deuteronomisten früher oder gar erheblich früher angesetzt werden. Aber
das ist alles ungeklärt.

Dementsprechend läßt sich eine Antwort auf die Frage nach
der Absicht des Deuteronomistischen Geschichtswerkes nur
von der vorliegenden Gestalt her geben. Dieses Werk beschreibt ja den Weg des Volkes Israel von der Landnahme bis
zur Katastrophe des Babylonischen Exils. Die Katastrophe
ergibt sich für den Deuteronomisten zwangsläufig aus dem
ständigen Ungehorsam gegenüber den Geboten Jahwes. So
will der Deuteronomist das Urteil Jahwes in der Geschichte
als gerecht erweisen.

Aber nach Ansicht mancher Ausleger bleibt der Deuteronomist nicht bei dieser rein negativen Betrachtungsweise stehen.
Denn der Abschluß des Werkes – Jojachins Aufnahme am
babylonischen Königshof – solle doch wohl ein Zeichen der
Hoffnung sein; und mehrfach spricht das Deuteronomistische Geschichtswerk von der Möglichkeit, daß Israel selbst
nach der Katastrophe, dem Gericht, zu Jahwe umkehren kann
(5Mose 4,29–31; 30,1–10; 1Kön 8,46–53). So verbinde der
Deuteronomist beides: den Nachweis der Gerechtigkeit Jahwes und den Ruf zur Umkehr.

Doch jene Texte von der Hoffnung auf Umkehr lassen sich
mit großer Wahrscheinlichkeit aus ihrer – ebenfalls deuteronomistischen – Umgebung herauslösen; und ob der Leser in
der Begnadigung Jojachins ein Zeichen der Hoffnung sehen
soll, bleibt sehr fraglich. Das Deuteronomistische Geschichtswerk – ohne die genannten Zusätze – stellte noch
nicht die Frage nach einer möglichen Umkehr. Die Geschichtsdarstellung des Deuteronomisten ist ein Bekenntnis
der Schuld Israels und ein Lobpreis Jahwes, der in seinem Tun
gerecht ist.

III.
Die Chronikbücher und die Bücher Esra und Nehemia
(das Chronistische Geschichtswerk)

1. Vorbemerkung

Die beiden Chronikbücher stehen am Ende des hebräischen
Alten Testaments, und zwar *hinter* den Büchern Esra und Nehemia, obwohl die letzteren die Darstellung der Chronikbücher, die – parallel den Samuel- und Königsbüchern – bis ins
Exil reicht, fortsetzen (schon in der griechischen Übersetzung

des Alten Testaments und auch in unseren Bibeln ist die sachlich falsche Reihenfolge korrigiert). Auffälligerweise erscheint der erste Teil des Kyrus-Ediktes, das den Israeliten die Heimkehr aus dem Exil gestattet, wörtlich gleichlautend sowohl am Ende der Chronikbücher (2Chr 36,22–23) als auch am Anfang des Esrabuches (Esr 1,1–3aα).

Vielleicht war der Hergang folgender: Einst bildeten die vier Bücher *ein* Werk – und zwar in der richtigen Reihenfolge Chronikbücher, Esra, Nehemia – und wurden die Bücher Esra und Nehemia abgetrennt und früher als die Chronikbücher kanonisiert, weil nur ihre Berichterstattung über die der Samuel- und Königsbücher hinausgeht; dabei hat derjenige, der die Abtrennung der Bücher Esra und Nehemia vornahm, den Schluß der Chronikbücher am Anfang des Esrabuches wiederholt, um die ursprüngliche Zusammengehörigkeit zu markieren.

Selbst wenn das zutrifft, bleibt die Frage, ob die beiden Komplexe schon von Anfang an als »Chronistisches Geschichtswerk« zusammengehörten, also das Werk *eines* Verfassers, des »Chronisten«, sind. Die meisten Ausleger bejahen das – vor allem deshalb, weil beidemal Tempel, Kult und Kultdiener, besonders Leviten, im Mittelpunkt des Interesses stehen. Dementsprechend wird im folgenden die Existenz eines »Chronistischen Geschichtswerkes« vorausgesetzt und dessen Autor – sofern es sich nicht um nachträgliche Ergänzungen handelt – als »Chronist« bezeichnet.

2. Die Chronikbücher

a) Inhalt

(1) *Genealogien* (1Chr 1–9): Von Adam bis Israel (Jakob), Esau und Seïr (1) – Söhne Israels (2,1–2) – Juda (2,3–55) – Davididen (3) – Juda (4,1–23) – Simeon (4,24–43) – Ruben, Gad und Halb-Manasse (5,1–26) – Levi (5,27–41; 6) – Issachar, Benjamin, Naftali, Halb-Manasse, Efraim und Ascher

(7) – Benjamin und die Sippe Sauls (8) – Abschluß (9,1a) –
Einwohner Jerusalems (9,1b–16) – Leviten (9,17–34) – die
Sippe Sauls (9,35–44).
(2) *David* (1Chr 10–29): Sauls Ende (10, vgl. 1Sam 31) – Da-
vid König, Eroberung Jerusalems (11,1–9, vgl. 2Sam 5,1–10) –
Davids Helden (11,10–47, vgl. 2Sam 23,8–39) – Mitstreiter
Davids (12) – Abholung der Lade (13, vgl. 2Sam 6,1–11) –
Davids Söhne und Philistersiege (14, vgl. 2Sam 5,11–25) –
Überführung der Lade (15–16, vgl. 2Sam 6,12–19) – Ablehnung des Tempelbaus (17, vgl. 2Sam 7) – Kriege (18–20, vgl.
2Sam 8; 10; 11,1; 12,26–32; 21,18–22) – Gewinnung des Tem-
pelplatzes (21, vgl. 2Sam 24) – Vorbereitung der Regierung
Salomos (22; 23,1–2; 28–29), dazwischen zahlreiche Listen
(23,3–32; 24–27).
(3) *Salomo* (2Chr 1–9, vgl. 1Kön 3–10; 11,41–43).
(4) *Die Könige von Juda* (2Chr 10–36, vgl. 1Kön 12–2Kön
25): Rehabeam (10–12) – Abija (13) – Asa (14–16) – Joschafat
(17–20) – Joram (21) – Ahasja (22,1–9) – Joasch (22,10–12;
23–24) – Amazja (25) – Usija (26) – Jotam (27) – Ahas (28) –
Hiskija (29–32) – Manasse (33,1–20) – Amon (33,21–25) – Joschija (34–35) – Joahas, Jojakim und Jojachin (36,1–10) – Zidkija und die Wegführung nach Babel (36,11–21) – das Ende
der babylonischen Gefangenschaft (36,22–23).

b) Zum Werdegang

Die auf die Genealogien folgende Darstellung der Königszeit
(1Chr 10–2Chr 36) entspricht dem Inhalt und oft sogar dem
Wortlaut nach weitgehend dem, was in 1Sam 31, im 2. Samu-
elbuch und in den Königsbüchern berichtet wird. Zwar nennt
der Chronist zahlreiche Schriften, aus denen er sein Wissen
geschöpft haben will (z. B. »die Geschichte Samuels, des Sehers«, »die Geschichte des Profeten Natan« und »die Geschichte Gads, des Sehers«, 1Chr 29,29; »die Profezeiungen
Ahijas von Schilo« und »die Gesichte des Sehers Jedo gegen
Jerobeam«, 2Chr 9,29; »die Gesichte des Profeten Jesaja«,
2Chr 32,32; »die Geschichten der Seher«, 2Chr 33,19). Aber

näheres Zusehen zeigt, daß für ihn das Deuteronomistische Geschichtswerk die Hauptquelle war.

Was der Chronist über jenes Werk hinaus bietet, sind meistens von ihm selbst erdachte Erzählungen von Kriegszügen einzelner Könige, bei denen der Sieg der wunderbaren Hilfe Jahwes zu verdanken ist (z. B. 2Chr 13,3–19, wo der König Abija in seiner langen »Bergpredigt« an die Soldaten des Nordreichs und deren König Jerobeam, V. 4–12, auf den Götzendienst Jerobeams und seines Volkes hinweist, der Jahwe auf die Seite des treu zu ihm haltenden Südreichs treten lasse, was dann auch geschieht; 14,8–14, wo der König Asa vor dem Kampf gegen ein übermächtiges Heer in einem Gebet an Jahwe appelliert; 20,1–29, wo der von einer feindlichen Übermacht bedrohte König Joschafat eine Klagefeier veranstaltet, ein langes Gebet spricht, dann von einem begeistern Sänger ermutigt wird, die Sänger, die einen Lobpreis anstimmen, der kämpfenden Truppe vorausziehen läßt und schließlich die Beute nur einzusammeln braucht, weil die Feinde sich gegenseitig umgebracht haben), oder von Profeten (z. B. 2Chr 21,12–19; 28,9–15), nur selten glaubwürdige Nachrichten (z. B. die Festungsliste Rehabeams in 2Chr 11,5–11 oder die Baumaßnahmen Usijas und Hiskijas in 2Chr 26,10; 32,30a).

Das ursprüngliche Werk des Chronisten ist vielerorts – vor allem in 1Chr – um Nachträge erweitert worden, z. B. über die Wohnsitze Benjamins und den Stammbaum Sauls (1Chr 8), über die Bewohner Jerusalems, die Torhüter, die Aufgaben der Leviten, den nochmaligen Stammbaum Sauls (1Chr 9,1b–44), über die Leviten, die Priesterklassen, die Sängerklassen, die Torhüter und über weltliche Organisationen unter David (1Chr 23,3–27,34).

c) Zur Absicht und Entstehungszeit

Vielfach gibt der Chronist seine Absicht dadurch zu erkennen, wie er mit den Samuel- und Königsbüchern umgeht, d. h. was er wegläßt und was er hinzufügt. Daher tritt das Ziel der

Darstellung in den Chronikbüchern viel deutlicher hervor als in den Büchern Esra und Nehemia.

Ein entscheidender Maßstab ist für den Chronisten der Tat-Ergehen-Zusammenhang, die Auffassung, daß gutes Handeln zwangsläufig Wohlergehen nach sich zieht, dagegen böses Handeln stets Unglück zur Folge hat. Nach diesem Maßstab schreibt der Chronist die Geschichte manchmal um. So las er in 2Kön 15,5, daß der König Usija (Asarja), der zweiundfünfzig Jahre lang regierte, was für den Chronisten ein Zeichen göttlicher Gnade war, unter Aussatz litt und darum nach Meinung des Chronisten etwas Böses getan haben mußte. Deshalb behauptet der Chronist, Usija wollte widerrechtlich im Tempel ein Räucheropfer darbringen – was zur Zeit des Chronisten alleiniges Recht der Priester war – und sei, bevor er das tun konnte, aussätzig geworden (2Chr 26,16–20); der Chronist bedenkt allerdings nicht, daß die Könige durchaus das Recht hatten, im Tempel zu opfern. Umgekehrt wunderte sich der Chronist, warum Gott den König Manasse, der nach dem Bericht der Königsbücher ein übler Bösewicht war, mit einer Regierungszeit von fünfundfünfzig Jahren gesegnet hatte (2Kön 21,1–17). Um diesen Widerspruch auszugleichen, erfindet der Chronist einen Krieg der Assyrer gegen Manasse, der zu seiner Gefangenschaft in Babel und seiner demütigen Reue führt (2Chr 33,11–13).

Ferner will der Chronist herausstellen, daß allein Juda und seine Hauptstadt Jerusalem mit dem Tempel der Sitz der Gottesherrschaft ist. Deshalb nimmt in den Genealogien (1Chr 1–9), und zwar in ihrer ursprünglichen Form, der Stamm Juda (2,1–17.25–33.42–50aα) – neben Levi, dem Stamm des Kultpersonals (6,1–9.14–15) – den breitesten Raum ein; deshalb läßt der Chronist seine Geschichtsdarstellung erst bei David, dem Gründer des judäischen Staates und der Königsdynastie, beginnen; und deshalb übergeht er die Könige des Nordreichs Israel mit Stillschweigen.

Dementsprechend wird David, der am Anfang und zugleich am Höhepunkt der Geschichte Judas steht, beim Chronisten zur fleckenlosen Idealgestalt, zum »Mann Gottes« (2Chr 8,14) und zum Vorbild der Gesetzestreue (z. B. 2Chr 7,17). Die unerfreulichen Ereignisse der Davidszeit – wie den Ehebruch mit Batseba, den Mord an Urija oder die Wirren bei der Thronnachfolge – tilgt der Chronist aus seiner Berichterstattung. Ganz anders als der historische David kümmert der chronistische sich intensiv um Tempel und Kult (1Chr 22; 28–29).

Auch sonst zeigt der Chronist, daß ihm der Kult sehr am Herzen liegt. So erkennt Gott selbst bei der Einweihung des Tempels durch vom Himmel herabfahrendes Feuer das Heiligtum an (2Chr 7,1); die Notiz 1Kön 18,4, daß der König Hiskija eine Reform des Kultes durchgeführt habe, weitet der Chronist zu einer gewaltigen Aktion Hiskijas mit einer großen Sühneopfer- und Passafeier und anschließender Neuordnung des Kultwesens aus (2Chr 29,3–32,19).

Die Entstehungszeit der Chronikbücher – und ebenso der Bücher Esra und Nehemia – liegt irgendwo zwischen dem 4. und dem 3. Jahrhundert v. Chr.; Genaueres läßt sich wohl kaum noch ermitteln.

3. Die Bücher Esra und Nehemia

a) Inhalt

(1) *Vom Kyrus-Edikt bis zum Tempelbau* (Esr 1–6): Erlaubnis des Kyrus zur Heimkehr der Israeliten und zum Tempelbau (1) – Verzeichnis der Heimkehrer (2,1–67) und Spenden für den Tempel (2,68–70) – Errichtung des Brandopferaltars in Jerusalem und Beginn des Opferdienstes (3) – Behinderung des Tempelbaus (4,1–5) – Beschwerde über die Juden an Xerxes (4,6) – Beschwerde an Artaxerxes, Verbot des Baus, Stillstand bis auf Darius (4,7–24) – Wiederaufnahme des Tempelbaus (5) – Vollendung des Tempelbaus (6,1–18) – Passafeier (6,19–22).

(2) *Esra-Erzählung*, erster Teil (Esr 7–10): Esras Beauftra-

gung durch Artaxerxes und Reise nach Jerusalem (7–8) – Esras Bußgebet und Auflösung der Mischehen (9–10).

(3) *Nehemia-Erzählung*, erster Teil (Neh 1,1–7,72a): Nehemias Reise nach Jerusalem und die Vorbereitung des Mauerbaus (1–2) – Liste der am Bau Beteiligten (3,1–32) – Störung von außen (3,33–4,17) – soziale Maßnahmen (5) – Vollendung des Mauerbaus trotz weiterer Störungen (6) – Sicherung der Stadt und Registrierung der Heimkehrer (7,1–5) – Liste der Heimkehrer und Spenden für den Tempel (7,6–68.69–72a = Esr 2, 1–67.68–70).

(4) *Esra-Erzählung*, zweiter Teil (Neh 7,72b–10,40): Gesetzesverlesung durch Esra (7,72b; 8) – Klagefeier und Bußgebet (9) – Verpflichtung des Volkes auf das Gesetz (10).

(5) *Nehemia-Erzählung*, zweiter Teil (Neh 11–13): Umsiedlung nach Jerusalem (11,1–2) – Listen (11,3–12,26) – Mauerweihe (12,27–43) – Einzelmaßnahmen Nehemias (12,44–47; 13).

b) Zum Werdegang

Die beiden Bücher sind im wesentlichen das Werk des Chronisten, der für seine Darstellung eine Reihe älterer Dokumente verwendet. Vieles von dem, was er schreibt, ist unhistorisch. Das gilt schon weitgehend für den einleitenden Abschnitt Esr 1,1–4,5 mit folgendem Inhalt: Der Perserkönig Kyrus fordert die Juden in Babylonien zur Heimkehr nach Jerusalem und zum Bau des Tempels und die Nicht-Juden zu Spenden für den Tempelbau auf (1,1–4), worauf die Juden die Rückkehr in die Heimat antreten (1,5–6). Kyrus läßt die Tempelgeräte einem Mann namens Scheschbazzar (den der Chronist mit dem bald darauf genannten Serubbabel identifiziert) übergeben, der sie nach Jerusalem bringt (1,7–11). Ein Zwölferkollegium, angeführt von dem Bevollmächtigten Serubbabel, dem Hohenpriester Jeschua und Nehemja, leitet die Heimkehrer (2,1–2a). Es folgt ein Dokument, eine Liste der Heimkehrer, die ein aus späterer Zeit stammendes Verzeichnis der Bewohner Jerusalems und Judas darstellt (2,2b–67). Die Heimkehrer spenden Geld für den Tempel und lassen sich

in Jerusalem und Juda nieder (2,68–70). Jeschua und Serubbabel bauen in Jerusalem einen Altar und legen die Fundamente
des Tempels (3). Das »Volk des Landes« – die teilweise heidnischen Bewohner des ehemaligen Nordreichs Israel – verhindern den Tempelbau (4,1–5).

Nach der Bemerkung, das »Volk des Landes« habe eine Anklageschrift – deren Inhalt wir nicht erfahren – gegen die Juden an König Xerxes (486–465 v. Chr.) gerichtet (4,6), bringt
der Chronist in 4,7–6,15 wieder Dokumente (der Abschnitt
4,8–6,18 ist in aramäischer Sprache geschrieben), nämlich eine
Liste der Verfasser einer Anklageschrift gegen die Juden an
König Artaxerxes (wohl Artaxerxes I., 465–424 v. Chr.) und
den Brief einer anderen Gruppe an Artaxerxes, in dem sie sich
über den Wiederaufbau der Mauer Jerusalems beklagt, nebst
der Antwort des Königs, die den *Mauerbau* verbietet (4,8–
23). Der Chronist leitet mit seiner Notiz, damals sei der *Tempelbau* eingestellt worden (4,24), aber die Profeten Haggai
und Sacharja hätten den Tempelbau in Gang gebracht (5,1–2),
zu dem Dokument 5,3–6,14 über. Dieses handelt von einem
Ereignis, das *vor* dem in 4,7–23 Mitgeteilten liegt: Der »Statthalter« (Satrap) »des Gebietes jenseits des Eufrat« (d. h. der
persischen Satrapie Transeufrat) namens Tattenai besucht Jerusalem und schreibt einen Brief an König Darius (522–486 v.
Chr.), worin er mitteilt, in Jerusalem werde unter Berufung
auf einen Erlaß des Kyrus am Wiederaufbau des Tempels gearbeitet, und worin er anfragt, ob das rechtens sei; Darius erlaubt aufgrund des in einem Archiv gefundenen Kyrus-Erlas-
ses den Weiterbau am Tempel, der bis zur Vollendung voran-
schreitet. Anschließend schildert der Chronist die Einweihung des Tempels (6,15–18) und die Feier des Passafestes im
Jahre 515 v. Chr. (6,19–22).

Dann überspringt der Chronist einen längeren Zeitraum und
berichtet von der Beauftragung des judäischen Priesters Esra
als »Schreiber für das Gesetz des Himmelsgottes« durch Artaxerxes in dessen siebentem Regierungsjahr (der Chronist
meint sicherlich Artaxerxes I., 465–424 v. Chr.; aber vielleicht

handelt es sich in Wirklichkeit um das siebente Jahr Artaxerxes' II., 404–358 v. Chr., und erfolgte die Mission Esras *nach* der Nehemias) (7,1–11). Sehr umstritten ist, ob die – aramäisch abgefaßte – Vollmacht Esras (7,12–26) zumindest teilweise (V. 12–19.25–26) dem Chronisten als Dokument vorgelegen hat oder als Ganzes aus seiner Feder stammt.

Unvermittelt schließt der Chronist Esras Lobgesang (7,27–28) an. Dann geht seltsamerweise der Bericht des Chronisten in der Ich-Form weiter: Er setzt ein mit einer – aus Esr 2 = Neh 7 geschöpften – Liste der Gefährten Esras (8,1–14) und schildert dann die Organisation des Heimkehrerzuges (8,15–30), die Ankunft in Jerusalem (8,31–36), die Feststellung der Mischehen (9,1–5) und Esras Gebet (9,6–15). Beim Bericht über die Auflösung der Mischehen (10,1–17) wechselt der Chronist plötzlich wieder zur Er-Form und schließt mit einer – wiederum von Esr 2 = Neh 7 abhängigen – Liste der Geschiedenen (10,18–44).

Das nächste Dokument, das der Chronist seiner Darstellung zugrundelegt, ist die in der Ich-Form abgefaßte Nehemia-Denkschrift. Mehrfach wendet Nehemia sich hierin bittend an Gott (z. B. Neh 5,19; 13,14.22b) und verweist auf Gottes Güte und Hilfe (z. B. 2,8; 6,16). Schon letzteres dürfte zeigen, daß Nehemia als Adressaten nicht nur Gott, sondern auch Menschen im Auge hat, um seine Maßnahmen zu rechtfertigen; dafür kommen die Angehörigen des eigenen Volkes, aber auch der persische König in Frage.

Nehemia berichtet, wie er, nachdem er von der trostlosen Lage in Jerusalem erfahren hat (Neh 1), als Wiederaufbaukommissar im zwanzigsten Jahr des Artaxerxes (gemeint ist Artaxerxes I., 465–424 v. Chr.; es handelt sich also um das Jahr 445 v. Chr.) nach Jerusalem entsandt wird (2), dort den Bau der Stadtmauer gegen den Widerstand des Sanballat, des Tobija, der Provinzgouverneure von Samarien und Ammon, und des Arabers Geschem bewirkt und einen allgemeinen Schuldenerlaß und die Rückgabe verpfändeten oder verkauften Grundbesitzes anordnet (3–6), die Stadt sichert (7,1–3) und die Umsiedlung von Landbewohnern in das noch zu dünn besiedelte Jerusalem ins Werk setzt (7,4–5). Der letztgenannte Abschnitt ist ein Fragment, das nur von der einleitenden Maßnahme Nehemias, der Registrierung, handelt, während der Bericht über die Umsiedlungsaktion vom Chronisten, der anschließend wieder die Feder führt, weggelassen wurde.

Es folgt, vom Chronisten hier eingefügt, der mit Esr 2 identische Abschnitt Neh 7,6–72a, dann der – unhistorische – Bericht des Chronisten über die Verlesung des »Gesetzes« durch Esra, der ganz überraschend wieder auftaucht (7,72b; 8,1–8), und – nachdem Esra (die Erwähnung Nehemias in 8,9 ist ein späterer Zusatz) das durch die Gesetzesverlesung bestürzte Volk ermutigt hat – über eine Freudenfeier und die Feier des Laubhüttenfestes (8,9–18).

Der Bericht, daß daran eine Bußfeier mit einem Bußgebet anschließt (9), geht auf das Konto eines Ergänzers, ebenso die Liste derer, die sich auf das »Gesetz« und auf spezielle Bestimmungen verpflichten (10).

Nehemia selbst kommt wieder in 12,27–40*, dem Bericht über die Mauerweihe, und in 13,4–31*, dem Bericht über kultische Maßnahmen, zu Worte, während die übrigen Teile von Neh 11–13 das Werk eines Ergänzers sind.

IV.
Kleinere Erzählungen

1. Das Buch Rut

a) Inhalt

In der Richterzeit wandert ein Mann namens Elimelech mit seiner Frau Noomi und zwei Söhnen aufgrund einer Hungersnot aus Betlehem nach Moab aus, wo die beiden Söhne

Moabiterinnen – eine davon ist Rut – heiraten; nach dem Tod
ihres Mannes und ihrer Söhne und dem Ende der Hungersnot
geht Noomi, von Rut begleitet, nach Betlehem zurück (1).
Um sie beide mit Nahrung zu versorgen, sammelt Rut während
der Ernte Ähren auf einem Feld, das – wie sich herausstellt – einem Mann namens Boas gehört; dieser behandelt Rut
sehr freundlich, und Noomi erzählt ihr, daß Boas ein »Löser«
der Familie Elimelechs ist (2).
Mit dem »Löser« hat es folgende Bewandtnis: Wenn ein Israelit in wirtschaftliche Schwierigkeiten geriet und sein Grundstück verkaufen mußte, so waren die nächsten Angehörigen
verpflichtet, dieses zurückzukaufen, zu »lösen« im Sinne von
»auslösen«, »zurückholen« (3Mose 25,24–31). Außerdem gab
es das Gesetz der »Schwagerehe« (5Mose 25,5–10; vgl. die Erzählung 1Mose 38), wonach, wenn ein Israelit kinderlos starb,
sein Bruder – oder, wenn das nicht möglich war, ein anderer
aus der Familie – verpflichtet war, die Frau des Verstorbenen
zu heiraten; der erste Sohn dieser Ehe galt als Sohn des Verstorbenen.
Die Einrichtung des »Lösens«, verbunden mit der Heiratspflicht, will Noomi für Rut in Anspruch nehmen, und eines
Abends am Ende der Ernte schickt sie Rut zu Boas, der auf
der Tenne, dem Dreschplatz, übernachtet. Boas erklärt sich
bereit, Rut zu heiraten, weist aber darauf hin, daß ein anderer
noch eher als »Löser« in Frage kommt (3). Am nächsten Morgen begibt Boas sich zum Tor von Betlehem, wo er den anderen »Löser« trifft, und teilt ihm mit, daß Noomi ein Feld des
Elimelech verkaufen will, d. h. verkaufen muß; der andere ist
bereit, als »Löser« einzutreten, lehnt jedoch ab, sobald Boas
ihm sagt, er müsse auch die Witwe Rut heiraten; daraufhin
schließt Boas die Ehe mit Rut, und beide bekommen einen
Sohn, den Noomi – wahrscheinlich als Adoptionsakt – auf
ihren Schoß nimmt und dessen Pflegerin sie wird (4,1–16).
Es folgt die Notiz: »Und ihre Nachbarinnen gaben ihm einen
Namen und sprachen: Noomi ist ein Sohn geboren; und sie
nannten ihn Obed. Der ist der Vater Isais, welcher Davids

Vater ist« (4,17). Abgeschlossen wird das Buch mit einem Stammbaum, der von Perez bis David reicht (4,18–22) und der eine Kurzform von 1Chr 2,5.9–15 darstellt.

b) Zum Werdegang

Die Ausleger sind sich einig, daß der Stammbaum 4,18–22, der stilistisch aus der Erzählung herausfällt, nachträglich zugefügt wurde. Dagegen ist umstritten, ob 4,17b in der jetzigen Form von Anfang an Bestandteil der Erzählung war. Man könnte erwarten, daß der Name des Kindes irgendwie in Beziehung zum Namen der Großmutter steht, aber diese läßt sich bei dem Namen Obed, »Knecht (nämlich Gottes)«, und Noomi, »Lieblichkeit«, nicht erkennen. Daher nehmen viele Ausleger an, ursprünglich habe der Name des Kindes nicht Obed, sondern anders gelautet, etwa Ben-Noam, »Sohn der Lieblichkeit«; erst nachträglich sei der Name in Obed umgeformt worden, so daß jetzt David als Urenkel der Rut erscheint. Andere Ausleger wenden mit gleichem oder mit noch mehr Recht ein, daß man schwerlich ohne historischen Anhalt dem David, dem bedeutendsten König Israels, eine Moabiterin als Urgroßmutter zuweisen konnte.

c) Zur Form

Das Buch Rut darf man als *Novelle* von dichterischer Kraft und Schönheit, als ein Meisterwerk der alttestamentlichen Erzählkunst bezeichnen. Ein zielstrebiger Handlungsbogen spannt sich von der Notlage zweier Frauen über den mutigen, wenn nicht gar gewagten Plan, die Notlage zu beenden, zum glücklichen Ausgang.

d) Zur Absicht und Entstehungszeit

Die Antwort auf die Frage nach der Absicht des Buches hängt natürlich davon ab, ob man die Beziehung auf David für ursprünglich hält. Dann wäre es ein Ziel des Buches, die moabitische – wohl mancherorts kritisierte – Herkunft Davids in ein helles Licht zu rücken. Aber läßt man dieses Problem beiseite, so handelt die Erzählung von der verborgenen Führung

Gottes und von der *Treue* (unsere Bibeln übersetzen das hebräische Wort unterschiedlich): Aus Treue zur Familie des verstorbenen Ehemannes geht Rut mit Noomi nach Betlehem (1,8; 3,10), Boas erwidert die Treue gegenüber seiner Sippe, und hinter und über allem steht der, auf den in der Erzählung immer wieder hingewiesen wird: Gott, der menschliche Treue mit seiner Treue, mit seiner Gnade belohnt (2,20).

Über die Entstehungszeit des Buches wissen wir nichts. Wenn die Beziehung auf David der ursprünglichen Erzählung angehören sollte, so könnte die Erzählung aus der Königszeit stammen. Aber auch dann wäre ein späterer Abfassungstermin denkbar. Für letzteres spricht die Vorstellung von einer »Richterzeit«, die doch wohl die Existenz des in der exilischen oder gar nachexilischen Zeit entstandenen Deuteronomistischen Geschichtswerks voraussetzt.

2. Das Buch Jona

a) Inhalt

Der Profet Jona entzieht sich dem Auftrag Jahwes, der Riesenstadt Ninive wegen ihrer Bosheit den Untergang anzukündigen, indem er sich auf ein Schiff begibt, das nach Tarsis (wahrscheinlich die später Tartessos genannte Stadt im Südwesten Spaniens) fahren soll (1,1–3).

Ein schwerer von Jahwe gesandter Sturm kommt auf; die international gemischte Mannschaft betet »jeder zu seinem Gott«, während Jona schläft; vom Kapitän geweckt, bekennt Jona sich nach einem Losverfahren, das seine Schuld am Sturm erweist, als Anhänger Jahwes; auf seinen Wunsch werfen die zunächst widerstrebenden Seeleute ihn ins Meer; der Sturm hört auf, und die Seeleute bekehren sich zu Jahwe (1,4–16).

Jahwe beordert einen großen Fisch herbei, der Jona verschlingt und in dessen Bauch Jona drei Tage lang bleibt und ein Gebet spricht; dann speit der Fisch den Jona aus, dieser bekommt erneut von Jahwe den Auftrag zur Verkündigung in Ninive und begibt sich dorthin (2,1–3,3).

Jona geht nach Ninive und kündigt der Stadt an, sie werde in vierzig Tagen untergehen; die Leute von Ninive mitsamt dem Vieh tun Buße, woraufhin Gott seinen Vernichtungsbeschluß rückgängig macht (3,4–10).

Zornig klagt Jona über Jahwes Güte und Barmherzigkeit und wünscht sich den Tod, Jahwe jedoch stellt Jonas Zorn in Frage und läßt eine Rizinusstaude als Schattenspenderin und Trösterin für Jona wachsen, der sich darüber freut; sobald aber am nächsten Morgen ein Wurmstich den Rizinus zum Verdorren bringt und Jona unter der sengenden Sonne leidet, wünscht er sich erneut den Tod; die Erzählung schließt mit der Frage Jahwes, ob nicht seine Betrübnis, wenn die große Stadt Ninive untergegangen wäre, berechtigter sei als Jonas Betrübnis über den verdorrten Rizinus (4).

b) Zum Werdegang

Jonas Gebet (2,2–10) ist nachträglich in die Erzählung eingefügt worden; es paßt schlecht zum Charakter des störrischen Jona und überhaupt nicht zur Situation, weil es sich um ein Danklied *nach* der Rettung handelt. Auch die Frage in 1,8aβ »Warum geht es uns so übel?« dürfte ein Zusatz sein, denn sie ist ja schon durch den Losentscheid (1,7bβ) geklärt. Dagegen hat man wohl den Satz über Jonas Gang aus der Stadt und den Bau einer Hütte (4,5), der sachlich besser zwischen 3,4 und 3,5 paßt, als Nachholung zu verstehen. Für den unmotivierten Wechsel zwischen »Jahwe« und »Gott« in 4,4–10 gibt es keine Erklärung.

c) Zur Form

Die Jona-Erzählung, die sich als solche aus dem Zwölfprofetenbuch heraushebt, darf – wie das Buch Rut – als *Novelle* bezeichnet werden. Ihre fünf Szenen sind kunstvoll aufeinander bezogen: In der ersten (1,1–3) und letzten (4) stehen sich Jahwe und der bis zum Schluß widerspenstige Jona gegenüber; in der zweiten (1,4–16) und vierten (3,4–10) hat Jona es mit Heiden zu tun, die sich bekehren; in der dritten, der verbindenden Mittelszene (2,1.11; 3,1–3) ist wiederum Jahwe das Gegenüber Jonas.

Der märchenhafte Inhalt weist die Erzählung als unhistorisch aus. Der nur in 2Kön 14,25 genannte Profet Jona, Sohn des Amittai, der dem König Jerobeam II. von Israel (787–747 v. Chr.) den Rückgewinn verlorener Gebiete – also damit Unheil für Nichtisraeliten – voraussagte, wurde vielleicht deshalb zur Hauptperson unserer Erzählung, weil es hier um das Verhältnis der Juden zu anderen Völkern geht.

d) Zur Absicht und Entstehungszeit

Die Erzählung will offenbar in der Gestalt des Jona eine Haltung kennzeichnen (und wohl auch karikieren), die den Heiden, auch wenn sie sich bekehren, Gottes Güte nicht gönnt, sondern sie allein für die Juden beansprucht. Sowohl die Schiffsmannschaft als auch die Leute von Ninive bekehren sich zu Gott, während Jona über Gottes Güte und Barmherzigkeit verdrossen ist. Indem die Erzählung mit einer Frage endet, lädt sie den Leser ein, der Anteilnahme Gottes an seiner Schöpfung zuzustimmen.

Die Entstehungszeit des Buches ist frühestens im 6. Jahrhundert v. Chr., wahrscheinlich sogar später anzusetzen. Darauf deuten unter anderem die Sprache – ein spätes, vom Aramäischen durchsetztes Hebräisch – und die zahlreichen Bezüge zu anderen Büchern des AT (vgl. z. B. 1,2a mit 1Kön 17,10; 1,2b mit 1Mose 18,21; 1,10a mit 1Mose 3,13; 1,14 mit 5Mose 21,8; 3,1 mit Jer 1,13; 3,6 mit Ijob 2,8; 3,8b mit Jer 26,3; und vor allem 4,2b mit 2Mose 34,6 und Joël 2,13).

3. Das Buch Ester

a) Inhalt

Der Perserkönig Xerxes (in der Lutherbibel Ahasveros, in der Einheitsübersetzung Artaxerxes) verstößt seine Gemahlin Waschti, weil sie sich weigert, auf einem Fest vor ihm zu erscheinen (1). Man sucht eine neue Frau für ihn, und seine Wahl fällt auf die Jüdin Ester oder Hadassa, Cousine und Mündel des Mordechai aus der Familie König Sauls, der mit König Jojachin, also 597 v. Chr., ins Babylonische Exil geführt worden war; ihre Herkunft hält Ester ihrem Mann, dem König, geheim (2,1–20). Mordechai deckt eine Verschwörung gegen den König auf, was in einer Chronik verzeichnet wird (2,21–23).

Weil Mordechai dem Haman, dem zweiten Mann im Reich, der als »Agagiter« bezeichnet wird, also wohl als Nachkomme Agags, des Gegners Sauls (1Sam 15) gelten soll, die Huldigung verweigert, beschließt Haman, nicht nur den Mordechai, sondern alle Juden im Perserreich umzubringen (3,1–6), und bewirkt, nachdem man durch das Los, »Pur« genannt, im Monat Nisan (März/April) den 13. Tag des Monats Adar (Februar/März) des nächsten Jahres als Ausführungstermin ermittelt hat (3,7), einen Erlaß des Königs, der die Tötung eines nicht näher bezeichneten, unbotmäßigen Volkes anordnet (3,8–15).

Mordechai gewinnt Ester für eine Intervention beim König unter Einsatz ihres Lebens (4). Ester erlangt die Gnade des Königs, der zusammen mit Haman ihrer Einladung zu einem Gastmahl folgt, auf dem sie ihn und Haman zu einem zweiten Gastmahl am nächsten Tag einlädt (5,1–8). Haman wähnt sich auf dem Höhepunkt seiner Gunst und läßt schon den Pfahl (Galgen) für Mordechai aufrichten (5,9–14).

In schlafloser Nacht wird der König durch Vorlesung der Chronik an das – unbelohnte – Verdienst Mordechais erinnert und läßt Haman holen, den er ganz allgemein nach den Umständen einer königlichen Ehrung fragt, worauf dieser – in der Annahme, die Frage bezöge sich auf ihn selbst – ein feierliches Ritual vorschlägt, das jedoch er an Mordechai vornehmen muß (6,1–13). Bei dem zweiten Gastmahl, zu dem der König mit Haman erscheint (6,14; 7,1), deckt Ester den Anschlag Hamans gegen ihr Volk, die Juden, auf, und während der König voll Zorn hinausgeht, wirft Haman sich flehend an Esters

Diwan nieder, was der zurückkehrende König mißdeutet und deshalb Hamans Hinrichtung an dem für Mordechai vorgesehenen Pfahl befiehlt, die sofort ausgeführt wird (7,2–10).

Mordechai erhält Hamans Stellung (8,1–2), und durch erneute Intervention beim König bewirkt Ester nicht nur den Widerruf des Tötungsbefehls gegen die Juden (8,3–8), sondern auch die Erlaubnis zur Vernichtung ihrer Feinde im ganzen Reich, was zu großer Freude bei den Juden führt (8,9–17). So kommt es an dem vorgesehenen Termin des 13.Adar – in Susa auch noch am 14.Adar – zur Vernichtung der Judenfeinde im ganzen Reich (9,1–16), und die jeweils anschließenden Tage, den 14. und 15. Adar, begehen die Juden als ein freudiges Fest (9,17–19), das – als Purimfest – durch einen Erlaß Mordechais und einen Brief Esters zu einer ständigen Einrichtung der Juden im ganzen Reich erhoben wird (9,20–32). Die Taten des Königs Xerxes und die des Mordechai werden aufgezeichnet (10,1–3).

b) Zum Werdegang

Man hat vermutet, die Bemerkungen über das Purimfest (9,20–32 mitsamt 3,7) seien erst nachträglich in die Erzählung eingefügt worden; aber dadurch würde das in 9,17–19 genannte Fest namenlos bleiben.

Wenn Mordechai einerseits ungehindert Kontakt zur Königin aufnehmen kann (2,22), andrerseits einen Mittelsmann braucht (4,1–16), so läßt der Widerspruch vielleicht darauf schließen, daß der Verfasser der vorliegenden Erzählung zwei unterschiedliche Überlieferungen ineinanderarbeitete, in deren einer die Königin als Retterin der Juden, in deren anderer der Höfling Mordechai als Gegenspieler Hamans erschien.

c) Zur Form

Auch das mit hoher Erzählkunst geschriebene und spannend zu lesende Esterbuch kann als *Novelle*, wenn nicht als kleiner Roman, bezeichnet werden. Das Buch bringt zahlreiche Angaben über Daten (z. B. 1,3; 2,16), über die Beamten und die

Dienerschaft des Königs (z. B. 1,13–14; 2,3.21; 3,12), über das Reich und seine Provinzen (1,1; 9,30) und über den Königspalast in Susa (z. B. 1,5; 2,11; 5,1; 6,4). Trotzdem ist die Erzählung, wie schon der märchenhafte Inhalt vermuten läßt, unhistorisch: König Xerxes (486–465 v. Chr.) besaß weder eine Gemahlin Waschti noch eine namens Ester; und da die Heirat mit Ester angeblich in das siebente Jahr des Xerxes, also 479 v. Chr., fiel, wäre der 597 v. Chr. deportierte Mordechai damals etwa hundertzwanzig Jahre alt und seine Cousine Ester wohl nicht viel jünger gewesen.

d) Zur Absicht und Entstehungszeit

Das Buch will die Entstehung des – ursprünglich wohl persischen – Purimfestes aus der Geschichte des jüdischen Volkes herleiten. Doch seine Absicht erschöpft sich darin nicht. Zwar fragt man sich, warum die Rettung der Juden vor dem Untergang zum vielfachen Tod bringenden Triumph über die Feinde gesteigert werden muß. Aber in erster Linie will die Erzählung wohl Ester als die Jüdin zeichnen, die sich unter Lebensgefahr für ihr Volk einsetzt, und Mordechai als einen Mann, der treu an seinem Judentum festhält. Wenn auch die Erzählung den Gottesnamen meidet, so dürfte sie doch von dem Glauben her gestaltet worden sein, daß Gott über das Volk der Juden wacht und ihm zur Seite steht. Dieser Glaube tritt für jüdische Leser deutlich genug in dem Wort Mordechais an Ester hervor, wenn sie, Ester, den Juden nicht hülfe, bekämen sie Hilfe »von einem anderen Ort«, nämlich Gott (4,14), und in dem an Haman gerichteten Wort seiner Frau und seiner Freunde, wenn Mordechai ein Jude sei, vermöge Haman nichts gegen ihn (6,13).

Als Entstehungszeit des zweifellos in der persischen Diaspora geschriebenen Buches wird gewöhnlich das 3. Jahrhundert v. Chr. vermutet.

Die profetischen Bücher des Alten Testaments

I.
Allgemeines zur Profetie

1. Der Begriff »Profet«

Das hebräische Wort, das wir mit »Profet« übersetzen, heißt
nābî' (ausgesprochen »nawi«) und bedeutet wohl »Berufener«
oder »der mit einer Botschaft Betraute«. Wie sich zeigen wird,
umfaßt dieser Begriff sehr verschiedene Tätigkeitstypen. Daneben gibt es im Alten Testament den Begriff »Gottesmann«
und zwei verhältnismäßig seltene Begriffe für »Seher«.

Als »Profet« kann jemand bezeichnet werden, der gegen Ent-
gelt Auskünfte über die Zukunft erteilt, also ein Wahrsager
(1Sam 9,6–9; der Betreffende heißt zunächst, in V. 6–8, »Gottesmann« und dann, in V. 11.18.19, »Seher« und wird ab V. 15
mit Samuel identifiziert; aus V. 9 erfahren wir, daß der Begriff
»Profet« irgendwann den Begriff »Seher« ablöste).

Einige Erzählungen führen uns Profeten als *Gruppe* vor, die
sich mittels musikalischer Instrumente (und rhythmischer
Bewegungen) in ekstatische Raserei versetzte (1Sam 10,5–6;
19,20–24). Hierher dürften auch die »Profetenjünger« um Elischa (z. B. 2Kön 6,1) und die vierhundert Profeten am Hof
des Königs von Israel (1Kön 22,6.10.12) zu rechnen sein. Die
Erzählung 1Kön 18 schildert kanaanäische Baal-Profeten, die
durch (kultischen) Tanz und Selbstverstümmelung in Raserei
geraten (V. 26–28). Letztere Form des Profetentums scheint
sich auch in Israel eingenistet zu haben (1Kön 20,35–42), und
ihre Abschaffung wird in einem späten Text für die Endzeit
erwartet (Sach 13,2–6).

Häufig erwähnt das Alte Testament Profeten als eigenen Be-
rufsstand (vielleicht eine Art Kultbeamte) neben den Prie-

stern (z. B. 2Kön 23,2; Jer 18,18; 26,7–8, 29,1; Klgl 2,20); im Jeremiabuch bilden Priester und Profeten mit dem König und den hohen Beamten die Oberschicht des Volkes (z. B. Jer 2,26; 4,9; 8,1). Verfehlungen dieser Profeten und der Priester werden von Jesaja (Jes 28,7), Micha (Mich 3,11) und Jeremia (Jer 5,31; 6,13) angeprangert, wie auch sonst diese Profeten allein – vor allem wegen ihrer Heilsverkündigung, die das Volk in falscher Sicherheit wiegt (Jer 23,17; Ez 13,10) – oft Zielscheibe harter Kritik sind (z. B. Jer 23,13–14.16.21.25–27).

Als *Einzelgestalten* mit dem Titel »Profet« begegnen uns seit der Königszeit – abgesehen von den »Schriftprofeten«, deren Worte in den Profetenbüchern des Alten Testaments gesammelt sind – folgende: *Gad* (2Sam 24,11; parallel dazu der Ausdruck »Seher«), *Natan* (z. B. 2Sam 7,2; 1Kön 1,8), *Ahija* (1Kön 11,29; 14,2.18), *Jehu* (1Kön 16,7.12; in 2Chr 19,2 heißt er »Seher«), *Elija* (1Kön 18,36; Mal 3,23; sonst heißt er »Gottesmann«, z. B. 2Kön 1,9–13), *Micha,* Sohn des Jimla (1Kön 22,7–8), *Elischa* (2Kön 6,12; 9,1; sonst heißt er »Gottesmann«, z. B. 2Kön 4,7.42; 5,8); *Jona* (2Kön 14,25), die Profetin *Hulda* (2Kön 22,14), *Schemaja* (2Chr 12,5.15; in 11,2 heißt er »Gottesmann«), *Iddo* (2Chr 13,22; in 12,15 heißt er »Seher«), *Asarja* (2Chr 15,8), *Oded* (2Chr 28,9), die Profetin *Noadja* (Neh 6,14) und *Hananja* (Jer 28,1–17).

Auf die »Schriftprofeten« wird der Titel »Profet« nur teilweise angewendet, und es ist nur teilweise sicher, daß sie ihr Wirken zutreffend mit diesem Titel bezeichnet sahen. *Amos* lehnt den Titel entschieden ab (Am 7,14). *Hosea* sah sich verbunden mit anderen Profeten (Hos 6,5; 12,11). *Jesaja* heißt nur im Fremdbericht »Profet« (Jes 37,2; 38,1; 39,3), nannte aber seine Frau »Profetin« (Jes 8,3). Bei *Micha* finden wir lediglich Unheilsworte gegen den Profetenstand (Mich 3,5.6.11), ebenso bei *Zefanja* (Zef 3,4). *Habakuk* heißt nur im Fremdbericht »Profet« (Hab 1,1; 3,1), wahrscheinlich ebenfalls *Jeremia* (z. B. Jer 20,2; 29,1; 32,2; 46,13; die Aussage von der Berufung Jeremias zum Völkerprofeten in 1,5 und die Reflexion über wahre und falsche Profetie in Jer 28,8–9 gehören wohl zur nachträglichen

Bearbeitung). *Ezechiel* verstand sich zweifellos als »Profet« (Ez 2,5; 14,4.7; 33,33). *Haggai* heißt »Profet« im Fremdbericht (z. B. Hag 1,1.17; 2,1). *Sacharja* heißt »Profet« im Fremdbericht (1,1.7) und sieht sich in der Tradition früherer Profeten (Sach 1,4.6; 7,7). Bei *Nahum, Obadja, Joël* und *Maleachi* (die Aussage vom Profeten Elija in Mal 3,23 gehört einer späteren Bearbeitung an) fehlt der Begriff »Profet«.

Einzelgestalten der Frühzeit, die das Alte Testament als »Profeten« bezeichnet, sind *Abraham* (1Mose 20,7), *Aaron* (2Mose 7,1), die Profetinnen *Mirjam* (2Mose 15,20) und *Debora* (Richt 4,4) und *Samuel* (1Sam 3,20; 2Chr 35,18; in 1Sam 9,6–10 heißt er »Gottesmann«, in 1Sam 9,11.18–19 »Seher«). *Mose* (er ist der »Profet« von Hos 12,14; mehrfach heißt er »Gottesmann«, z. B. 5Mose 33,1; Jos 14,6; Ps 90,1) gilt mehr und steht in einem engeren Verhältnis zu Jahwe als alle anderen Profeten (4Mose 12,6–8; 5Mose 34,10).

Der Überblick über die Verwendung des Begriffs »Profet« im Alten Testament zeigt, daß die Profetie ein vielschichtiges Phänomen war, wobei wir oft nicht wissen, welche Vorstellungen man im einzelnen mit jenem Begriff verband. Deshalb wird es wohl auch kaum möglich sein, die verschiedenen Formen der alttestamentlichen Profetie aufeinander zu beziehen und voneinander abzuleiten.

2. Profetenwort und Profetenbuch

Wie sich aus den Redeaufträgen Gottes an die Profeten (z. B. Jes 6,9; 22,15; Jer 1,7; 2,2; 13,12; Ez 13,2; 16,2–3; 19,1; Am 7,15; Hag 2,2; Sach 7,5) oder aus dem Aufruf der Profeten zum Hören (z. B. Jes 7,13; 28,14; 46,3; Jer 2,4; 17,20; 22,2; Ez 13,2; 18,25; 36,4; Hos 4,1; 5,1; Am 3,1; 4,1; Mich 1,2; 3,1.9) ergibt, haben die Profeten ihre Botschaft mündlich vorgetragen. Die Niederschrift dieser Botschaft war erst ein zweiter Schritt, der manchmal und teilweise schon vom Profeten selbst vollzogen oder veranlaßt wurde (Jes 8,16–17; Jer 36).

Die endgültige Niederschrift erfolgte dann nach Prinzipien, die für uns manchmal noch ansatzweise, manchmal gar nicht mehr durchschaubar sind, so daß viele Redepartien der Profetenbücher auf den Leser wirken, als seien sie Konglomerate willkürlich, ohne erkennbaren Gedankengang aneinandergereihter Äußerungen. In Wirklichkeit handelt es sich bei den Aussprüchen der Profeten um eine Vielzahl kleiner Einheiten, d. h. sprachlicher Gebilde, die nach Form und Inhalt selbständig, in sich sinnvoll sind und deren konkreter Anlaß, auch wenn er nicht genannt wird, oft noch bestimmbar ist.

Dazu kommt noch etwas anderes. Sehr häufig trifft man, oftmals auf engstem Raum, Aussagen eines Profeten an, deren eine im krassen Widerspruch zur anderen steht, wodurch die Konturen der Botschaft jenes Profeten völlig verschwommen und unklar werden. Aber viele Redepartien der Profetenbücher – manche nur kurz, manche in Gestalt mehrerer Kapitel – geben sich aufgrund ihres Sprachgebrauchs und ihrer Thematik als das Werk späterer Bearbeitung zu erkennen, deren Absicht es war, die ursprünglichen Worte der Profeten für neue Situationen zu aktualisieren (und die darum auch manches ursprüngliche Profetenwort verkürzte, wodurch es nur noch als Fragment vor uns liegt). Aber das bedeutet nicht, daß die Bearbeitung von vornherein als minderwertig gegenüber dem, was der betreffende Profet verkündigte, zu gelten hat; die theologische Wahrheit eines Textes bemißt sich keineswegs nach seinem Alter, sondern nach seinem Inhalt.

II.
Formen der Überlieferung in den Profetenbüchern

1. Vorbemerkung

Die profetische Verkündigung erfolgt in einer reichen Vielfalt sprachlicher Formen. Sie lassen sich in *Berichte* (Erzählungen) und *Worte* (Aussprüche, Reden) einteilen, wobei die Übergänge fließend sind, weil im Mittelpunkt der Berichte meistens wiederum Profetenworte stehen und weil Formen der Worte, wie der Geschichtsrückblick oder die Bildrede, sich dem Bericht nähern. Ein beträchtlicher Teil der Profetenworte kann in »Gattungen« mit einer bestimmten Struktur und oft auch einem bestimmten Vokabular eingeteilt werden. Aber auch hier sind die Übergänge oft fließend, und viele Profetenworte entziehen sich einer präzisen Definition.

Bei den Worten finden sich oft *Formeln*, mit denen die Worte ein- oder ausgeleitet oder strukturiert werden. Dazu gehören die *Wortereignisformel* »Und es erging das Wort Jahwes an N.N./an mich« (z. B. Jer 1,4; 13,3; 18,5; 28,12; Ez 6,1; 11,14; 17,1; 24,1; 30,1; Hag 1,3; 2,20; Sach 4,8; 7,4) oder die *Gottesspruchformel* »Spruch/Ausspruch Jahwes« (z. B. Jes 3,15; 19,4; 41,14; 52,5; 66,17; Jer 2,22; 8,3; 21,7; 48,15; Ez 5,11; 15,8; 28,10; 37,14; Hos 2,15; 11,11; Joël 2,12; Am 3,10; Obd 4; Mich 5,9; Nah 2,14; Zef 1,2; Hag 1,9; Sach 1,3; 8,17; 12,1; Mal 1,2). Besonders wichtig und für die Profeten charakteristisch ist die *Botenformel* »So hat Jahwe gesprochen« (diese Übersetzung dürfte zutreffender sein als »So spricht Jahwe«). Die Botenformel haben die Profeten dem diplomatischen Verkehr entlehnt. Denn es gibt im Alten Testament zahlreiche Beispiele dafür, daß ein Bote, der eine Mitteilung zu überbringen hatte, diese mit den Worten begann: »So hat N.N. (also der Auftraggeber) gesprochen« (z. B. 1Mose 32,4–6 Jakob an Esau; 1Mose 45,9–11 Josef an Jakob; 4Mose 22,15–17 König Balak an Bileam; Richt 11,12–16 Jiftach an den König der

Ammoniter; 2Kön 18,19.28–31 der Assyrerkönig an König
Hiskija). Indem die Profeten diese Formel aufgreifen, bezeichnen sie sich als Boten Jahwes. Die Botenformel kann
wohl in jeder Gattung vorkommen (z. B. in der Unheilsprofezeiung Jes 28,16; im Weheruf Jes 18,4; im Totenklagelied Ez
27,3; im Disputationswort Mal 1,4; in der Gerichtsrede Jes
44,6; im Mahnwort Am 5,4; im Heilsorakel Jes 43,1; im Visionsbericht Sach 1,14).

2. Berichte

Die meisten Berichte – läßt man einen Großteil der Erzählungen des Jeremiabuches und Abschnitte wie Am 7,10–17; Hag
1,12–15 beiseite – sind Visionsberichte oder Berichte über
Zeichenhandlungen (symbolische Handlungen). *Visionsberichte* (immer in der Ich-Form), in denen der Profet Gegenstände oder Vorgänge sieht und dadurch Auskunft über kom-
mendes Geschehen erhält: Jes 6,1–13 (Berufungsbericht);
40,1–8 (Berufungsbericht); Jer 1,11–16 (im Berufungsbericht); 4,23–26; 24,1–10; Ez 1,4–28bα (im Berufungsbericht);
8,1–11,25; 37,1–14; 40–48; Am 7,1–9; 8,1–3; 9,1–4; Sach 1,7–
6,8*; Dan 7–8; 10–12. Beispiele für *Berichte über Zeichenhandlungen* (meistens in der Ich-Form), in denen der Profet
zeichenhaft ein künftiges Handeln Jahwes versinnbildlicht
und vorwegnimmt und damit das profetische Wort unterstützt: Jes 8,1–4 (der Profet beschriftet eine Tafel); 20,1–6 (der
Profet geht nackt; Fremdbericht); Jer 13,1–11 (der Profet ver-
gräbt einen Gürtel); 19,1–13 (der Profet zerbricht einen
Krug); 27,1–15 (der Profet fertigt ein Joch an); 28,1–11 (Hananja zerbricht das Joch Jeremias; Fremdbericht); 32,6b–15
(der Profet kauft einen Acker); Ez 4,1–2 (der Profet belagert
einen Ziegelstein). 9–11 (der Profet ißt Belagerungsspeise);
12,1–16 (der Profet geht mit Flüchtlingsgepäck); 24,15–24
(der Profet klagt nicht beim Tod seiner Frau); 37,15–22 (der
Profet fügt zwei Hölzer zusammen); Hos 1 und 3 (Ehe und
Kinder des Profeten; Fremd- und Selbstbericht).

3. Worte

Bei einem Großteil der Profetenworte fällt es mangels formaler und sprachlicher Anhaltspunkte schwer, sie einer bestimmten Gattung zuzuordnen; deshalb werden sie im nächsten Abschnitt recht allgemein und vage als »Unheilsankündigungen« und »Verheißungen« bezeichnet. Aber nicht wenige Profetenworte geben sich klar und deutlich als einer bestimmten Gattung angehörig zu erkennen.

Die charakteristische Gattung profetischer Rede ist die *Unheilsprofezeiung* (auch »unheilkündender Profetenspruch« oder »Gerichtswort« genannt), die aus zwei Teilen besteht: dem *Lagehinweis* (auch »Scheltwort«, »Begründung« oder »Anklage« genannt), worin der Profet anklagend beschreibt, inwiefern die Angeredeten dem Willen Gottes zuwiderhandeln, und der *Weissagung des Unheils* (auch »Drohwort«, »Zukunftswort« oder »Ankündigung« genannt), worin der Profet das Eingreifen Gottes ankündigt. Der Lagehinweis wird des öfteren mit »Weil« eingeleitet (z. B. Jes 8,6; 29,13; 30,12aβ; Ez 13,22; 22,19; 26,2), selten mit »So hat Jahwe gesprochen: Weil« (Jer 29,30); manchmal besteht er aus einem Weheruf (Mich 2,1–2; in Ez 13,18–19 und 34,2–6 geht noch die Botenformel voran), einmal aus einem Totenklagelied (Jes 1,21–23). Die Weissagung des Unheils wird normalerweise mit »Darum: So hat Jahwe gesprochen: Siehe« eingeleitet (Jer 23,15; 29,32; Mich 2,3; Ez 13,20; 26,3; 34,9–10) oder mit »Darum: Siehe« (z. B. Jes 8,7; 29,14; Ez 22,19; 25,4), selten nur mit »Darum« (Ez 13,23; Mich 3,12), mit »Darum: So hat Jahwe gesprochen« (Am 3,11; 7,17) oder mit »Siehe« (Jes 22,17; 30,13), ferner mit »Geschworen hat Jahwe« (Am 4,3; 8,7).

Der *Weheruf*, eingeleitet mit dem hebräischen Wort *hoj* (»wehe«), war Bestandteil der Leichenklage beim Begräbnis (1Kön 13,30; Jer 22,18; 34,5; hier gewöhnlich mit »Ach« übersetzt). Somit bringt er die Überzeugung der Profeten zum Ausdruck, daß die Angeredeten sich in der Sphäre des Todes befinden, bereits dem Tode verfallen sind. Der Weheruf wendet sich vor allem gegen die Oberschicht in Juda (z. B. Jes 5,8–13.18–22; 10,1–4; 29,15; 30,1–5; 31,1–3) und im Nordreich (Jes 28,1–4; Am 6,1–7), aber auch gegen einen König (Jer 22,13–14), gegen falsche Profeten (Ez 13,3–9) und gegen fremde Völker (Jes 10,5–15; vielleicht auch Hab 2,6b–13.15–17).

Der Sache nach dem Weheruf verwandt ist das *Totenklagelied (Leichenlied)*, das ebenfalls Bestandteil der Leichenklage beim Begräbnis war (2Sam 1,19–27; 3,33–34). Mehrfach stellen die Profeten das erwartete Schicksal einer politischen Größe in Form eines Totenklageliedes dar, das sehr oft mit dem hebräischen Wort *ek/ekā* (»wie«) beginnt und meistens die großartige Vergangenheit des Beklagten seinem traurigen Ende gegenüberstellt (Jes 1,21–23; 14,4b–21; Ez 19,1–9.10–14; 26,17–18; 27,1–36; 28,12–19; Am 5,1–2).

Der *Geschichtsrückblick* (Jes 9,7–20 mit 5,25–30; Am 4,6–11; 5,25–26; Hos 9,10–17; 10,1–11; Sach 7,11–14) dient den Profeten vor allem als Schuldaufweis, d. h. als Begründung ihrer Zukunftsansage. Die *Bildrede* (Ez 16,1–43; 23,1–27; 31,1–14), manchmal als abgewandelte Unheilsprofezeiung, verbindet den Geschichtsrückblick mit der Weissagung des Unheils.

Mit der *Klage* – sie kann in eine Unheilsankündigung übergehen (z. B. Jer 23,9–12) – bringt der Profet seine Trauer über die schlimmen Zustände der Gegenwart zum Ausdruck (Jes 24,7–12; Jer 8,18–23; 12,7–13 [hier klagt Jahwe]; Joël 1,15–20; Mich 7,1–7; Hab 1,2–4.12–17).

Gegenüber dem breiten Raum, den bei den Profeten vor dem Exil die Ankündigung des nicht mehr abwendbaren Unheils einnimmt, finden sich bei ihnen *Mahnworte,* die zum Rechttun und zur Umkehr auffordern, damit Jahwe seinen Unheilsbeschluß rückgängig macht, verhältnismäßig selten (Jer 3,12; 4,1; 9,22–23; 13,15–17; 21,11–12; Am 5,4–6.14–15; Zef 2,1–3); erst von der Zeit des Exils an werden sie zahlreicher (z. B. Jes 48,16b–19; 55,6–7; 56,1; Sach 7,8–10; 8,16–17; auch z. B. die Mahnworte Jes 8,19–20; 26,20–21; 31,6–7; Jer 7,3–6; 22,1–3 sind exilisch-nachexilisch).

Im *Disputationswort (Diskussionswort)* (z. B. Jes 40,12–

17.18–26.27–31; Ez 12,21–28; 33,23–29; Am 3,3–6.8; 9,7.8–10; Mal 1,2–3,21) – verwandt mit ihm ist das *Streitgespräch* (Mich 2,6–11; 6,2–8) – setzt der Profet sich mit dem Verhalten und den Zweifeln seiner Zeitgenossen auseinander und möchte ihnen seine Sicht der Dinge einleuchtend machen.

Dem Disputationswort nahe steht die *Gerichtsrede* (oder »Götterstreitgespräch«), die man bei Deuterojesaja (Jes 40–55) antrifft und worin der Profet sich mit anderen Völkern oder ihren Göttern auseinandersetzt und herausstellt, daß nur Jahwe wahrer Gott ist (z. B. Jes 41,1–7; 43,8–13; 44,6–9; 45,18–25).

Außerdem treffen wir im profetischen Schrifttum Gattungen an, die in der Lieddichtung – so der *Hymnus* (Jes 44,23; 49,13; Jer 31,7; Hos 12,6; Am 4,13; 5,8–9; 9,5–6; Mich 7,18–20; Nah 1,2–8), das *Danklied* (Jes 12,1–6; 61,10–11), das (verfremdete) *Liebeslied* (Jes 5,1–7), das *Klagelied des einzelnen* (Jer 15,10–12.15–18; 17,14–18; 18,19–23; 20,7–13), das *Volksklagelied* (Jes 26,7–18; 63,7–19; 64,1–11; Mich 7,14–17) – oder in der Weisheitsliteratur – so das *Weisheitswort* (Jes 3,10; 32,6–8; 33,14–16; Jer 17,5–8.9–10.11; Hos 8,7), der *Zahlenspruch* (Am 1,3–2,8), das *Lehrgedicht* (Jes 28,23–29) – beheimatet sind.

Aus der Masse der Verheißungen, der Heilsworte, läßt sich wohl nur das *Heilsorakel*, in dem Jahwe dem geschlagenen Israel Mut zuspricht, wobei jedesmal der Satz »Fürchte dich nicht« erscheint (Jes 10,24–27a; 41,8–13.14–16; 43,1–7; 44,1–5; 54,4–6; Jer 30,10–11), als wirklich klar erkennbare Gattung herausheben.

III.
Die einzelnen Profeten
(in chronologischer Reihenfolge)

1. Amos

a) Der Profet

Nach der Überschrift des Amosbuches (1,1) stammte Amos aus dem judäischen Ort Tekoa (8 km südlich von Betlehem), war Viehbesitzer - und Maulbeerfeigenzüchter (7,14–15) - und wirkte zur Zeit des Königs Jerobeam II. (787–747 v. Chr.), und zwar – wie sich aus 7,10–17 und aus seiner gesamten Verkündigung ergibt – im Nordreich Israel. Archäologisch festgestellte Spuren eines großen Erdbebens, das die Überschrift erwähnt, sind um 760 v. Chr. zu datieren.

Der Abschnitt 7,10–17 gibt uns über ein Detail aus dem Leben des Amos Aufschluß. Es handelt sich um einen Konflikt zwischen Amos und Amazja, dem Priester (wohl Oberpriester) am Heiligtum in Bet-El. Amazja macht dem König Jerobeam Mitteilung über das für Israel bedrohliche Reden des Amos (V. 10–11). Von einer Antwort des Königs erfahren wir nichts. Der Bericht läßt sofort Amazja und Amos aufeinandertreffen. Amazja befiehlt dem Amos, den er als »Seher« anredet, nach Juda zu gehen und dort seinen Lebensunterhalt durch profetische Tätigkeit zu erwerben (V. 12), aber Bet-El, das ein »Königsheiligtum« sei, also dem König unterstehe, zu verlassen (V. 13). Amos antwortet: »Ich bin kein Profet *(nābî')* und kein Profetensohn (d. h. Mitglied einer Profetenzunft), sondern ich bin Viehzüchter und Maulbeerfeigen-Ritzer« (V. 14). Obwohl der erste Halbvers auch die Übersetzung zuläßt: »Ich war kein Profet und kein Profetensohn (jetzt aber bin ich es)«, hat man ihn wie oben zu übersetzen, d. h. Amos bestreitet, sowohl ein »Profet« in dem Sinne, daß er sich seinen Lebensunterhalt durch profetische Tätigkeit verdienen muß, als auch ein »Profetensohn« zu sein.

b) Der Inhalt des Buches

Das Buch läßt sich in drei Teile gliedern: Kehrversgedicht gegen sechs Nachbarvölker und gegen Juda und Israel (1,3–2,16) – Einzelwort gegen Israel (3–6) – Visionszyklus (7–9) mit eingeschobenem Er-Bericht (7,10–17) und Einzelworten (8,4–10; 9,7–15).

Überschrift (1,1) – Spruch über die Gewalt der Stimme Jahwes (1,2) – Unheilsankündigungen über sieben Nachbarvölker und -staaten Israels, nämlich Damaskus (1,3–5), die Philister (1,6–8), Tyrus (1,9–10), Edom (1,11–12), Ammon (1,13–15), Moab (2,1–3) und Juda (2,4–5); hier erscheint regelmäßig der Satz: »Wegen dreier Verbrechen von X und wegen vierer nehme ich es nicht zurück, weil . . .«, der bedeutet, daß Jahwe »es« (die später folgende Strafankündigung) wegen dreier Verbrechen der Angeredeten und besonders wegen des vierten, das dann ausdrücklich genannt wird, nicht zurücknimmt (»gestaffelter Zahlenspruch«; Parallelen in Spr 30,15b–16.18–19.21–23.29–31) – Unheilsankündigung über Israel (2,6–16), wo nicht nur ein, sondern alle vier Verbrechen benannt werden (V. 6b–8).

Unheilsankündigung gegen Israel, das Jahwe, weil er es allein auserwählt hat, zur Rechenschaft ziehen wird (3,1–2) – Disputationswort (3,3–8), in dem Amos auf den – vorauszusetzenden – Einwand der Zuhörer, wieso sein Wort Jahwes Wort sei, antwortet, es gebe kein Geschehen, dem nicht ein anderes Geschehen vorausging (V. 3–6.8a; V. 7 ist ein Lehrsatz über den Profeten als den Vertrauten Jahwes), und so müsse er reden, wenn Jahwe es befiehlt (V. 8b) – Unheilsprofezeiung über die Oberschicht von Samaria (3,9–11) – Vergleichsspruch über Samaria, von dem so gut wie nichts übrigbleiben wird (3,12) – Unheilsprofezeiung gegen die reichen Frauen in Samaria (4,1–3) – ironische Aufforderung, Opfer darzubringen und Verbrechen zu begehen (4,4–5) – Geschichtsrückblick, der die Unbußfertigkeit Israels zeigt, mit Unheilsankündigung (4,6–12) – Hymnus auf Jahwe, ein Fragment (4,13) – Totenklagelied und Unheilsankündigung über Israel (5,1–3)

– Mahnwort, Jahwe zu suchen (5,4–6) – Weheruf über Leute, die das Recht beugen (5,7 und 10), darin eingeschaltet ein fragmentarischer Hymnus (5,8–9) – Unheilsprofezeiung gegen die Reichen (5,11–12) – Reflexionssatz über die »böse Zeit« (5,13) – Mahnwort, das Rechte zu tun (5,14–15) – Unheilsankündigung (5,16–17), vielleicht Fortsetzung von V. 11–12 – Weheruf über jene, die den »Tag Jahwes« herbeisehnen, weil er (nicht wie einst Jahwes Hilfe, sondern) Unheil bringt (5,18–20) – Unheilsprofezeiung, in der Jahwe den Kult Israels ablehnt und fordert, das Rechte zu tun, und die Verbannung ankündigt (5,21–24.27; V. 25 ist ein Geschichtsrückblick, V. 26 vielleicht seine Fortsetzung, aber textlich sehr schlecht überliefert) – Weheruf gegen die Reichen in Samaria (6,1–7) – Unheilsankündigung über Samaria (6,8) – Kurzerzählung über die Größe der Katastrophe (6,9–10) – Unheilsankündigung, wohl ein Fragment (6,11) – rhetorische Frage mit Anklage wegen der Verkehrung des Rechts (6,12) – Unheilsankündigung gegen Leute, die sich über Siege freuen (6,13–14).

Erste Vision: Amos sieht, wie ein Heuschreckenschwarm die Pflanzen des Landes aufzuzehren beginnt, und bittet Jahwe um Vergebung, der ihm willfährt (7,1–3) – zweite Vision: Amos sieht, wie ein Feuer (gemeint ist wohl die wabernde Luft des Hochsommers) das Ackerland verzehrt, und bittet Jahwe um Einhalt, der wiederum willfährt (7,4–6) – dritte Vision: Amos sieht Jahwe mit einem Bleilot und hört ihn sagen, daß er die Heiligtümer Israels zerstören und die Dynastie Jerobeams ausrotten will (7,7–9) – Bericht über den Konflikt zwischen Amos und Amazja, der damit endet, daß Amos eine Unheilsprofezeiung über Amazja, seine Familie und Israel ausspricht (7,10–17) – vierte Vision: Amos sieht einen Erntekorb (hebräisch *k^elub qajiṣ*) und hört Jahwe sagen: »Das Ende (hebräisch *qeṣ*) ist gekommen für mein Volk Israel« (8,1–3) – Unheilsprofezeiung gegen die Ausbeuter der Armen (8,4–8) – Unheilsankündigung Jahwes, daß er eine Sonnenfinsternis und Unheil über das Land bringt (8,9–10) – Unheilsankündigung, daß man nach dem Wort Jahwes hungert und dürstet, es

aber nicht findet (8,11–12) – Unheilsankündigung, daß die
Götzendiener(innen) vernichtet werden (8,13–14) – fünfte
Vision: Amos sieht, wie Jahwe auf einem Altar (vor einem
Tempel) steht und auf ein Säulenkapitell schlägt (oder – so der
Urtext – dem Profeten befiehlt, es zu tun), worauf er ankün-
digt, daß niemand (nämlich von den Israeliten) dem Unheil
entgeht (9,1–4) – Hymnus, ein Fragment (9,5–6) – Diskus-
sionswort, mit dem der Profet im Namen Jahwes das (auf seine
Erwählung pochende) Israel den Philistern und den Aramäern
gleichstellt, so daß Israel für Jahwe ein so fernes Volk wie die
Kuschiten (d. h. die Nubier, südlich von Ägypten) ist (9,7) –
Disputationswort, mit dem der Profet im Namen Jahwes (gegen den Vorwurf, daß ein totales Unheil Schuldige und Un-
schuldige gleichermaßen treffe) sagt, nur die Sünder würden
vernichtet (9,8–10) – Verheißung Jahwes, daß er das Großreich
Davids wiederaufrichtet (9,11–12) – Verheißung Jahwes einer
nie endenden Fruchtbarkeit in Israel (9,13–15).

c) Zum Werdegang des Buches

Ein Teil der im Amosbuch vereinigten Worte geht mit großer
Sicherheit nicht auf Amos zurück. Dazu gehören die Unheilsankündigungen über Tyrus (1,9–10), Edom (1,11–12) und Juda (2,4–5), die sich von den Unheilsankündigungen über Damaskus, die Philister, Ammon und Moab (1,3–5.6–8.13–15;
2,1–3) nicht nur formal abheben, sondern in denen es auch um
Staaten geht, die Amos schwerlich im Blick haben konnte:
Sein Heimatland Juda ist sonst nirgendwo Gegenstand seiner
Verkündigung (außerdem weist das deuteronomistische
Sprachgewand in die Zeit des Exils); Tyrus trat erst während
der beginnenden Exilszeit, als Gegnerin Nebukadnezzars, in
das Blickfeld Judas; und nur aus der Exilszeit sind die Anklagen gegen Edom verständlich.
Nicht von Amos stammen ferner die hymnischen Stücke 4,13;
5,8–9; 9,5–6, die vielleicht ursprünglich zusammengehörten
und zu denen vielleicht auch der Spruch über die Stimme Jahwes (1,2) zu rechnen ist.

Im Widerspruch zur sonstigen Botschaft des Amos steht die strahlende Verheißung, daß Jahwe das Großreich Davids wiederaufrichtet und daß er Israel eine noch nie dagewesene Fruchtbarkeit schenkt (9,11–15); sie dürfte das Werk Späterer sein.

Auf das Konto Späterer gehen auch der Satz über den Widerstand Israels gegen die Nasiräer und Profeten (2,12), der den Textzusammenhang unterbrechende Hinweis auf die Herausführung aus Ägypten (3,1b), der Lehrsatz über die Profeten (3,7), der Reflexionssatz über das Schweigen in böser Zeit (5,13), der Hinweis über die Verbannung (5,26), die Anrede an die Bewohner Jerusalems (6,1a*), die – unklare – Bemerkung über das »Haus Israel« (6,1bβ), der ironische Vergleich mit Nachbarvölkern (6,2), die Ankündigung eines Erdbebens und einer Sonnenfinsternis (8,7–10), die Unheilsankündigung über den Hunger und den Durst nach dem Wort Jahwes (8,11–12) und über den Untergang der Götzendiener (8,13–14).

Fraglich bleibt, ob der Geschichtsrückblick mit anschließender Unheilsankündigung (4,6–12) von Amos stammt oder nicht.

d) Zur Botschaft des Profeten

Vielfach wird die Aufforderung: »Sucht Jahwe, dann lebt ihr ...« (5,6) und »Sucht das Gute, nicht das Böse, dann lebt ihr ...« (5,14–15), die dem Volk Israel, sofern es umkehrt, eine Chance eröffnet, dem Amos abgesprochen, weil sie nicht zu einer Unheilsbotschaft zu passen scheint und weil sich die betreffenden Verse formal von ihrer Umgebung unterscheiden. Aber das sind keine zwingenden Gründe, jene Aufforderung einem »Schüler« des Amos oder einem Bearbeiter zuzuschreiben.

Außerdem muß man fragen, ob Amos mit seiner sonstigen Botschaft wirklich dem ganzen Volk die restlose Vernichtung ankündigen wollte, wie meistens behauptet wird. Denn die Botschaft des Amos setzt doch offensichtlich voraus, daß auch nach der Deportation Israels noch Klagelieder (8,3) und Totenklagelieder (5,16–17) angestimmt werden und daß, wenn ein Fremdvolk kommt und Israel bedrückt (6,13), noch Bedrückte übrig sind. Ferner besteht keine Notwendigkeit, das Disputationswort über das Unheil, das nur die Sünder treffen wird (9,8–10), dem Amos abzusprechen.

2. Hosea

a) Der Profet

Nach der Überschrift des Hoseabuches (1,1) hat Hosea während der Regierungszeit der judäischen Könige Usija (etwa 787–736 v. Chr.) bis Hiskija (etwa 725–697 v. Chr.) und des israelitischen Königs Jerobeam II. (787–747 v. Chr.) gewirkt. Diese Überschrift ist offensichtlich für judäische, nicht israelitische Leser bestimmt, denn die Regierungszeit der judäischen Könige (die auch in der Überschrift Jes 1,1 erscheinen) umfaßt einen längeren Zeitraum als die des Königs Jerobeam II. von Israel. Außerdem zeigt der Abschnit 5,8–8,14, daß Hosea während des syrisch-efraimitischen Krieges (733/732 v. Chr.) aufgetreten ist, und aus 13,9–11 darf man schließen, daß der letzte König Israels, Hoschea, bereits in assyrischer Gefangenschaft (724 v. Chr.) war. Nach 14,1 begann der Todeskampf der Hauptstadt Samaria, die 722 v. Chr. von den Assyrern erobert wurde. Da das Wort 1,4 der Dynastie Jehus, also auch Jerobeam II., dem vorletzten König aus dieser Dynastie, gilt und da Hoseas drittes Kind etwa fünf Jahre nach seiner Heirat geboren sein muß (1,3–9), läßt sich die Wirksamkeit Hoseas auf den Zeitraum von spätestens 752 v. Chr. bis 724 v. Chr. eingrenzen.

Zweifellos hat Hosea, wie sich aus seiner Verkündigung ergibt, im Nordreich Israel gewirkt. So nennt er am häufigsten die Hauptstadt Samaria (7,1; 8,5–6; 10,5.7; 14,1) und den Kultort Bet-El (5,8; 10,5; 12,5), nie aber Jerusalem oder sonst einen Ort in Juda.

b) Der Inhalt des Buches

Das Hoseabuch gliedert sich in drei Teile. Der Anfangsteil (1–3) gibt gleichsam das Thema des Buches an; hier wird das Verhältnis zwischen Jahwe und Israel im Bild der Ehe beschrieben und zeichenhaft an der Ehe Hoseas dargestellt. Der große Mittelteil (4–11) enthält die Worte Hoseas aus seiner Frühzeit (4,4–5,7; 4,1–3 ist programmatisches Vorwort), aus der Zeit des syrisch-efraimitischen Krieges (5,8–9,9) und aus der Zeit danach (9,10–11,11). Im Schlußteil (12–14) sind wahrscheinlich die letzten Worte Hoseas gesammelt. Dieser Aufbau wird dadurch unterstrichen, daß jeder der drei Teile mit einer Verheißung endet (3,5; 11,8–11; 14,2–9).

Überschrift (1,1) – zweite Überschrift (1,2a) – Fremdbericht über Zeichenhandlungen, die Hosea im Auftrag Jahwes vollzieht: Er heiratet eine »Hurenfrau« (damit ist wohl eine Frau gemeint, die an dem – in 4,13b–14 näher geschilderten – Brauch der Kanaanäer teilgenommen hatte, daß Mädchen sich im Tempelbereich fremden Männern hingaben, um durch das Opfer ihrer Jungfrauschaft ihre Fruchtbarkeit zu sichern) namens Gomer; den drei Kindern aus dieser Ehe gibt der Profet Symbolnamen (*Jesreel, Lo-Ruhama,* »Kein Erbarmen«, und *Lo-Ammi,* »Nicht mein Volk«), die Unheil für Israel ankündigen (1,2b–9) – Verheißung, in der die drei Namen auf ein zukünftiges Heil für Juda und Israel umgedeutet werden (2,1–3).

Spruchkomposition mit Redeformen des Rechts, in der Jahwe die Treulosigkeit des als seine Ehefrau dargestellten Israels anklagt, der Frau mit Strafe droht und ihr danach wieder eine Verlobung in Aussicht stellt (2,4–17) – Verheißungen, in denen Jahwe die Verbundenheit mit Israel, seiner Frau, Frieden für Israel und Erntesegen ankündigt (2,18–25).

Ich-Bericht über eine Zeichenhandlung, die Hosea im Auftrag Jahwes vollzieht: Er heiratet wieder eine Frau, die Ehebruch treibt, und hält sie lange Zeit zu Hause, wo er ihr den Verkehr mit anderen Männern unmöglich macht und sich auch selbst ihrer enthält (wahrscheinlich handelt es sich um die erneute Zuwendung Hoseas zu Gomer, die ihm untreu

geworden war); mit seiner ehelichen Enthaltsamkeit versinnbildlicht Hosea das kommende Schicksal Israels, das aller
staatlichen Macht und aller kultischen Tätigkeit beraubt sein
wird, danach aber zu Jahwe umkehrt (3,1–5).

Anklage des Profeten, worin er den Israeliten ihr Versagen im
mitmenschlichen Bereich vorwirft, und Unheilsankündigung, daß alles Lebendige vernichtet wird (4,1–3) – Komposition aus Worten gegen die Priester und das Volk, denen der
Profet (manchmal im Namen Jahwes sprechend, manchmal
im eigenen) ihre Vergehen im Gottesdienst vorwirft und darum Unheil ankündigt (4,4–19) – Komposition aus Worten gegen die Führenden und das Volk, denen der Profet (zunächst
im Namen Jahwes sprechend, dann im eigenen) Götzendienst
vorwirft und die Unmöglichkeit der Umkehr zu Jahwe ansagt
(5,1–7).

Erste Komposition aus Worten (fast durchgehend Jahwerede), die den syrisch-efraimitischen Krieg (733/732 v. Chr.)
zum Hintergrund haben (5,8–7,16): Beschreibung des Krieges, der Unheil zur Folge hat (5,8–11); Jahwe als der Urheber
des Krieges (5,12–14); Jahwes Geduld, die auf die Umkehr des
Volkes wartet, aber enttäuscht wird (5,15; 6,1–6); Anklage
wegen Gewalttat und Betrugs (6,7–11; 7,1–2) und des mehr-
fachen Königsmordes, womit auf die Ermordung des Königs
Pekach 733 v. Chr. angespielt und auf die Ermordung der Könige Secharja 747 v. Chr., Schallum 746 v. Chr. und Pekachja
735 v. Chr. zurückgeblickt wird (7,3–7); Klage, daß Israel sich
mit seiner Außenpolitik unter die Völker vermischt hat, und
Unheilsankündigung (7,8–12); Anklage, daß Israel sich, auch
wenn es in Gottesdiensten, die in Wahrheit Baals-Gottesdien-
ste sind, Jahwe bittet, gegen ihn auflehnt (7,13–16).

Zweite Komposition aus Worten (zunächst Jahwe-, dann
Profetenrede), die den syrisch-efraimitischen Krieg zum Hintergrund haben (8,1–14): Abweisung der Klage Israels (V. 1–
3); Anklage, daß Könige und Beamte gegen den Willen Jahwes
eingesetzt und Götzenbilder, vor allem das »Kalb Samarias«
(gemeint ist zweifellos das Stierbild in Bet-El, 1 Kön 12,26–32,

wie sich aus 10,5 ergibt) angefertigt wurden, deren Vernichtung Jahwe ankündigt (V. 4–6); zwei Weisheitsworte (die Ernte ist größer als die Aussaat, V. 7a, und ein dürrer Halm bringt kein Mehl, V. 7b) stellen die Verbindung zum folgenden her, nämlich zur Klage, daß Israel sich mit seiner Außenpolitik verunreinigt hat, was Unheil nach sich zieht (V. 8–10); Anklage, daß Israel trotz seiner vielen Gottesdienste den Willen Jahwes mißachtet, weshalb es nach Ägypten zurückgeführt wird (V. 11–13); Unheilsankündigung gegen Israel und Juda wegen ihrer Pracht- und Festungsbauten (V. 14).

Profetenrede mit der Anklage, daß Israels Gottesdienste in Wirklichkeit den kanaanäischen Fruchtbarkeitsgott Baal und nicht Jahwe gelten, und der Ankündigung der Deportation (9,1–6) und mit einer allgemeinen Unheilsankündigung, weil Israel den Profeten feindselig behandelt (9,7–9) – Geschichtsrückblick auf das Verschulden Israels in seiner Frühzeit und Unheilsankündigung (9,10–17); die Jahwe-Rede (V. 10–13.15–16) wechselt mit einem Gebet (V. 14) und der Zustimmung des Profeten zu Jahwes Entschluß (V. 17) – Geschichtsrückblick mit Unheilsankündigung, und zwar in Form einer Lehrrede über die Themen »Altäre«, »König« und »Kalb« (gemeint ist, wie in 8,5–6, das Stierbild in Bet-El) (10,1–8) – Jahwerede (10,9–15), bestehend aus einem Geschichtsrückblick mit Unheilsankündigung (V. 9–10), einem klagenden Bericht über den Ungehorsam des anfangs gehorsamen Volkes (V. 11–13a) und einer Unheilsankündigung (V. 13b–15).

Komposition aus zwei Jahweworten, in deren erstem Jahwe über die ständige Ablehnung seiner Heilstaten durch Israel, das er wie ein Vater behandelte, klagt und Unheil, nämlich die Rückkehr Israels nach Ägypten, ankündigt (11,1–6), während er im zweiten, das der Profet wohl später im Rückblick auf V. 1–6 formulierte, nach der Klage über den Abfall Israels sein Mitleid und Erbarmen mit Israel schildert, das in der Rückkehr Israels aus Ägypten, also einem totalen Neuanfang des geläuterten Israels, sichtbar wird (11,7–9.11; V. 10 ist nicht Jahwe-, sondern Profetenrede).

Komposition aus Worten (Jahwe- und Profetenrede), in deren Mittelpunkt Jakob, der Ahnherr Israels, steht (12,1–15): Anklage Israels, weil es Jahwe mit seiner Außenpolitik, die nicht auf ihn, Jahwe, vertraut, betrogen hat (V. 1–2); Bericht über Jakob, den Jahwe bestrafen mußte, der seinen Bruder betrog und vergeblich mit Gott kämpfte (der Text von V. 5a ist teilweise verderbt) und die Zusage Gottes erhielt, daß er (in die Heimat) zurückkehren darf, wenn er Gott dient (V. 3–5.7; V. 6 ist eine Hymnenformel); Anklage Israels, weil es mit betrügerischem Handel die menschliche Gemeinschaft zerstört (V. 8–9); Ankündigung Jahwes, daß er Israel in die Wüste – als Ort der Armut und zugleich des Neubeginns – zurückführt (V. 10); Anklage Israels, das, obwohl durch Profeten gewarnt, Götzendienst treibt (V. 11–12); Bericht über Jakob, der nach Aram floh und seiner Frau wegen Knecht wurde (damit spielt der Profet vielleicht auf die Sexualriten des kanaanäischen Kultes an), dessen Nachkommen, Israel, jedoch ein Profet, nämlich Mose, aus Ägypten herausführte (V. 13–14); anklagende Unheilsankündigung über Israel (V. 15).

Komposition aus Jahweworten, deren Thema »letzte Abrechnung« genannt werden kann (13,1–14,10): Unheilsankündigung über Israel, das sich mit seinem Götzendienst in den Bereich des Todes gebracht hat (13,1–3) und das Jahwe, seinen Helfer, vergaß, weswegen Jahwe für es zum feindseligen Raubtier wird (13,4–8); Unheilsankündigung gegen Israel, dessen vermeintlichen Helfer, das Königtum, Jahwe schon vernichtet hat (13,9–11); Unheilsankündigung über Israel (und Samaria), gegen das, weil es seine Chance vertan hat, Jahwe den Tod und den sengenden Ostwind herbeiruft (13,12–15; 14,1); – Mahnwort des Profeten an Israel zur Umkehr (14,2–4) und Verheißung Jahwes für Israel (14,5–9); – Reflexionssatz, d.h. Aufforderung an den Leser, im profetischen Wort den Willen Jahwes zu erkennen (14,10).

c) Zum Werdegang des Buches

Das Hoseabuch ist – anders als die sonstigen Profetenbücher des Alten Testaments – nicht eine Sammlung verhältnismäßig lose zusammengestellter Einzelworte, sondern ein Gefüge mehrerer sorgfältig ausgearbeiteter und aufeinander abgestimmter Kompositionen, in denen »Schüler« die Worte des Profeten verdichtet und thematisch gruppiert haben, so daß sich die ursprüngliche Gestalt der einzelnen Worte und die Situation, aus der sie stammen, kaum noch erkennen läßt. Dementsprechend fehlen Einleitungs- und Abschlußformeln, die für die meisten Profetenbücher charakteristisch sind, fast völlig, und dementsprechend unterscheiden sich die Formen der Hoseaworte von denen der Worte anderer Profeten.

Später hat man in das Hoseabuch Passagen eingefügt, die das Südreich Juda (das Hosea als Beteiligten am syrisch-efraimitischen Krieg erwähnt: 5,10.12–14; 6,4) in die Botschaft des Profeten einbeziehen (1,7; 2,1–3; 4,15; 5,5bβ; 6,11a; 8,14; 10,11*; 12,1b.3*; ferner 3,5* David). Später eingefügt wurden auch die Hinweise auf den Baal (2,10bβ), auf Profeten (4,5aβ), auf Israels Unzucht (6,10b), auf Israels Weigerung zur Umkehr (7,10), auf das Haus Jahwes (9,4bβ), auf die Heimkehr der Israeliten aus dem Westen (11,10), auf Lüge und Unterdrückung in Israel (12,2aβ), die Hymnenformel (12,6) und der abschließende Reflexionssatz (14,10).

Umstritten ist, ob das Mahnwort 14,2–4 und die Verheißungen 14,5–9 und vor allem 2,18–25 von Hosea stammen.

d) Zur Botschaft des Profeten

Die Botschaft Hoseas kreist um das Thema des »Ehebruchs«, der Treulosigkeit Israels, die in der Verletzung der mitmenschlichen Gebote (4,1–2) und vor allem in der Hinwendung zu den Fruchtbarkeitsriten des Baalskultes (z. B. 4,10–19; 9,1) zum Ausdruck kommt, weshalb Hosea den Untergang des Nordreichs ankündigt, und um das Thema der Liebe Jahwes zu Israel, verglichen mit der Liebe eines Gemahls zur Gemahlin (2,4–15) und mit der erbarmenden Liebe eines Vaters zu seinem Kind, die in der Rückkehr des geläuterten Israels aus Ägypten, wohin es verbannt werden soll, sichtbar wird (11,1–9.11).

3. Jesaja (Jes 1–39)

a) Der Profet

Um den Profeten Jesaja aus dem 8. Jahrhundert v. Chr. geht es nur in den Kapiteln 1–39 des Jesajabuches; die übrigen Teile (Kapitel 40–55 und 56–66) stammen aus einer sehr viel späteren Zeit.

Nach der Überschrift des Jesajabuches (1,1) wirkte Jesaja, der Sohn des Amoz (nicht zu verwechseln mit dem Profeten Amos), zur Zeit der judäischen Könige Usija (etwa 787–736 v. Chr.), Jotam (etwa 756–741 v. Chr.), Ahas (etwa 741–725 v. Chr.) und Hiskija (etwa 725–697 v. Chr.), was durch andere Angaben des Buches bestätigt wird. Jesaja wurde im Todesjahr Usijas berufen (6,1), nahm Stellung zur Politik Judas beim syrisch-efraimitischen Krieg im Jahre 733/732 v. Chr. (7,1–17) und vor allem zur Politik Judas während der Aufstandsbewegungen gegen die Assyrer in den Jahren 713–711 v. Chr. (z. B. 20,1–5) und 705–701 v. Chr. (z. B. 30,1–5; 31,1–3); die spätesten Worte Jesajas (1,4–9 und 22,1–14) fallen in die Zeit kurz nach der gerade noch glimpflich verlaufenen Belagerung Jerusalems durch die Assyrer (701 v. Chr.).

Jesaja war verheiratet – seine Frau wird als »Profetin« bezeichnet (8,3), womit vielleicht ein profetisches Amt gemeint ist – und hatte zumindest zwei Söhne, Schear-Jaschub (7,3) und Maher-Schalal-Hasch-Bas (Raubebald-Eilebeute) (8,1–3), was beides symbolische Namen sind.

Aus der Tatsache, daß Jesaja Zugang zum König (7,3; 39,1–8*) und zu höheren Beamten (8,2; 22,15–18) hatte, und aus der großen Rolle, die Jerusalem in seiner Verkündigung spielt, darf man schließen, daß er vornehmer Herkunft und Jerusalemer war.

b) Der Inhalt des Buches

Der Komplex Jes 1–39 läßt sich in sechs Abschnitte gliedern: überwiegend Unheilsworte gegen Juda und Jerusalem (1–12) – überwiegend Unheilsworte gegen Fremdvölker (13–23) – die sog. »Jesaja-Apokalypse« (24–27) – Unheilsworte gegen Jerusalem (28–31) – überwiegend Heilsworte für Juda (32–35) – geschichtlicher Anhang (36–39; weitgehend identisch mit 2Kön 18,13–20,19).

Überschrift (1,1) – Gerichtsrede (gegen Juda) (1,2–3) – Weheruf und Schilderung der traurigen Lage Judas und Jerusalems (1,4–9) – Auskunft des Profeten im Namen Jahwes an die Führenden und das Volk über Jahwes Ablehnung von Opfern und Mahnung zum Rechttun (1,10–17) – Gerichtsrede (1,18–20) – Unheilsprofezeiung über die Führenden Jerusalems (1,21–26; der erste Teil, V. 21–23, ist als Totenklagelied formuliert) – Verheißung für Jerusalem (1,27–28) – Unheilsankündigung wegen heidnischer Kultbräuche (1,29–31) – Überschrift (2,1) – Verheißung der Völkerwallfahrt zum Zion (2,2–5; V. 2–4 ist fast identisch mit Mich 4,1–3) – Unheilsankündigung, daß wegen des Götzendienstes der »Tag Jahwes« kommt (2,6–22) – Unheilsankündigung der Anarchie für Jerusalem und Juda (3,1–9a) mit Weheruf und Weisheitswort über Gerechte und Ungerechte (3,9b–11) – Klage Jahwes um sein Volk (3,12) – Gerichtsrede (3,13–15) – Unheilsprofezeiung über die Frauen Jerusalems (3,16–24) – Unheilsankündigung an Jerusalem (3,25–26; 4,1) – Verheißung (4,2–6) – Unheilsankündigung, deren erster Teil als Liebeslied stilisiert ist (5,1–7) – Weherufe mit Unheilsankündigungen über Angehörige der Oberschicht (Judas) (5,8–24) – Geschichtsrückblick (5,25) und Unheilsankündigung (5,26–30), beides ursprünglich wohl Fortsetzung von 9,7–20.

Visionsbericht Jesajas über seine Berufung (6,1–13) mit dem »Verstockungsauftrag« (V. 9–10), den Jesaja wohl im Rückblick auf das negative Ergebnis seiner Botschaft formulierte – Bericht über die Begegnung Jesajas mit König Ahas während des syrisch-efraimitischen Krieges (733/732 v. Chr.) (7,1–17), darin die Ankündigung des Immanuel (es gelingt nicht, ihn und seine Mutter zu identifizieren), die auf eine Unheilsankündigung für den König und sein Volk hinausläuft – Unheilsankündigungen (über Juda) (7,18–21.22b–25) mit Verheißung (V. 22a) – Bericht Jesajas über eine Zeichenhandlung und die Namengebung eines Sohnes, die den Fall der Hauptstädte Damaskus und Samaria versinnbildlicht (8,1–4) – Unheilsprofezeiung über Juda (8,5–8) – Aufforderung an die Völker zum Kampf (gegen Juda), der vergeblich sein wird (8,9–10) – Mahnwort (als Bericht Jesajas eingeleitet), nicht der allgemeinen Panikstimmung zu verfallen, und Unheilsankündigung über das Nord- und Südreich (8,11–15) – Vertrauensäußerung Jesajas (8,16–18) – Mahnwort, sich an die »Weisung« (d. h. an nicht näher bestimmbare Schriften) zu halten, statt Hilfe bei Totengeistern zu suchen (8,19–20) – Fragment einer Unheilsankündigung (8,21–23aα) – Verheißung für Teile des Nordreichs (8,23aβb) – Verheißung eines Heilsherrschers (oder Danklied) (9,1–6) – Geschichtsrückblick auf das strafende Handeln Jahwes am Nordreich (9,7–20; ursprünglich wohl fortgesetzt in 5,25–30).

Weheruf über Angehörige der Oberschicht (Judas) (10,1–4) – Weheruf über Assur, das den ihm von Jahwe gegebenen Auftrag, ein »gottloses Volk« (gemeint ist wohl das Nordreich) zu bekämpfen, überschreitet (10,5–15) – Unheilsankündigung über ein nicht bezeichnetes Land (10,16–19) – Verheißung für den (kleinen) »Rest Israels« (10,20–23) – Heilsorakel für Jerusalem (10,24–27a) – Schilderung eines Überraschungsangriffs der Assyrer gegen Jerusalem (10,27b–32) mit Unheilsankündigung über nicht Genannte (10,33–34) – Verheißung eines Heilsherrschers (11,1–5), des Friedens in der Tierwelt (11,6–8), der allgemeinen »Erkenntnis Jahwes« (11,9) und der Hinwendung der Völker zum Zion (11,10) – Verheißung: Heimkehr der Verbannten, Ende der Feindschaft zwischen Nord- und Südreich, Unterwerfung der Nachbarvölker, Bau einer Straße für die Heimkehrer (11,11–16) – Dank- und Loblied wegen der Hilfe Jahwes und seiner Machterweise (12,1–6).

Unheilsankündigung des »Tages Jahwes« für Babel (13,1–22): Einleitung (V.1), Schilderung, wie Jahwe sein Heer mustert (V. 2–5), (ironischer) Aufruf zur Wehklage (V. 6–8), Beschreibung des »Tages Jahwes« als Weltgericht, das von kosmischen Erscheinungen begleitet wird (V. 9–16), Ankündigung Jahwes, daß er die Meder (es sind wohl die Perser gemeint) heranführt (V. 17–18), Schilderung des Untergangs Babels (V. 19–22) – Verheißung für Israel, das in die Heimat zurückkehrt, dem sich Fremde anschließen und das andere Völker zu Sklaven macht (14,1–2) – Spottlied, mit den Elementen eines Totenklageliedes, auf den Untergang eines Weltherrschers (vielleicht ist Nebukadnezzar gemeint) (14,3–21): Einleitung (V. 3–4a) und Bericht über das Ende des Zwingherrn und das Aufatmen der ganzen Erde (V. 4b–8), über seinen Empfang und sein Geschick im Totenreich (V. 9–11), wie er, der den Himmel stürmen wollte und mit einem Stern verglichen wird, ins Totenreich stürzt (V. 12–15), wie Menschen staunend an der Leiche des einst so stolzen Herrschers stehen (V.16–17) und wie er nach dem Tode ein schmachvolles Schicksal hat (V. 18–20); Aufforderung, die Söhne des Herrschers zu schlachten (V. 21) – Unheilsankündigung über Babel (14,22–23).

Unheilsankündigung über Assur (14,24–27) – Aufruf an die Philister zur Volksklage, weil der Nachfolger eines toten Gewaltherrschers (gemeint ist wohl der Assyrerkönig Tiglat-Pileser III.) noch größere Not über die Philister bringen wird, und Jesajas Antwort an die Boten der Philister, daß Jahwe selbst Jerusalem schützt (anscheinend wollten die Philister eine Koalition gegen die Assyrer bilden) (14,28–32).

Worte über Moab (15,1–16,14): Überschrift (15,1a), zwei Klagen über Moab (15,1b–4 und 5–8), Unheilsankündigung über den Ort Dimon (15,9), Aufforderung an Moab, Boten nach Jerusalem zu senden, und Jerusalems Antwort (16,1–5), Reflexion über Moabs Geschick (16,6–7), Klage über Moab (16,8–11), zwei Unheilsankündigungen über Moab (16,12 und 13–14).

Unheilsankündigung über Damaskus (17,1–3) und über das Nordreich (17,4–6) nebst Ankündigung der allgemeinen Umkehr zu Jahwe (17,7–8) – Unheilsankündigung (vielleicht über das Gebiet des Nordreichs) (17,9) und Unheilsankündigung gegen ein weibliches Wesen (wohl Jerusalem), das Pflanzungen für einen Götzen anlegt (17,10–11) – Ankündigung des Untergangs eines Völkerheeres (17,12–14) – Weheruf und Unheilsankündigung über Kusch (ein Reich südlich Ägyptens, das zeitweilig Ägypten beherrschte) (18,1–6) – Verheißung, daß die Kuschiten (stellvertretend für alle Völker) Geschenke nach Jerusalem bringen (18,7).

Unheilsankündigung über Ägypten (19,1–15): innere Wirren in Ägypten (V. 1–4), Versiegen des Nils (V. 5–10), Torheit der Ratgeber des Pharaos (V. 11–15) – Ankündigung, daß Ägypten, durch den Ratschluß Jahwes erschreckt, zum Teil (fünf Städte) die »Sprache Kanaans« (wohl das Hebräische) lernt, sich zu Jahwe hinwendet, gemeinsam mit Assur den Jahwekult pflegt und im Bunde mit Israel und Assur ein Segen inmitten der Erde ist (19,16–25) – Bericht über eine Zeichenhandlung: Jesaja geht drei Jahre lang nackt (oder leichtbekleidet) und barfuß einher und versinnbildlicht damit die Deportation der Ägypter und Kuschiten durch die Assyrer (20,1–6) – Bericht (sehr unanschaulich und dunkel) des Profeten über Visionen und Auditionen, in denen es um den Untergang Babels geht (21,1–10) – Bericht des Profeten über eine Audition, nämlich eine Anfrage aus Seïr (d. h. Edom; daneben nennt der Text die Oase Duma in Arabien), und die Antwort, daß sich ein Umschwung abzeichnet (21,11–12) – Aufforderung an Dedan, sich in Sicherheit zu bringen, und an Tema, jenem beizustehen (es handelt sich um zwei Oasen in Arabien) (21,13–15) – Unheilsankündigung über Kedar (Oase in Arabien) (21,16–17).

Anklage gegen Jerusalem und seine Bewohner, die trotz einer gerade noch überstandenen Belagerung fröhlich feiern, aber nicht auf Jahwe schauen, mit abschließender Unheilsankündigung (22,1–14) – Unheilsprofezeiung gegen den »Hofmeister« Schebna wegen des Baus einer prachtvollen Grabanlage (den Grund für diesen Vorwurf kennen wir nicht) (22,15–19) – Ankündigung Jahwes, daß er den Eljakim zum Nachfolger Schebnas beruft (22,20–23), daß aber die Sippe Eljakims, die von seinem Amt profitieren will, ihm zum Verhängnis wird (22,24–25) – Wort über den Untergang der Handelsstadt Tyrus (23,1–14; mit »Sidon« in V. 2 und 12 ist wohl Phönizien gemeint), als Aufruf zur Klage (V. 1–7.12–14) und Reflexion über das Handeln Jahwes (V. 8–11) stilisiert – Vergleich der Stadt Tyrus mit einer in einem Spottlied dargestellten vergessenen Dirne (23,15–16) – Ankündigung, daß Tyrus wieder zu Reichtum kommt, den allerdings Israel erhält (23,17–18). Unheilsankündigung, daß Jahwe die Erde verwüstet und daß die Erde wegen der Frevel ihrer Bewohner verdorrt (24,1–6) – Klage über das Aufhören der Freude und über die Zerstörung einer (nicht identifizierbaren) Stadt (24,7–12) – Vergleich des endzeitlichen Restes mit der Nachlese (24,13) – weltweiter Jubel einer Gruppe (wohl der jüdischen Diaspora) (24,14–16aα), worauf ein einzelner mit der Klage über die weltweite Erschütterung antwortet (24,16aβ–20) – Ankündigung, daß Jahwe den endgültigen Sieg über die irdischen und kosmischen Mächte erringt (24,21–23) – Danklied, an Jahwe gerichtet, wegen der Zerstörung einer (nicht identifizierbaren) Stadt und wegen der Hilfe für die Geringen (25,1–5) – Verheißung, daß Jahwe auf dem Berg (nämlich dem Zion) für alle Völker ein Mahl zubereitet, die Trauer wegnimmt und den Tod vernichtet (25,6–8) – Danklied auf dem Zion (25,9–10a) – Unheilsankündigung über und gegen Moab (25,10b–12) – Lobpreis auf eine Stadt (nämlich Jerusalem) und auf Jahwe wegen der Hilfe für sein Volk und wegen der Zerstörung einer (nicht identifizierbaren) Stadt (26,1–6) – Klagelied, das auf die Bitte um Vernichtung der Feinde, den Ausdruck der Erhörungsgewißheit und die Klage über Israels Not hinausläuft (26,7–18), anschließend die Verheißung der Auferstehung der Toten (26,19) und ein Mahnwort an Israel, sich während des bevorstehenden Unheils, das Jahwe über die Erde bringt, in den

Häusern zu verbergen (26,20–21) – Ankündigung, daß Jahwe das Urwelt(-Chaos)-Ungeheuer, das in dreifacher Gestalt erscheint, besiegen wird (gedacht ist sicherlich an die Abrechnung Jahwes mit einer Weltmacht oder mit mehreren; wir wissen aber nicht, welcher oder welchen) (27,1) – Verheißung Jahwes für Israel, seinen Weinberg (27,2–5) – Verheißung für Israel, dessen Schuld vergeben ist (27,6–9) – Beschreibung des trostlosen Schicksals einer Stadt (vielleicht ist Samaria gemeint) (27,10–11) – Verheißung der Heimkehr Israels aus der Fremde (27,12–13).

Weheruf und Unheilsankündigung über »die prächtige Krone der Trunkenen von Efraim« (d.h. die Stadt Samaria) (28,1–4) und Verheißung für den »Rest« des Volkes (28,5–6) – Unheilsankündigung über die trunkenen Priester und Profeten (28,7–13) – Unheilsprofezeiung gegen die Führenden Jerusalems, die sich wegen götzendienerischer Praktiken sicher fühlen, obwohl ihnen Sicherheit allein durch einen »Eckstein« (d.h. den Glauben, der Jahwes Heilszusage ernst nimmt) angeboten wird (28,14–22) – Lehrgedicht (Doppelgleichnis), das Jahwes wunderbares und manchmal willkürlich erscheinendes Handeln mit dem eines Bauern vergleicht, das der jeweiligen Situation entspricht (28,23–29) – Weheruf über Ariel (d.h. Jerusalem) (29,1–5bα) mit der Verheißung, daß der Angriff der Völker gegen Ariel mißlingt (29,5bβ–8) – Unheilsankündigung, eingeleitet mit einer (ironischen) Aufforderung, gegen Priester und Profeten (29,9–10) und als Kommentar dazu eine Reflexion, daß man ein »Buch« nicht zur Kenntnis nehmen will (29,11–12) – Unheilsprofezeiung über das Volk (nämlich von Juda), das Jahwe nur äußerlich dient (29,13–14) – Weheruf über Leute, die ihre (wohl politischen) Pläne im Verborgenen schmieden (29,15) und Anklage gegen sie im Bild vom Töpfer und Ton (29,16) – Verheißung des großen Umbruchs in der Natur und in der Menschenwelt und der Hinwendung Israels zu Jahwe (29,17–24).

Weheruf mit Unheilsankündigung gegen die (judäischen) Politiker, die im Bündnis mit Ägypten Schutz suchen (30,1–5) –

Schilderung eines Karawanenzuges, der Schätze nach Ägypten bringt, das aber nicht helfen kann (30,6–7) – Aufforderung (nämlich Jahwes an den Profeten), etwas (offensichtlich eine Unheilsbotschaft) niederzuschreiben, weil das Volk Jahwe nicht gehorcht (30,8–11) – Unheilsprofezeiung über Leute, die Jahwes Wort verwerfen, mit dem Bild einer einstürzenden Mauer und zerschlagenen Geschirrs (30,12–14) – Unheilsankündigung gegen Leute, die nicht auf Jahwe, sondern auf ihr militärisches Potential vertrauen (30,15–17) – Verheißung, die vor allem reiche Fruchtbarkeit des Ackers und des Viehs für Israel ankündigt (30,18–26) – Ankündigung des Kommens Jahwes (Theophanieschilderung) zum Gericht über Assur im Bild eines Opferfestes, mit Verheißung für Israel (30,27–33). Weheruf über die (judäischen) Politiker, die auf ein Bündnis mit Ägypten, nicht aber auf Jahwe vertrauen (31,1–3) – Verheißung, die Jahwes Schutz für Jerusalem und den Untergang Assurs ankündigt (31,4–9), darin Mahnung zur Umkehr (V. 6–7) – Verheißung, die das Kommen eines gerechten Herrschers ankündigt, das sich zum Guten auf die Natur und die Menschen auswirkt (32,1–5), mit Weisheitswort über den »Narren« (»Betrüger«) und den »Edlen« (32,6–8) – Aufforderung an Frauen zur Klage wegen der Zerstörung einer Stadt (gemeint ist wohl Jerusalem) (32,9–14) – Verheißung, die das Ausgießen des Geistes, Umwandlung der Natur, Gerechtigkeit und Frieden ankündigt (32,15–20), darin eine (wohl nachträglich eingefügte) Unheilsankündigung (V. 19).
Weheruf gegen einen »Verwüster«, Bitte an Jahwe um Hilfe, Wort über »die Völker« (sehr dunkel), Lobpreis Jahwes und Verheißung für Israel (33,1–6) – Klage über eine Notsituation (33,7–9), Jahwes Verheißung der Hilfe (für Israel) (33,10–13) und (anklagendes) Weisheitswort über das Heil für die Gerechten (33,14–16) – Verheißung an Israel, daß die Königsherrschaft Jahwes offenbar wird (33,17–24), darin ein Fragment, das den Untergang von Schiffen zum Gegenstand hat (V. 21aβb.23) – Unheilsankündigung (34,1–17), die, nach einem Aufruf an die Völker (V. 1), Jahwes universales Gericht

(V. 2–4) und sein Gericht an Edom schildert (V. 5–17), darin die Aufforderung, im »Buch Jahwes« (gemeint ist wohl das Jesajabuch) nachzulesen (V. 16a) – Verheißung des großen Umschwungs in der Natur und in der Menschenwelt und der wunderbaren Heimkehr der Verbannten zum Zion (35,1–10). Geschichtlicher Anhang (36–39; weitgehend identisch mit 2 Kön 18,17–20,19): Errettung Jerusalems vor Sanherib von Assyrien (36–37); Hiskijas Krankheit und Genesung (38,1– 8.21–22 mit Hiskijas Danklied V. 9–20); Gesandtschaft aus Babylon an Hiskija (39).

c) Zum Werdegang des Buches und zur Botschaft des
   Profeten

In der Forschung herrscht Einigkeit, daß man einen Großteil der in Jes 1–35 gesammelten Texte dem Profeten Jesaja abzusprechen hat. Dazu gehören als größere Einheiten das Dank- und Loblied wegen der Hilfe Jahwes (12); die Ankündigung des »Tages Jahwes« für Babel (13); das Spottlied auf den Untergang des Weltherrschers (14,3–21); die Unheilsankündigung über Babel (14,22–23); die Worte über Moab (15–16); der Visions- und Auditionsbericht über den Untergang Babels und die Worte über Seïr und Orte in Arabien (21); die Worte über Tyrus (23); die »Jesaja-Apokalypse« (24–27), ein vielschichtiger Komplex, dessen Grundbestand wohl in der ersten Hälfte des 5. Jahrhunderts v. Chr. anzusetzen ist; die im Schlußabschnitt von Jes 1–35 vereinigten Texte (32–35).
Kleinere Passagen, die ebenfalls nicht das Werk Jesajas sind, liegen vor in einer Reihe von Verheißungen für Israel (1,27–28; 2,1–5; 4,2–6; 6,12–13; 10,20–23.24–27a; 11,10–16; 14,1–2; 18,7; 28,5–6; 29,5bβ–8.17–24; 30,18–26).
Läßt man Einzelstücke oder -verse, die darüber hinaus mit großer Wahrscheinlichkeit nicht von Jesaja stammen (2,10– 11.20–22; 3,9b–11.18–23; 5,15–16.30; 7,21–25; 8,19–20.23; 10,4.10–12.16–19; 14,30; 17,2.7–9; 18,3; 19,5–10.15; 20,6; 22,19–25; 28,22; 29,11–12; 31,6–7), beiseite, so tritt uns im verbleibenden Rest des Textbestandes der Profet Jesaja mit einer

zwiespältigen Botschaft entgegen. Denn einerseits ist es eine Unheilsbotschaft, die sich gegen das ganze Volk von Juda und Jerusalem (so in dem »Verstockungsauftrag« 6,10 und z. B. in 3,1–9a; 5,1–7) und, als schließlich nur noch Jerusalem übrig bleibt, gegen die Jerusalemer (22,1–14) zu richten scheint, sich aber oft nur gegen die Führenden wegen der Ausbeutung der Schwachen und wegen ihrer verfehlten Politik richtet (z. B. 5,8–14.17–24; 10,1–3; 28,14–21; 30,1–5; 31,1–3) und die einmal ausdrücklich Partei für die Unterdrückten im Gegensatz zu den Führenden ergreift (1,21–26). Andrerseits enthält diese Botschaft den (anklagenden) Aufruf zur Umkehr (1,10–20) und erwartet in den »messianischen Weissagungen« 9,1–6 (wenn es sich nicht um ein rückblickendes und schon darum nicht von Jesaja stammendes Danklied handelt) und 11,1–5 einen Heilsherrscher und in 8,9–10; 14,24–27; 17,12–14; 30,27–33; 31,4–5.8–9 das Scheitern des Angriffs der Assyrer auf Jerusalem. Da zumindest der letzte Komplex sich nur mühsam in die Unheilsbotschaft Jesajas einfügen läßt, sprechen ihn viele Ausleger wahrscheinlich zu Recht dem Jesaja ab, und auch darf bezweifelt werden, daß er (9,1–6 und) 11,1–5 verfaßt hat, während der Aufruf zur Umkehr durchaus im Rahmen einer Unheilsbotschaft denkbar ist.

4. Micha

a) Der Profet

Nach der Überschrift des Michabuches (1,1) stammte Micha, der im Urtext hier und in Jer 26,18 als »der Moreschetiter« bezeichnet wird, aus dem im Alten Testament nur 1,14 erwähnten Ort Moreschet-Gat (wahrscheinlich im westjudäischen Hügelland, etwa 35 km südwestlich von Jerusalem) und wirkte zur Zeit der judäischen Könige Jotam (etwa 756–741 v. Chr.), Ahas (etwa 741–725 v. Chr.) und Hiskija (etwa 725–697 v. Chr.). Ob und wie weit die Dauer der Wirksamkeit des Profeten innerhalb dieses langen Zeitraums einzugrenzen ist, wissen wir nicht. Da Micha in 1,6 die Zerstörung der im Jahre 722 v. Chr. von den Assyrern eroberten – und wohl nicht zerstörten – Stadt Samaria ankündigt, muß dieses Wort *vor* 722 v. Chr. entstanden sein. Michas Wirken zur Zeit des Königs Hiskija wird durch Jer 26,18 bestätigt. Aus 3,9–12 geht hervor, daß er auf jeden Fall in Jerusalem aufgetreten ist.

b) Der Inhalt des Buches

Das Kompositionsschema des Michabuches scheint ein dreiteiliges zu sein, in dem jeweils auf Unheilsworte, mit »Hört« eingeleitet (1,2; 3,1; 6,1) Heilsworte folgen: Unheilsworte (1,2–2,11), Heilswort (2,12–13) – Unheilsworte (3,1–12), Heilsworte (4,1–5,14) – Unheilsworte (6,1–7,7), Heilsworte (7,8–20).

Überschrift (1,1) – Gerichtswort (1,2–7), in dem der Profet alle Völker zum Hören auffordert, sie als Angeklagte Jahwes hinstellt, Jahwes Kommen – zum Gericht – schildert (Theophanieschilderung) und dies mit der Schuld Israels und Judas begründet (V. 2–5) und Jahwe die Zerstörung Samarias ankündigt (V. 6–7) – Aufruf zur Untergangsklage (1,8–16), bestehend aus der Klage des Profeten über den Untergang Judas und Jerusalems (V. 8–9) und seiner Anrede an einzelne Ortschaften Judas mit Wortspielen, die im Deutschen kaum nachzuahmen sind (es handelt sich um einen Abschnitt, der wohl die größte Textverderbnis des Alten Testaments aufweist (V. 10–16) – Unheilsprofezeiung gegen die habgierigen Grundbesitzer (2,1–5), der erste Teil als Weheruf stilisiert (V. 1–2) – Streitgespräch mit den Grundbesitzern (2,6–11), in dem nach einem Zitat der Worte der Gegner (V. 6–7a) der Profet ihnen ihre Untaten vorwirft (V. 7b–11) – Verheißung der Heimkehr der Verbannten (2,12–13), als Jahwe- und Profetenwort formuliert.

Unheilsprofezeiung gegen die rechtsbrecherischen Führer des Volkes (3,1–4) – Unheilsprofezeiung gegen Profeten, die das Volk durch ihre Weissagungen verführen (3,5–8) – Unheilsprofezeiung wiederum gegen die rechtsbrecherischen

Führer des Volkes, worin der Profet die vollständige Zerstörung Jerusalems ankündigt (3,9–12) – Verheißung der Völkerwallfahrt zum Zion (4,1–5; V. 1–3 stimmt fast wörtlich mit Jes
2,2–4 überein) – Verheißung, daß Jahwe die Verbannten heimführt (4,6–7a), daß er die Königsherrschaft antritt (4,7b) und
daß in Jerusalem wieder die Dynastie Davids herrscht (4,8) –
drei jeweils mit »Jetzt« eingeleiteten Verheißungen: die nach
Babel Deportierten werden erlöst (4,9–10), das von Feinden
bedrängte Jerusalem wird diese vernichten (4,11–13), und auf
die Demütigung Jerusalems folgt der Auftritt eines heilvollen
Herrschers über Israel (4,14; 5,1–5) – drei mit »Und es wird
geschehen« eingeleitete Verheißungen: Israel wird ein Segen
für die Völkerwelt (5,6), keiner wird ihm überlegen sein (5,7–
8), und Jahwe rottet die Kriegs- und Zaubermittel und die
Götzenbilder aus Israel aus (5,9–13); der abschließende Satz
5,14, der Jahwes Rache an den »Völkern, die nicht gehört haben«, weissagt, bezieht sich auf 1,2 (»Hört, alle Völker«) zurück und faßt somit die Kapitel 1–5 als Einheit zusammen.
Aufruf zum Hören (6,1a) und Aufruf (an Israel), die Berge
und Höhen (damit sind die Völker gemeint) anzuklagen
(6,1b) – Streitgespräch (6,2–8), in dem Jahwe sich mit der Aufzählung seiner Heilstaten verteidigt (V. 2–5), worauf ein einzelner fragt, welche Opfer er zu erbringen hat, damit er Jahwe
nahen darf (V. 6–7), und die berühmte Antwort erhält, daß
Jahwe keine Opfer, sondern Nächstenliebe und wachsame
Frömmigkeit fordert (V. 8) – Unheilsprofezeiung, textlich
schlecht überliefert und mehrfach mit Zusätzen aufgefüllt, in
der Jahwe »der Stadt« (nämlich Jerusalem) schrankenlose Be-
reichungssucht vorwirft (6,9–16) – Klage des Profeten über
Korruption und Bosheit und das Zerbrechen jeder Gemeinschaft, mit abschließendem Vertrauensbekenntnis (7,1–7) –
Vertrauenslied einer kollektiven Größe, sicherlich Jerusalems
(7,8–10) – Verheißung, daß Jahwe Jerusalems Mauern wieder-
aufbaut und seine in alle Welt zerstreuten Bewohner zusammenführt (7,11–12), angeschlossen eine Ankündigung weltweiten Unheils (7,13) – Klagelied mit der Bitte um Hilfe und

dem Wunsch, daß die jetzt noch übermächtigen Völker die
Macht Jahwes erfahren (7,14–17) – Hymnus auf die Vergebung und Treue Jahwes (7,18–20).

c) Zum Werdegang des Buches und zur Botschaft des
   Profeten

Die im Michabuch vereinigten Worte stammen nur zum Teil
von dem Profeten Micha. Unbestritten ist seine Urheber-
schaft bei der Unheilsprofezeiung gegen die habgierigen
Grundbesitzer (2,1–4; V. 5, der die Neuverteilung des Landes
zugunsten der Enteigneten ausschließt, ist ein Nachtrag), bei
dem Streitgespräch mit den habgierigen Grundbesitzern (2,6–
11), bei den Unheilsprofezeiungen gegen die rechtsbrecherischen Führer des Volkes (3,1–4), gegen die Profeten (3,5–8)
und noch einmal gegen die rechtsbrecherischen Führer des
Volkes (3,9–12); auch den Aufruf zur Untergangsklage (1,8–
13a.14–16; V. 13b ist ein Nachtrag) und – zumindest teilweise
– das Gerichtswort über die Völker und Israel und Juda (1,2–
7*) halten die meisten Ausleger für Worte Michas. Demnach
wäre Micha reiner Unheilsprofet gewesen, der für sein Volk
in keiner Weise die Chance einer heilvollen Zukunft sah.
Keine Einigkeit besteht in der Forschung darüber, ob man die
folgenden Worte Micha zuweisen soll: die Verheißung eines
heilvollen Herrschers (5,1.3–4a.5b; Nachträge sind V. 2, der
vielleicht Jes 7,14 aufnimmt, und V. 4b–5a), das Streitgespräch
mit der Frage nach dem Willen Jahwes (6,2–8) und die Unheilsprofezeiung gegen »die Stadt« (6,9–15*; V. 16 ist ein
Nachtrag).
Die übrigen Texte des Buches – und dazu gehören auch die
voranstehend als »Nachträge« bezeichneten Abschnitte – entstammen der exilischen oder nachexilischen Zeit, abgesehen
vielleicht von der Verheißung, daß Jahwe Israel läutert (5,9–
13), wo ein anonymes, ursprünglich gegen Israel gerichtetes
Profetenwort aus der späten Königszeit vorliegen könnte.
Dabei lassen sich die mit »Jetzt« eingeleiteten Verheißungen
(4,9–14) kurz nach der Eroberung Jerusalems im Jahre 587 v.

Chr. und das Vertrauenslied Jerusalems (7,8–10) in der Epoche des Exils ansetzen. Der restliche Textbestand des Michabuches ist nachexilisch: die Verheißung der Heimkehr der Verbannten (2,12–13), der Völkerwallfahrt zum Zion (4,1–3; V. 4–5 ist ein Nachtrag), der Heimkehr der Verbannten und der Königsherrschaft Jahwes (4,6–7) und für den »Rest Jakobs« (5,6–7), die Klage des Profeten (7,1–7), die Verheißung für Jerusalem und die Zerstreuten (7,11–12) und die abschließende Komposition aus Klagelied und Hymnus (7,14–17 und 18–20). Die mitsamt der Überschrift (1,1) verbleibenden Verse (1,2; 4,8; 5,8.14; 6,1; 7,13) gehen auf das Konto des Endredaktors.

5. Zefanja

a) Der Profet

Nach der Überschrift des Zefanjabuches (1,1) trat Zefanja zur Zeit des Königs Joschija von Juda (639–609 v. Chr.) auf. Wenn der Bericht 2Kön 23,4–15 über die Reformmaßnahmen auf dem Gebiet des Kultes im Jahre 622 v. Chr. historisch zutrifft, muß Zefanja, der kultische Verfehlungen in Juda benennt (1,4–5), davor, also zwischen 639 und 622 v. Chr. gewirkt haben.

b) Der Inhalt des Buches

Das Kompositionsschema des Buches scheint ein dreigliedriges zu sein: Unheilsworte gegen Juda und Jerusalem (1,2–2,3) und gegen fremde Völker (2,4–15) – Unheilsworte gegen Jerusalem (3,1–7) und gegen die Völker (3,8) – Heilsworte für die Völker (3,9–10) und für Juda und Jerusalem (3,11–20). Überschrift (1,1) – Unheilsankündigung über alle Völker (1,2–3) und über Juda und Jerusalem (1,4–6.8aβ–13; dazwischen in V. 7–8aα ein Aufruf zur Stille vor Jahwe, weil der »Tag Jahwes« nahe ist), und zwar über den Baalsdienst und seine Funktionäre (V. 4–6), gegen die Ausländerei am Königshof (V. 8aβ–9), gegen die kaufmännische Oberschicht (V. 10–11) und gegen die satten Spötter (V. 12–13) – Ankündigung des »Tages Jahwes«, als Profeten- und Jahwewort (1,14–18) – Mahnwort, das den Gerechten und Demütigen Hoffnung verheißt (2,1–3) – Unheilsankündigungen gegen andere Völker (2,4–15), und zwar die Philister im Südwesten (V. 4–7), Moab und Ammon im Osten (V. 8–11), die Kuschiter (Äthiopier; gemeint sind vielleicht die Ägypter) im Süden (V. 12) und die Assyrer »im Norden«, d. h. im Nordosten (V. 13–15). Weheruf über Jerusalem (3,1–7), zunächst Profetenwort über die Beamten, Profeten und Priester, die ihr Amt mißbrauchen (V. 1–4), mit dem Hinweis auf Jahwe als den gerechten Richter (V. 5), dann Jahwewort, das den Ungehorsam Jerusalems trotz der Gerichtstaten Jahwes an den Völkern beklagt (V. 6–7) – Ankündigung Jahwes, daß er als Kläger auftritt (3,8a) und – überraschenderweise – Unheil über die *Völker* bringt (3,8b). Verheißung Jahwes für die Völker, d. h. sie werden ihm dienen (3,9–10) – Verheißung Jahwes an das geläuterte Jerusalem (3,11–12) und über das geläuterte Israel (3,13) – Aufforderung des Profeten an Zion und Israel zum Jubel (3,14–15) – Verheißung des Profeten an Jerusalem (3,16–17) – Verheißung Jahwes an Jerusalem (3,18–19) und an die Verbannten (3,20).

c) Zum Werdegang des Buches

Die vorliegende Gestalt des Zefanjabuches ist nicht das Werk des Profeten Zefanja, sondern von Redaktoren. Auf diese gehen, außer der Überschrift (1,1) mit großer Wahrscheinlichkeit folgende Passagen zurück: die Unheilsankündigung über alle Völker (1,2–3.18b; 2,11; 3,8bβ), der Aufruf zur Stille vor Jahwe (1,7–8aα), die Verheißung, daß Juda das Gebiet der Philister erbt (2,7), die Unheilsankündigung gegen Moab und Ammon (2,8–10), das Klagelied über Ninive (2,15), die Bemerkung über die Unbußfertigkeit Jerusalems (3,2), der Hinweis auf Jahwe als den gerechten Richter (3,5), die Verheißung Jahwes für die Völker (3,9–10) und die abschließende Verheißung für Jerusalem und die Verbannten (3,14–20).

Wahrscheinlich ist in 3,8bα eine Unheilsankündigung gegen Jerusalem (»Dann schütte ich meinen Zorn *über euch* aus«) nachträglich in eine Unheilsankündigung über die Völker (»Dann schütte ich meinen Zorn *über sie* aus«) abgewandelt worden.

d) Zur Botschaft des Profeten
Zefanja kündigt für die Bewohner Judas und Jerusalems wegen ihrer Taten Unheil an (1,4–5.8aβ–13; 3,1–4); diese Unheilsankündigung gipfelt in dem hymnischen Lied vom »Tag Jahwes« (1,14–16). Hoffnung gibt es, wie der Profet in dem Mahnwort 2,1–3 sagt, nur für die Demütigen.

6. Nahum

a) Der Profet
Aus der Überschrift des Nahumbuches (1,1) erfahren wir lediglich, daß Nahum aus dem Ort Elkosch stammt, dessen Lage wir nicht kennen, der aber wohl in Juda lag, denn nach 2,1 hat Nahum in Juda gewirkt. Die Zeit seines Auftretens läßt sich nur vage bestimmen. Da das Hauptthema seiner Verkündigung der bevorstehende, erwartete Fall Ninives, der Hauptstadt (seit etwa 700 v. Chr.) des assyrischen Reiches, ist, die im Jahre 612 v. Chr. von den Meern und Babyloniern erobert und zerstört wurde, muß Nahum *vorher* aufgetreten sein. Andrerseits schaut Nahum zurück auf das Schicksal der ägyptischen Stadt No-Amon (Theben), die um 665 v. Chr. von den Assyrern erobert und geplündert wurde. Demnach hat Nahum irgendwann in dem langen Zeitraum zwischen 665 und 612 v. Chr. gewirkt.

b) Der Inhalt des Buches
Das Nahumbuch setzt sich zusammen aus einem Hymnus (1,2–8), Heilsworten für Juda (1,9–2,1.3) und Unheilsworten gegen Ninive (2,2.4–3,19).

Überschrift (1,1) – Hymnus auf die Macht Jahwes, der die
Natur zu verwandeln und sein Volk zu schützen vermag, indem er dessen Feinde vernichtet (1,2–8); der Hymnus stellt
ein sehr kunstvolles Gebilde dar, indem die Anfangsbuchstaben der einzelnen Verse dem hebräischen Alphabet, und zwar
seiner ersten Hälfte, folgen (nur V. 2b–3a fällt aus diesem
Schema heraus und könnte ein Nachtrag sein).

Heilsworte für Juda, textlich zum Teil schlecht und außerdem
wohl fragmentarisch überliefert (1,9–14; 2,1.3), worin zunächst der Profet (1,9–10; V. 11 ist unverständlich), dann Jahwe (1,12–13) dem kleingläubigen Juda die Vernichtung der
Feinde, ferner der Profet dem König von Ninive den Untergang ankündigt (1,14), Juda zur Freudenfeier aufruft, weil der
Feind vernichtet ist (2,1), und die Wiederherstellung Groß-
Judas weissagt (2,3; V. 2 und 3 sind versehentlich umgestellt
worden).

Erste Unheilsankündigung gegen Ninive (2,2.4–14), bestehend aus einer Visionsschilderung, worin der Profet das Her-
anziehen der Angreifer und die Einnahme und Plünderung der
Stadt dramatisch beschreibt (V. 2.4–11), einem Klage- oder
Spottlied, in dem Ninive als Löwenhöhle voller Beutegut erscheint, die nun vernichtet wird (V. 12–13), und einer Unheilsankündigung Jahwes (V. 14) – zweite Unheilsankündigung
gegen Ninive (3,1–7), bestehend aus einem Weheruf mit Anklage (V. 1), einer Unheilsansage in Form einer Schlacht-Schil-
derung (V. 2–3), einer erneuten Anklage (V. 4), einer Unheilsankündigung Jahwes (V. 5–6) und einem Klage- oder Spottlied, das die Reaktion der Augenzeugen der Katastrophe
Ninives, nämlich ihre Teilnahmslosigkeit, darstellt (V. 7) –
dritte Unheilsankündigung gegen Ninive (3,8–19), bestehend
aus dem Vergleich des Schicksals der ägyptischen Stadt No-
Amon (Theben) mit dem zukünftigen Schicksal Ninives (V. 8–
11), der Schilderung des Eindringens der Feinde in Ninives
Land, was zur Flucht auch der Händler und Beamten führt
(V. 12–17), und einem Klage- oder Spottlied, das dem König
von Assur sein trauriges Schicksal vor Augen hält (V. 18–19).

c) Zum Werdegang des Buches und zur Botschaft des
   Profeten

Ob und wie weit das Nahumbuch seine vorliegende Gestalt
durch den Profeten selbst erhalten hat, wissen wir nicht. Sehr
umstritten ist, ob der Hymnus 1,2–8 von Nahum stammt, ob
Nahum ihn übernommen hat oder ob er von einem anderen
den Worten Nahums vorangeschaltet wurde.

Nach dem jetzigen Wortlaut des Buches hat Nahum nur Unheil für Ninive und Heil für Juda verkündet. Da nun die Worte gegen Ninive sich zum Teil eng mit den Worten anderer
Profeten gegen Juda/Israel berühren, kam die Hypothese auf,
einige Worte (1,14; 2,2; 3,1–5.8–11) seien ursprünglich gegen
Jerusalem und Juda gerichtet und später als Worte gegen Ninive umgedeutet worden; aber die Hypothese findet wenig
Anklang.

7. Habakuk

a) Der Profet

Aus der Erwähnung der Chaldäer, d.h. der Babylonier, im
Habakukbuch (1,6), die seit etwa 605 v. Chr. in den Gesichts-
kreis Juda traten, und weil die Botschaft Habakuks nirgendwo die Eroberung Jerusalems im Jahre 597 v. Chr. widerspie-
gelt, darf man das Auftreten Habakuks in dem Zeitraum zwischen 605 und 597 v. Chr. ansetzen. Mehr wissen wir über den
Profeten nicht.

b) Der Inhalt des Buches

Das Habakukbuch gliedert sich in drei Teile: Wechselgespräch zwischen dem Profeten und Gott (1,2–2,5) – fünf Weherufe (2,6–20) – Gebet (3).

Überschrift (1,1) – Klage des Profeten über Frevel und Gewalt, und zwar offensichtlich innerhalb seines eigenen Volkes
(1,2–4) – Jahwes Antwort, daß er das wilde und mächtige Volk
der Chaldäer, d.h. der Babylonier heranführen wird, offenbar

als Strafwerkzeug gegen Juda (1,5–11) – Klage des Profeten, wie Jahwe das Treiben eines »Räubers« dulden könne; offenbar denkt der Profet an die Babylonier, die so schonungslos gegen andere Völker zu Felde ziehen, daß er sie sich nicht als Strafwerkzeuge Jahwes vorstellen kann (1,12–17) – Bericht des Profeten, daß er die Antwort Jahwes erst nach längerem Warten erhielt, wobei er das Bild des Wächters auf dem Festungswall verwendet (2,1) – Jahwes Antwort mit dem Befehl, die (gleich folgende) Offenbarung aufzuschreiben, weil sie erst für die Zukunft gilt, und mit dem Wortlaut der Offenbarung, die besagt, daß, wie der Frevler dahinschwindet und der Gerechte wegen seiner Treue (zu Jahwe) am Leben bleibt, so der Unersättliche, d.h. das Volk der Babylonier, keine Zukunft hat (2,2–5).

Ankündigung, daß alle Völker ein Spottlied »auf ihn«, d.h. den König von Babel, singen (2,6a) – erster Weheruf über einen Gläubiger, der viele Völker ausgeplündert hat und gegen den sich seine Schuldner erheben (2,6b–8) – zweiter Weheruf über einen, der Luxusbauten errichtet und viele Völker ausgeplündert hat, dessen Unrecht aber die Steine hinausschreien (2,9–11) – dritter Weheruf über einen, der seine Städte mit Blut erbaut, was aber umsonst, vergeblich ist (2,12–13) – Verheißung, daß die Herrlichkeit Jahwes die Erde erfüllt (2,14) – vierter Wehruf über einen, der den Libanon verwüstet und viele trunken macht und der darum den (Zornes-)Becher Jahwes trinken muß (2,15–17) – Reflexionssatz über die Nutzlosigkeit eines Götzenbildes (2,18) – fünfter Weheruf über die Götzendiener (2,19) – Aufruf zur Stille vor Jahwe (2,20).

Habakuks Gebet (3,1–19): Überschrift (V.1), Bitte (V.2), visionärer Bericht über das Kommen Jahwes (V.3–7), Anrede an Jahwe, den der Profet als furchtbar heranschreitenden Krieger schildert (V.8–15), Bericht des Profeten über seine Erschütterung (V.16a), Bekenntnis zur Zuversicht (V.16b), Hinweis auf eine Dürrekatastrophe (V.17), Bekenntnis zur Freude über die Hilfe Jahwes (V.18–19a), Unterschrift (V.19b).

c) Zum Werdegang des Buches und zur Botschaft des Profeten

Der allergrößte Teil der im Habakukbuch gesammelten Worte stammt sicherlich von Habakuk. Nachträglich sind die Sätze über das Handeln Jahwes (2,13a) und seine Herrlichkeit (2,14), der Reflexionssatz über die Nutzlosigkeit eines Götzenbildes (2,18), der Weheruf über die Götzendiener (2,19), der Aufruf zur Stille (2,20) und der Hinweis auf die Dürrekatastrophe (3,17) eingefügt worden. Auf das Konto der Endredaktion geht, neben der Überschrift (1,1), der Satz über das Spottlied der Völker (2,6a), der das Wechselgespräch (1,2–2,5) mit den Weherufen (2,6b–20) verbindet, und die Über- und Unterschrift zum Gebet Habakuks (3,1.19b).

Da die ersten vier Weherufe in eigentümlicher Weise Vorwürfe über soziales Fehlverhalten (2,6b–7 Zinswucher; 2,9 Streben nach unrechtmäßigem Gewinn; 2,12 skrupellose Bautätigkeit; 2,15 Trinkgelage) mit der Bedrückung von Völkern und Ländern (2,8.10.13b.17) verknüpfen, nehmen manche Ausleger an, hier seien Worte des Profeten über Mißstände innerhalb der *judäischen* Oberschicht später, in exilischer Zeit, zu Worten über die Babylonier umgeformt worden. Dann hätte der Profet über die Zustände in Juda nicht nur geklagt (1,2–4), sondern sie auch angeprangert.

8. Jeremia

a) Der Profet

Nach der Überschrift des Jeremiabuches (1,1–3) wurde Jeremia, der priesterlicher Herkunft (aber wohl kaum selbst Priester) war und aus dem Ort Anatot unweit nordöstlich von Jerusalem stammte, im 13. Regierungsjahr des Königs Joschija von Juda, also im Jahre 627/626 v. Chr., von Jahwe beauftragt, das Wort, den Willen Jahwes zu verkünden, und wirkte bis in das 11. Regierungsjahr des Königs Zidkija von Juda, also bis 586 v. Chr. Somit erlebte er den Niedergang der assyrischen und den Aufstieg der babylonischen Macht unter König Nebukadnezzar, die erste Eroberung Jerusalems (597 v. Chr.), die Zerstörung der Stadt (587 v. Chr.) und das Ende der staatlichen Selbständigkeit Judas.

Anders als die übrigen Profetenbücher enthält das Jeremiabuch zahlreiche Angaben über das Schicksal des Profeten. So erfahren wir, daß Jeremia durch sein profetisches Wirken vielfach in Konflikte geriet (z. B. 20,1–6; 26,1–19; 28,1–17; 36,1–32); und die Erzählungen über die Geschehnisse vor, während und nach der Eroberung Jerusalems (37–44), die berichten, wie es Jeremia damals erging und wie er in den Wirren zu Beginn der Exilszeit nach Ägypten verschleppt wurde, wo er verschollen ist, bezeichnet man oft als die »Leidensgeschichte Jeremias«. Wie sehr Jeremia unter seinem Beruf litt, geht besonders aus den Klagen – man pflegt sie als »Konfessionen« zu bezeichnen – hervor, in denen er seine Not und Anfechtungen vor Gott bringt (11,18–23; 12,1–5; 15,10–21; 17,14–18; 18,19–23; 20,7–13). Jeremia, der zum Zeichen kommenden Unheils ehe- und kinderlos bleiben mußte (16,1–4), fand in Baruch einen Helfer, Freund und Leidensgefährten (32,6–15; 36,1–32; 43,3; 45,1–5).

b) Der Inhalt des Buches

Das Jeremiabuch läßt sich in vier Teile gliedern: hauptsächlich Unheilsworte gegen Jerusalem und Juda (1,4–25,14) – Erzählungen über Jeremia (26–45), darin Heilsworte für Israel (30–33) – Unheilsworte gegen fremde Völker (25,15–38; 46–51) – Anhang (52; weitgehend identisch mit 2Kön 24,18–25,21.27–30).

Überschrift (1,1–3) – Jeremias Bericht von seiner Berufung mit den Visionen vom »erwachenden Zweig« und vom Kessel (1,4–19) – Auseinandersetzung Jahwes mit seinem untreuen Volk nach Art eines Gerichtsverfahrens (2,1–37): Einleitung (V.1), Unschuldserklärung (V.2–3), Verteidigungsrede mit Anklage (V.4–13), Diskussion der Vorwürfe des Volkes (Profetenrede) (V.14–19), Feststellung der Schuld (V.20–22), Bestreitung der Position des Volkes (V. 23–28), erneute Zurückweisung der Vorwürfe und Anklage (V. 29–37) – Komposition aus Worten mit dem Thema »Umkehr« (3,1–25; 4,1–4): Umkehrruf Jahwes an Israel, das im Bild der ungetreuen Ehefrau erscheint (3,1aα.11aα.12; 4,1), und Anklage wegen seiner Unzucht (3,1aβ–5), Bildrede Jahwes an den Profeten über Israels und Judas Unzucht (3,6–10.11aβb), Mahnwort (3,13), Verheißung der Heimkehr und der heilvollen Zukunft für ausgewählte Israeliten (3,14–18), Anklage gegen das treulose Israel (3,19–20), Bericht des Profeten über Israels Reue (3,21–25), Verheißung und Mahnwort (4,2–4) – Komposition aus Worten über das hereinbrechende Unheil, indem Jahwe einen übermächtigen Feind angreifen und alles vernichten läßt (4,5–31), überwiegend Jahwewort, darin Klage (V. 19–21) und Visionsschilderung (V. 23–26) des Profeten – Profetenwort (5,1–6), bestehend aus Anklage gegen Jerusalem (V. 1–2), Klage an Jahwe (V. 3), Selbstgespräch (V. 4–5) und Unheilsankündigung (V. 6) – Anklage Jahwes gegen das treulose Jerusalem (5,7–11) – Unheilsprofezeiung über Leute, die Jahwes Macht bestreiten (5,12–14) – Unheilsankündigung Jahwes, daß ein zerstörerisches Volk gegen Juda heranzieht (5,15–17) – Jahwewort, worin er das angekündigte Unheil eingrenzt und begründet (5,18–19) – Anklage Jahwes gegen sein Volk, weil es die Ordnungen in der Natur, die Jahwe gesetzt hat, durch die Sünde stört (5,20–25) – Anklage und Unheilsankündigung Jahwes gegen die Reichen und Mächtigen (5,26–29) und gegen die falschen Profeten und die Priester (5,30–31).

Komposition aus Worten über die kommende Kriegsgefahr (6,1–15): zwei Jahweworte (V. 1–5 und 6–8) und ein Dialog zwischen Jahwe und Jeremia (V. 9–15) – Unheilsprofezeiung über die Judäer (6,16–17.20–21; darin Anrede an die Völker V. 18–19) – Beschreibung des Feindes, Zitat des Schreckensrufes der Jerusalemer, Aufruf zur Klage (6,22–26) – Auftrag Jahwes an Jeremia, das Volk zu prüfen und seine Verderbtheit festzustellen (6,27–30).

Mahnwort an die Judäer, sich zu bessern und nicht den Tempel als Garanten der Sicherheit zu betrachten, mit der Unheilsankündigung, daß Jahwe den Tempel zerstören wird (7,1–15) – Jahwes Verbot an Jeremia, für die götzendienerischen Judäer Fürbitte zu tun, mit Unheilsweissagung über sie (7,16–20) – Anklage Jahwes gegen sein Volk, dessen Opfer er ablehnt und das seit dem Auszug aus Ägypten ungehorsam war (7,21–28) – Unheilsankündigung, eingeleitet durch den Aufruf Jahwes an Jeremia zur Klage über die Judäer, die Götzendienst treiben und Kinderopfer darbringen, weshalb massenhafter Tod über sie kommt und ihre Gräber geschändet werden (7,29–34; 8,1–3) – Anklage gegen das Volk, das ganz widernatürlich, wie der Profet in Bildern beschreibt, den Willen Jahwes ablehnt (8,4–7) – Unheilsankündigung gegen die Weisen (8,8–9) – Unheilsweissagung (8,10–12; fast gleichlautend mit 6,12–15) – Unheilsankündigung Jahwes, daß er wegen der Verderbtheit des Volkes Feinde und giftige Schlangen sendet (8,13.16–17; in V. 14–15 redet das Volk) – Klage Jeremias über das Unglück des Volkes (8,18–23).

Klage Jeremias über Lüge und Betrug im Volk mit Aufforderung zur Totenklage (9,1–10; die Anklage in V. 2b.5b und die Drohung in V. 6.8.10 sind Jahwerede) – Anfrage an den Profeten über die Ursache des Unheils und Antwort Jahwes (9,11–13) – Unheilsweissagung, daß Jahwe das Volk zerstreuen und auch dann noch vernichten wird (9,14–15) – Aufruf zur Klage, Klage des Volkes und Aufruf an die Frauen, einander und ihre Töchter ein Totenklagelied zu lehren (9,16–21) – Mahnwort (Weisheitswort) Jahwes, nicht auf Weisheit, Stärke und Reichtum, sondern auf ihn, Jahwe, zu vertrauen (9,22–23) – Unheilsankündigung Jahwes über alle Beschnittenen, die, weil nicht in enger Gemeinschaft mit ihm stehend, für ihn unbeschnitten sind (9,24–25) – Mahnrede Jahwes, worin er vor der Verehrung der Götzen, die nur totes Material sind, warnt (10,1–16; in V. 6–7.10.12–13 ein Lobpreis auf Jahwe) – Unheilsankündigung an Jerusalem, das in die Verbannung gehen muß (10,17–18.22; darin die Klage Jerusalems V. 19–21) – Gebet Jerusalems, Jahwe möge es nicht völlig vernichten, mit einer Bitte gegen die anderen Völker (10,23–25).

Mahnwort an die Judäer, »die Worte dieses Bundes«, d.h. das Gesetz des Deuteronomiums, zu beachten, mit einer Unheilsweissagung über die Judäer, weil sie nicht »die Worte dieses Bundes« beachtet haben und fremde Götter anbeten, worauf das Verbot Jahwes an Jeremia, Fürbitte zu halten, folgt (11,1–14) – Anklage Jahwes gegen sein Volk, daß Opfer dem Volk nicht helfen (11,15) – Unheilsankündigung Jeremias an das Volk, das er mit einem Ölbaum vergleicht (11,16–17) – Klage Jeremias über die Leute von Anatot, die ihm, weil er als Profet gesprochen hat, nach dem Leben trachten, und Unheilsweissagung über die Leute von Anatot (11,18–23) – Wechselgespräch Jeremias mit Jahwe wegen des Glückes der Frevler, worin Jahwe den Profeten mahnt, in der Bedrängnis standzuhalten und seinen Verwandten nicht zu trauen (12,1–6) – Klage Jahwes über die Untreue seines Volkes, weshalb er das Land der Verwüstung preisgeben muß (12,7–11a) und Klage Jeremias über die Verwüstung des Landes (12,11b–13) – Unheilsankündigung Jahwes, die den Nachbarvölkern, weil sie Israel geschädigt haben, die Deportation weissagt, ebenso den Judäern, für die er aber, wenn sie ihm gehorchen, die Heimkehr in Aussicht stellt (12,14–17).

Bericht Jeremias über eine Zeichenhandlung: Auf Befehl Jahwes verbirgt er einen Gürtel in einer Felsspalte (die Angabe, daß die Felsspalte sich am Eufrat befindet, wurde wohl erst nachträglich als Anspielung auf das Exil eingefügt), wo der Gürtel verdirbt und damit den Untergang Judas versinnbildlicht (13,1–11) – Bildwort, mit dem Jeremia, anknüpfend an eine Zecherredensart vom Krug, im Namen Jahwes den Untergang ankündigt (13,12–14) – Mahnwort, in dem der Profet vor Hochmut warnt (13,15–17) – Unheilsankündigung über den König (Jojachin) und seine Mutter (13,18–19) – Unheilsankündigung über Jerusalem, dessen Freunde (wohl die Babylonier zur Zeit Joschijas) es nun mißhandeln (13,20–22) – Unheilsankündigung über die Judäer, denen die Bosheit zur zweiten Natur geworden ist (13,23–24) – Unheilsankündigung über Jerusalem wegen seines Götzendienstes (13,25–27).

Liturgie, d.h. ein Text, in dem mehrere Sprecher zu Worte kommen (14,1–15,4): Einleitung (14,1), Beschreibung einer Dürre (14,2–6), Klage des Volkes (14,7–9), Wechselrede zwischen Jahwe und dem Profeten, worin Jahwe dem Volk und vor allem den falschen Profeten Unheil ankündigt (14,10–16), Klage des Profeten über eine Kriegsnot (14,17–18), Klage des Volkes (14,19–22), Jahwes Antwort, die dem Profeten aufträgt, dem Volk Unheil anzukündigen (15,1–4) – klagende Unheilsankündigung Jahwes gegen Jerusalem (15,5–9) – Wechselgespräch: Klage Jeremias über die Schwere seines Auftrags und Jahwes Antwort, die ihn zurechtweist und stärkt (15,10–21) – Bericht Jeremias über drei Aufträge Jahwes zum zeichenhaften Verhalten: Er soll keine Familie gründen, niemandem Anteilnahme erweisen und an keiner Geselligkeit teilnehmen, um anzuzeigen, daß Unheil über das Volk kommt (16,1–9) – Auftrag Jahwes an den Profeten, das kommende Unheil zu begründen (16,10–13) – Verheißung Jahwes für die Deportierten (16,14–15) – Ankündigung Jahwes der vollständigen Deportation (16,16–18) – Gebet des Profeten, in dem er die Hinwendung der Völker zu Jahwe voraussieht (16,19–21).

Unheilsankündigung über Juda (17,1–4) – Weisheitsworte über das Tun und Ergehen des Menschen (17,5–8), über die Einsicht Jahwes in das menschliche Herz (17,9–10) und über die Nichtigkeit des unrecht erworbenen Reichtums (17,11) – Gebet, das Jahwe als alleinige Hoffnung Israels preist (17,12–13) – Gebet Jeremias mit Klage, Bitte um Hilfe und Wunsch gegen die Feinde (17,14–18) – Mahnrede, die den Judäern die Heiligung des Sabbats einschärft (17,19–27) – Bericht Jeremias über seinen Besuch bei einem Töpfer, dessen Tun das Tun Jahwes versinnbildlicht (gemeint ist wohl, daß Jahwe aus dem mißratenen Volk ein neues, gehorsames Volk schaffen kann) (18,1–6) – Rede Jahwes an Jeremia über seine Reaktion auf das jeweilige Verhalten der Völker und sein Auftrag an Jeremia, die Judäer zu warnen (18,7–12) – Unheilsankündigung über Juda wegen seiner naturwidrigen Abkehr von Jahwe (18,13–

17) – Zitat eines Wortes der Gegner des Profeten (18,18) – Gebet Jeremias mit Bitte um Hilfe, Unschuldsbeteuerung und Wunsch gegen die Feinde (18,19–23) – Bericht Jeremias über den Auftrag Jahwes zu einer Zeichenhandlung: Jeremia soll mit dem Zerbrechen eines Kruges den Untergang Judas versinnbildlichen (19,1–13) – Bericht über eine Unheilsankündigung Jeremias (19,14–15) – Bericht über die Mißhandlung Jeremias durch den Priester Paschhur und über eine Unheilsweissagung Jeremias gegen Paschhur und über ganz Juda (20,1–6) – Gebet Jeremias mit (anklagender) Klage, Vertrauensbekenntnis und Lobpreis (20,7–13) – Klage Jeremias, worin er seine Geburt verflucht (20,14–18).

Bericht über eine Gesandtschaft des Königs Zidkijas zu Jeremia mit der Bitte um Auskunft, ob Nebukadnezzar, der Jerusalem belagert, abziehen wird, und über die Antwort Jeremias, der dem König und den Bewohnern Jerusalems den Untergang ankündigt (21,1–10) – Mahnwort an das Königshaus (21,11–12) – Unheilsankündigung gegen Jerusalem, das sich für uneinnehmbar hält (21,13–14) – Mahnwort an den König, seine Beamten und das Volk, für Gerechtigkeit zu sorgen, und Unheilsankündigung gegen Jerusalem (22,1–9) – Aufruf zur Klage um den König Schallum (Joahas), der in der Fremde (nämlich Ägypten) sterben wird (22,10–12) – Worte gegen den König Jojakim (22,13–19): Weheruf (V. 13–14), Anklage (V. 15–17) und Unheilsankündigung (V. 18–19) – Aufruf Jahwes an Jerusalem zur Klage, weil die Stadt wegen ihres Ungehorsams erobert wird (22,20–23) – Unheilsankündigung über den König Jojachin (22,24–30) – Weheruf über die »Hirten« (d.h. die Könige und die führenden Männer), Unheilsankündigung über die »Hirten« und Verheißung für die »Schafe«, denen Jahwe neue »Hirten« gibt (23,1–4) – Verheißung eines »gerechten Sprosses«, d.h. eines Heilskönigs (23,5–6) – Verheißung der Heimkehr der Verbannten (23,7–8).

Worte über die falschen Profeten (23,9–32): Klage Jeremias über die allgemeine Verderbnis (V. 9–12), Unheilsprofezeiung (V. 13–15), Warnung vor den Profeten (V. 16–18), Unheilsankündigung (V.19–20), Jahwewort über die fehlende Beauftragung der Profeten (V.21–22), drei Worte Jahwes, daß er nicht nur in der Nähe, sondern auch aus der Ferne wirkt (V.23), daß sich vor ihm niemand verstecken kann (V.24a) und daß er alles durchschaut (V.24b), Unheilsprofezeiung über die Profeten, die nur ihre selbstersonnenen Träume, nicht aber das machtvolle Wort Jahwes verkündigen und so das Volk verführen (V.25–32) – Redeauftrag Jahwes an Jeremia über ein hebräisches Wort, das sowohl »Ausspruch« als auch »Last« bedeutet (23,33), und ein Kommentar dazu, der den falschen Profeten untersagt, das Wort »Ausspruch«/»Last« zu verwenden und ihnen im Falle, daß sie es doch tun, mitsamt der Stadt die Verbannung ankündigt (23,34–40).

Bericht Jeremias über eine Vision von zwei Körben, einem mit guten, einem mit schlechten Feigen, die Jahwe auf die mit Jojakim im Jahre 597 v. Chr. Verbannten und auf Zidkija und die im Lande Gebliebenen deutet, wobei er letzteren den Untergang ankündigt (24,1–10) – Unheilsprofezeiung über die Judäer mit Unheilsankündigung über die Babylonier (25,1–14) – Bericht Jeremias vom Becher »voll Zornwein«, den er allen Völkern und auch Juda zu trinken geben soll, und Bildwort von einem Schwert (25,15–29) – Schilderung des Unheils, das über die Völker kommt (25,30–38).

Bericht, daß Jeremia, ähnlich wie in 7,1–15, von Jahwe den Auftrag erhält, Jerusalem, wenn die Judäer nicht Jahwe gehorchen, die Zerstörung anzukündigen, daß daraufhin viele den Tod Jeremias fordern, aber die Beamten ihn für schuldlos erklären und daß einige der Ältesten auf eine Unheilsweissagung Michas (Mich 3,12) verweisen, die ihm auch nicht den Tod gebracht hat (26,1–19) – Bericht über die Ermordung des Profeten Urija durch König Jojakim und daß Jeremia durch den Minister Ahikam beschützt wird (26,20–24).

Bericht Jeremias über eine Zeichenhandlung: Im Auftrag Jahwes fertigt er Jochhölzer an, legt sich diese auf den Nacken, sendet sie (so der Urtext) an die Könige der Nachbarvölker und läßt ihnen verkünden, sie sollen sich unter das Joch des

Königs von Babel beugen, was er auch dem König Zidkija sagt (27,1–15) – Bericht Jeremias, daß er im Namen Jahwes ein Mahnwort und eine Unheilsankündigung, betreffend die von Nebukadnezzar weggenommenen Tempelgeräte und die im Tempel und Palast verbliebenen Geräte, ausspricht (27,16–22) – Bericht über die Auseinandersetzung Jeremias mit dem Profeten Hananja, der im Namen Jahwes verkündet, er, Jahwe, werde das Joch des Königs von Babel zerbrechen, dann das (in diesem Abschnitt vorher nicht genannte) Joch vom Nacken Jeremias nimmt und es zerbricht, worauf Jeremia ihm im Namen Jahwes den baldigen Tod ankündigt, was auch eintrifft (28,1–17) – Wiedergabe eines Briefes, den Jeremia an die Verbannten schickt und worin er sie auffordert, sich in Babel einzurichten, und ihnen im Namen Jahwes die Heimkehr in Aussicht stellt, wenn sie Jahwe gehorchen, aber den im Lande Verbliebenen und den falschen Profeten Unheil ankündigt (29,1–23) – Auftrag Jahwes zu einer Unheilsprofezeiung über einen Schemaja wegen eines Briefes, den er gegen Jeremia aus Babylonien nach Jerusalem geschickt hat (29,24–28) – Notiz über die Verlesung jenes Briefes (29,29) – Bericht über den Auftrag Jahwes zu einer Unheilsprofezeiung über Schemaja (29,30–32).

Trostschrift für Israel (und Juda) (30,1–31,40): Aufforderung Jahwes an Jeremia zur Niederschrift (30,1–4), Klage des Volkes und des Profeten mit Verheißung Jahwes (30,5–7), Verheißung der Freiheit und der Herrschaft Davids, d. h. eines Königs aus dem Hause Davids (30,8–9), zwei Heilsorakel (30,10.11), Schilderung der Not Jerusalems (30,12–15), Verheißung an Jerusalem (30,16–17), Verheißung des Wiederaufbaus in Juda und Jerusalem (30,18–21), Bundesformel (30,22), Unheilsankündigung über die Frevler (30,23–24; identisch mit 23,19–20), Bundesformel (31,1), Verheißung für die einstigen Bewohner des Nordreichs (31,2–6), Hymnus und Verheißung der Heimkehr (aus der babylonischen Gefangenschaft) (31,7–9), Verheißung der Heimkehr zum Zion (31,10–14), Zitat der Klage der Ahnmutter Rahel und Efraims (d. h.

des Nordreichs) und Verheißung Jahwes, daß er sich des Nordreichs erbarmt (31,15–20), Aufruf an Israel zur Heimkehr und (für uns allerdings rätselhafte) Verheißung (31,21–22), Verheißung für Juda nach der Heimkehr (31,23–26), Verheißung für Israel und Juda (31,27–28), Verheißung, daß jeder nur für sein eigenes Tun haftet (31,29–30), Verheißung des neuen Bundes (31,31–34), Verheißung des ewigen Fortbestandes Israels (31,35–37), Verheißung, daß Jerusalem für ewig wiederaufgebaut wird (31,38–40).

Bericht über Jeremias Gefangenschaft im Wachthof des Palastes (32,1–6a) – Bericht Jeremias über eine Zeichenhandlung: Mit dem Kauf eines Ackers versinnbildlicht er den (nach der Zerstörung Jerusalems) kommenden Wiederaufbau (32,6b–15) – Gebet Jeremias, in dem er die Heilstaten Jahwes rühmt und über die bevorstehende Eroberung Jerusalems klagt (32,16–25) – Jahwes Antwort, worin er das über Juda kommende Unheil begründet und den Deportierten die Heimkehr und heilvolle Zukunft verheißt (32,26–44) – Verheißung Jahwes für Jerusalem und Juda (33,1–13) – dreifache Verheißung Jahwes, daß in Jerusalem für immer ein Herrscher über Israel und Juda aus dem Hause David und levitische Priesterschaft da sein wird (33,14–18.19–22.23–26).

Bericht, daß Jeremia im Auftrag Jahwes dem König Zidkija während der Belagerung Jerusalems eine Unheilsankündigung und ein Mahnwort mitteilt (34,1–7) – Bericht über eine Unheilsankündigung, die Jeremia im Namen Jahwes gegen Zidkija und die Führenden in Jerusalem und Juda ausspricht, weil sie eine Sklavenfreilassung, als Jerusalem belagert wurde, während des zeitweiligen Abzugs der Babylonier rückgängig gemacht hatten (34,8–22) – Selbstbericht Jeremias (er wurde nachträglich in V.1.12.18 zu einem Bericht über Jeremia umgeformt), wie er den Rechabitern, einer Gemeinschaft, die sich verpflichtet hatte, keinen Wein zu trinken, Wein vorsetzt, den diese ablehnen, worauf er die Judäer ermahnt, ebenso treu auf die Worte Jahwes zu hören, und ihnen, weil sie Jahwe nicht gehorchen, Unheil, den Rechabitern aber Heil ankündigt (35,1–19) – Bericht über die Verbrennung der Buchrolle (36,1–32): Jeremia diktiert im Auftrag Jahwes seine bisherigen Worte dem Baruch, die Baruch im Tempel vorlesen soll (V. 1–7); das tut Baruch und liest die Buchrolle auch den Ministern vor (V. 8–19); sie wird schließlich dem König Jojakim vorgelesen, der sie stückweise verbrennt (V. 20–26); Jahwe befiehlt Jeremia, seine Worte erneut aufzuschreiben und eine Unheilsprofezeiung über Jojakim auszusprechen (V. 27–31); Jeremia diktiert dem Baruch erneut seine Worte (V. 32).

Erzählungen über die Geschehnisse vor, während und nach der Eroberung Jerusalems (37,1–45,5): Notiz über Zidkija (37,1–2); Zidkija bittet Jeremia, für ihn und das Volk zu beten, und Jeremia teilt ihm mit, daß die Babylonier Jerusalem erobern (37,3–10); Jeremia wird bei dem Versuch, aus der Stadt hinauszugehen, in einer leeren Zisterne bei dem Staatsschreiber Jonatan eingekerkert (37,11–16); Zidkija läßt Jeremia holen, unterhält sich mit ihm und läßt ihn auf seinen Wunsch in den Wachthof bringen (37,17–21); wegen seiner Unheilsverkündigung kommt Jeremia in eine Zisterne im Wachthof (38,1–6), wird aber von dem Kuschiter Ebed-Melech herausgeholt (38,7–13); Zidkija läßt Jeremia zu sich kommen und bittet ihn um ein Gotteswort, worauf Jeremia ihn ermahnt, sich den Babyloniern zu ergeben, und auf Wunsch Zidkijas den Inhalt der Unterredung verschweigt (38,14–28a); Jerusalem fällt (38,28b; 39,1–10); Jeremia wird befreit (39,11–14) und sagt dem Ebed-Melech ein Heilswort (39,15–18); Jeremia kommt zum Statthalter Gedalja (40,1–6); Gedalja wird nach kurzer Statthalterschaft (40,7–16) ermordet (41,1–15); eine Gruppe von Judäern sammelt sich an der Südgrenze des Landes (41,16–18); sie bitten Jeremia um ein Gotteswort über die Zukunft (42,1–6); Jeremia sagt im Namen Jahwes, sie sollen nicht nach Ägypten ziehen (42,7–22); trotzdem machen sie sich nach Ägypten auf und kommen zur Grenzstadt Tachpanhes (43,1–7); hier führt Jeremia im Auftrag Jahwes eine Zeichenhandlung aus, indem er Steine im Lehmboden einsenkt, auf die Nebukadnezzar seinen Thron stellen wird (43,8–13);

Jeremia kündigt den Judäern in einer langen Rede Unheil an (44,1–14); sie antworten, sie wollen wieder die »Himmelskönigin« (d.h. die babylonische Göttin Ischtar) verehren (44,15–19), und erneut kündigt Jeremia ihnen Unheil an (44,20–30); Jeremia sagt dem Baruch im Namen Jahwes ein Trostwort, daß er, zwar heimatlos geworden, sein Leben nicht verliert (45,1–5).

Überschrift über die Fremdvölkerworte (46,1) – Schilderung (Rückblick oder Zukunftsschau) der Niederlage Ägyptens im Kampf gegen Nebukadnezzar bei Karkemisch im Jahre 605 v. Chr., die ein »Tag der Rache« für Jahwe ist (46,2–12) – Unheilsankündigung über Ägypten angesichts seiner Niederlage beim Angriff Nebukadnezzars (wohl 568 v. Chr.) (46,13–24) – Unheilsankündigung Jahwes gegen Ägypten (46,25–26) – zwei Heilsorakel für Israel (46,27–28; fast identisch mit 30,11–12) – Unheilsankündigung Jahwes über die Philister mit Klage und drohender Antwort (47,1–7) – Unheilsankündigung Jahwes, mit einem Weheruf eingeleitet, über Moab, das ein von Norden hereindringender Feind verwüstet (48,1–10) – Unheilsankündigung über Moab, gegen das Jahwe, im Bild vom Wein und von den Kellermeistern, Feinde sendet, die es besiegen, verschleppen und sein Land zerstören (48,11–28) – klagende Unheilsankündigung Jahwes über Moab (48,29–39; V. 29–33 finden sich fast wörtlich auch in Jes 16,6–12) – weitere Unheilsankündigung mit abschließender Verheißung über Moab (48,40–47) – Unheilsprofezeiung über die Ammoniter mit Aufruf zur Klage und abschließender Verheißung (49,1–6) – Unheilsankündigung Jahwes über Edom (49,7–22; V.14–16 entspricht Obd 1–4, und V.19–21 entspricht Jer 50,44–46) – Unheilsankündigung über Damaskus (49,23–27) – Unheilsankündigung Jahwes über Stämme in Arabien (49,28–33) – Unheilsankündigung Jahwes über Elam (nördlich des Persischen Golfes) mit abschließender Verheißung (49,34–39).

Unheilsankündigungen über Babel, zugleich Verheißungen für Israel (50,1–51,64): Überschrift (50,1); Aufruf, den Unter-

gang Babels zu verkünden, und Verheißung für das einst ge-
knechtete Juda und Israel (50,2–7); Schilderung des Kampfes
der von Jahwe herangeführten Völkerheere gegen Babel
(50,8–16); Verheißung für Israel und Juda, darin Unheilsankündigung über den König von Babel (50,17–20); erneute
Schilderung des Kampfes gegen Babel (50,21–32); Ankündigung, daß Jahwes Schwert und ein Feind aus dem Norden
Israel und Juda aus der Gefangenschaft befreien und Babel
verwüsten (50,33–46; V. 41–43 stammt aus 6,22–24); Schilderung des Kampfes gegen Babel, darin Aufruf an Israel und
Juda zur Flucht und Lobpreis auf Jahwe (51,1–14); Lobpreis
auf Jahwes Größe (51,15–19; identisch mit 10,12–16); Bildwort von Babel als »Hammer für Jahwe« (51,20–24) und als
»Berg des Verderbens« (51,25–26); Aufruf an die Völker zum
Kampf gegen Babel und Schilderung seiner Niederlage
(51,27–33); Klage und Rachewunsch Jerusalems (51,34–35);
Unheilsankündigung Jahwes über Babel (51, 36–40); Totenklagelied über Babel (51,41–43); Unheilsankündigung Jahwes
über Babel mit Aufruf an sein Volk, Babel zu verlassen und
sich nicht zu fürchten, nebst Klage des Volkes und tröstender
Antwort Jahwes, Bericht über den Vollzug der Unheilsankündigung und abschließendem Jahwewort (51,44–58); Bericht über den Auftrag Jeremias zu einer Zeichenhandlung:
Ein Bekannter Jeremias soll dessen in einer Buchrolle auf-
geschriebene Worte gegen Babel in den Eufrat werfen und
damit den kommenden Untergang Babels versinnbildlichen
(51,59–64).
Geschichtlicher Anhang (52,1–34): Eroberung Jerusalems
und Deportation (V. 1–27; identisch mit 2Kön 24,18–20; 25,1–
21), weitere Deportationen (V. 28–30), Begnadigung des Königs Jojachin (V. 31–34; identisch mit 2Kön 25,27–30).

c) Zum Werdegang des Buches

Gegliedert wird der größte Teil des Jeremiabuches durch die
nur hier vorkommende Formel: »Das Wort, das an Jeremia
von Jahwe her erging« (7,1; 11,1; 18,1; 21,1; 30,1; 32,1; 34,1.8;

35,1; 40,1; 44,1). Ansonsten ist es ein sehr vielschichtiges Gebilde. Es enthält überwiegend *Worte*, Redetexte verschiedener Art, daneben aber auch – mehr als andere Profetenbücher – *Erzählungen*, in deren Mittelpunkt oftmals wiederum ein Profetenwort steht. Letztere sind sowohl *Selbstberichte* Jeremias (1,4–19; 13,1–11; 16,1–9; 18,1–12; 19,1–13; 24,1–10; 25,15–29; 27,1–15.16–22; 32,6b–15; 35,1–19) als auch *Fremdberichte* über Jeremia (19,14–15; 20,1–6; 26,1–24; 28,1–17; 29,1–23.29–32; 34,1–7.8–22; 36,1–32; 37,1–45,5; 51,59–64).

Bei einem Großteil der Erzählungen über die Geschehnisse vor, während und nach der Eroberung Jerusalems (37,1–45,5), handelt es sich wohl um das Werk eines einzigen Verfassers, in dem man oft Jeremias Freund Baruch sieht, bei den übrigen Stücken um Einzelerzählungen.

Folgende Erzählpartien sind – entweder aufgrund ihres Stils oder weil sie den Zusammenhang unterbrechen – als Werk einer nachträglichen Bearbeitung erkennbar: Rede Jeremias an Zidkija (34,1–7); Notiz über Zidkija, dessen Anfrage bei Jeremia und Jeremias Antwort (37,1–10); Unterredung zwischen Zidkija und Jeremia, Jeremias Aufenthalt im Wachthof und in der Zisterne im Wachthof (37,17–21; 38,1–6); Teile des Berichts vom Fall Jerusalems und der Befreiung Jeremias (39,1–18*); Teile des Berichts über Gedaljas Statthalterschaft und Ermordung (40,1–6*.7–10; 41,4–7.9); die Zeichenhandlung mit der Buchrolle (51,59–64).

Bei den *Worten* gewinnt der Leser einen recht zwiespältigen Eindruck vom Verkündigungsstil Jeremias. Denn neben einer großen Anzahl knapper, poetisch-bildhafter Aussprüche enthält das Buch breite, langatmige Prosareden mit stereotypem Sprachgebrauch, deren Hauptthema die Begründung der Katastrophe Judas (und Israels) in der Exilszeit durch den Ungehorsam des Volkes und seiner Oberen, ferner manchmal die Mahnung zur Umkehr ist. Diese Reden bezeichnet man als »deuteronomistisch«, da sie in ihrer Thematik und zuweilen auch in ihrer Wortwahl dem 5. Mosebuch, dem Deuteronomium, und dem Deuteronomistischen Geschichtswerk nahestehen. Sie stammen nicht von Jeremia, sondern sind das Werk einer »Schule«, die ihr Anliegen zum Teil frei formulierte, zum Teil ein ursprüngliches Jeremia-Wort überarbeitete und mit einer neuen Zielrichtung versah.

Deuteronomistische Partien im Jeremiabuch sind vor allem folgende: die »Tempelrede« (7,1–15; Jeremia-Wort in V. 4*.9*.11*.14*) und die anschließenden Abschnitte (7,16–20.21–28 [Jeremia-Wort in V. 21b].30–34; 8,1–3.19); die Anfrage an die Profeten (9,11–13); eine Unheilsweissagung (9,14–15); die »Bundesrede« (11,1–14; Jeremia-Wort in V. 9.10aα*.11a); die Unheilsankündigung über die Nachbarvölker (12,14–17); die Begründung des Unheils (16,10–13); die »Sabbatrede« (17,19–27); der Anhang zum Töpfergleichnis (18,7–12); die Rede im Tal Hinnom (19,1–15; Jeremia-Wort in V. 1.2a*.10–11a); die Auskunft für König Zidkija (21,1–10; Jeremia-Wort in V. 4–6*.9*); Mahn- und Unheilsworte (22,1–5.8–9); die Rede von den »Hirten« und vom »gerechten Sproß« (23,1–8); die Vision von den Feigenkörben (24,1–10; Jeremia-Wort in V. 1a.2*.3aα*.5*.8*); die Unheilsankündigungen für die Judäer und die Babylonier (25,1–14); der Bericht über die »Tempelrede« (26,1–16*); Reden über das Joch des Königs von Babel (27,1–15; Jeremia-Wort in V. 2.3*.4*.12b); das Wort über die Tempelgeräte (27,16–22; Jeremia-Wort in V. 21*.22aα); Erweiterungen im Brief Jeremias (29,10–14.16–20); die Einleitung der Trostschrift (30,1–3); die Verheißung für Juda (31,23–30); die Verheißung des neuen Bundes (31,31–34); das Gebet Jeremias und die Antwort Jahwes (32,16–44); die Rede anläßlich der Rückholung der Sklaven (34,13–22; Jeremia-Wort in V. 15–16*.18); eine Erweiterung der Rede über die Rechabiter (35,14b–17); die Rede gegen die Absicht, nach Ägypten zu ziehen (42,10–22; Jeremia-Wort in V. 17*); das Schlußgespräch in Ägypten über den Götzendienst (44,1–30; Jeremia-Worte in V. 7.15–19*.24a*.26b.28a).

Dazu kommen Einzelworte wie 1,16; 2,5b.6b.20b; 3,13; 5,18–19; 13,10–11; 16,4b; 36,3.

Die Hauptbeispiele für den deuteronomistischen Sprachgebrauch im Jeremiabuch: »Anderen Göttern folgen« (7,9; 11,10; 13,10; 16,11; 25,6; 35,15; ähnlich 8,2) – »nicht hören und das Ohr nicht neigen« (7,26; 17,23; 25,4; 34,14; 35,16; 44,5) – »sie hörten nicht und neigten ihr Ohr nicht, sondern folgten dem Starrsinn ihres bösen Herzens« (7,24; 11,8; ähnlich 3,17; 9,13; 13,10; 23,17), »ihr folgt jeder dem Starrsinn seines bösen Herzens, ohne auf mich zu hören« (16,12; ähnlich 18,12) – »und ich redete unermüdlich zu euch, und ihr hörtet nicht« (7,13; 25,3; 35,14), »und ich sandte zu ihnen (euch) unermüdlich alle meine Knechte, die Profeten, und sie (ihr) hörten (hörtet) nicht« (7,25; 29,19; 35,15; 44,4; ähnlich 25,4; 26,5) – »bekehrt euch doch ein jeder von seinem bösen Wandel und bessert eure Wege und eure Taten« (18,11; 35,15), »bekehrt euch doch ein jeder von seinem bösen Wandel und von der Bosheit eurer Taten« (25,5), »vielleicht … bekehren sie sich ein jeder von seinem bösen Wandel« (26,3), »bessert eure Wege und eure Taten« (7,3.5; 26,13) – (Jahwe wird) »sich des Unheils gereuen lassen« (18,8; 26,3.13) – (Jahwe wird Jerusalem und Juda) »wohnen lassen an dieser Stätte … von Ewigkeit zu Ewigkeit« (7,7; ähnlich 7,3; 25,5) – »die Leichen dieses Volkes (ihre Leichen) werden den Vögeln des Himmels und den wilden Tieren zum Fraß dienen« (7,33; 16,4; 34,20) – »siehe, ich lasse verschwinden … Jubel- und Freudenklang, Zuruf von Braut und Bräutigam« (7,34; 16,9; 25,10).

Die deuteronomistische Bearbeitung hat einerseits die anklagende und drohende Botschaft Jeremias weiter ausgemalt (z. B. 9,11–15; 11,1–14*; 16,10–13; 22,8–9; 44,1–30*), andrerseits diese Botschaft abgewandelt, indem sie aus Jeremias Unheilsverkündigung eine Bußpredigt machte, die den Hörern die Chance der Umkehr gibt (z. B. 17,19–27; 18,7–12; 22,1–5), und indem sie den Verbannten die Heimkehr und ein neues Heil ankündigte (z. B. 23,1–4.7–8; 31,23–30; 32,37–41).

Abgesehen vom deuteronomistischen Anteil an den Redepartien des Jeremiabuches enthält dieses noch zahlreiche Passagen, die den Zusammenhang unterbrechen und das Aussageziel Jeremias verändern, die also Jeremia nachträglich in den Mund gelegt worden sind: Berufung Jeremias zum Profeten für die Völker (1,5b–7a.8.10); Vergleich zwischen Israel und Juda (3,6–10); Verheißung mit dem Thema »Heimkehr« (3,14–18); Mahnwort (4,3–4); Anklage mit dem Thema »natürliche Ordnungen« (5,20–25); Aufruf an die Völker (6,18–19); Warnung vor dem Götzendienst (10,1–16); Bitte gegen die Völker (10,25); Teile einer Klage Jeremias (11,18–23*); Zusätze zum Gespräch Jeremias mit Jahwe (12,4.6); Teile des Bildwortes vom Krug (13,12–14*); Wechselrede zwischen Jahwe und Jeremia (14,10–16); Klage des Volkes und Jahwes Antwort (14,19–22; 15,1–4); Zusatz zu einer Klage Jeremias (15,12–14; teilweise aus 17,3–4); Verheißung für die Deportierten und Unheilsankündigung (16,14–15.16–18); Gebete (16,19–21; 17,12–13); Zitat (18,18); Ausweitung der Unheilsweissagung gegen Paschhur auf ganz Juda (20,4–6*); Zusatz zum Wort gegen Schallum (22,11–12); Anklage gegen Jojakim (22,15–17); Teile der Unheilsankündigungen gegen Jojachin (22,24–30*); Zusätze zu den Worten über falsche Profeten (23,9–32*); Kommentar über das Wort »Ausspruch«/»Last« (23,34–40); Reflexion über wahre und falsche Profeten (28,8–9); Zusätze zu den Worten über die Profeten Ahab und Zidkija und über Schemaja (29,22–23.24–30.31–32*); Verheißung für Juda und Israel (33,14–26); Zusätze zur Rede der Rechabiter und der Rede Jeremias an sie (35,7b–11.18–19); Unheilsprofezeiung über Jojakim (36,29–31); Teile des Gesprächs zwischen Zidkija und Jeremia (38,14–22*).

Aus der Trostschrift für Israel (und Juda) (30,1–31,40) stammen nur die Schilderung der Not Jerusalems (30,12–15*), die Verheißung für die einstigen Bewohner des Nordreichs (31,2–6) und Jahwes Zusage an die klagende Rahel (31,15–16a.18–20) von Jeremia.

Von den Worten über fremde Völker (46,1–51,58) gehen die über Babel (50,1–51,58) mit Sicherheit nicht auf Jeremia zurück; bei den übrigen ist seine Verfasserschaft umstritten.

d) Zur Botschaft des Profeten

Obwohl Bußpredigt und ausdrückliche Heilsbotschaft der deuteronomistischen und sonstigen Bearbeitung entstammen, während Jeremia in erster Linie Unheilsverkündiger war, gibt es auch bei ihm den mit der verzeihenden Güte Jahwes begründeten Umkehrruf (3,12) und die Aussage vom Erbarmen Jahwes mit dem reuigen Israel (31,15–16a.18–20), wie außerdem die Vision von den Feigenkörben den Judäern im Exil Jahwes Liebe zusagt (24,1–10*), der Brief an die Deportierten sie zur Hoffnung aufruft (29,5–7) und die Zeichenhandlung vom Ackerkauf die im Lande Verbliebenen ermutigt, indem sie ihnen den Wiederaufbau in Aussicht stellt (32,6b–15). Vielleicht darf man ferner das Töpfergleichnis (18,1–6) als Heilszusage verstehen, daß nämlich Jahwe aus seinem mißratenen Volk ein neues, besseres Volk machen kann.

9. Ezechiel (Hesekiel)

a) Der Profet

Nach der Einleitung des Ezechielbuches (1,2) erlebte Ezechiel im 5. Jahr nach der Verbannung des Königs Jojachin (d.h. 593/92 v. Chr.) seine Berufung zum Profeten. Sieht man von der rätselhaften Datumsangabe in 1,1 (30. Jahr, nämlich nach der Verbannung Jojachins, d.h. 568 v. Chr.), die vielleicht das Ende der Wirksamkeit Ezechiels markieren soll, ab, so finden sich als letzte Daten des Buches das 25. Jahr, d.h. 573 v. Chr. (40,1) und das 27. Jahr, d.h. 571 v. Chr. (29,17).

Als Ort der Berufung und der Wirksamkeit Ezechiels, der aus einer priesterlichen Familie stammte (1,3) und verheiratet war, aber seine Frau durch den Tod verlor (24,15–18), nennt das Buch die Siedlung Tel-Abib am »Fluß« Kebar, einem Eufrat-Kanal südlich von Babylon (1,3; 3,15). Höchstwahrscheinlich ist Ezechiel zusammen mit Jojachin im Jahre 597 v. Chr. nach Babylonien deportiert worden und hat von Anfang an unter den Exilierten als Profet gewirkt.

b) Der Inhalt des Buches

Das Ezechielbuch gliedert sich in drei Teile: Unheilsworte gegen Juda und Jerusalem (1–24) – Unheilsworte gegen fremde Völker (25–32) – Heilsworte für Israel (33–48; hier läßt sich die Schlußvision vom neuen Israel, 40–48, als eigener Teil abheben).

Berufungsbericht (1,1–3,27): Ort und Zeit (1,1–3); Visionsschilderung, daß die »Herrlichkeit Jahwes« über einer glänzenden Platte (d.h. dem Firmament) erscheint, getragen von vier Lebewesen, sitzend auf einem Thron (1,4–28bα); Jahwe beruft Ezechiel zum Profeten (1,28bβ; 2,1–8a), gibt ihm eine Buchrolle zu essen (2,8b–10; 3,1–3) und führt den Berufungsauftrag von 2,1–8a weiter (3,4–11); die »Herrlichkeit Jahwes« entfernt sich, und Ezechiel kommt (zurück) nach Tel-Abib (3,12–15); sieben Tage später wird Ezechiel erneut berufen (3,16–21) und geht in die »Ebene«, wo er der »Herrlichkeit Jahwes« begegnet (3,22–24a); Jahwe befiehlt ihm, sich einzuschließen, und kündigt ihm an, daß man ihn fesselt und daß er verstummt, aber reden kann, wenn Jahwe mit ihm redet (3,24b–27).

Zeichenhandlungen (4,1–11): Der Profet zeichnet auf einen Ziegelstein eine Stadt, nämlich Jerusalem, belagert sie und stellt eine Eisenplatte zwischen sich und die Stadt (V. 1–3); er liegt gebunden zunächst auf der einen, dann auf der anderen Seite, und zwar dreihundertneunzig und vierzig Tage, entsprechend den Jahren der Schuld Israels und Judas, wobei die Berechnungsgrundlage für uns nicht mehr ganz durchschaubar ist (V. 4–8); er nimmt kärgliche Rationen von Speise und Wasser, wie bei einer Belagerung, zu sich (V. 9–11) – Auftrag an den Profeten, unreine Nahrungsmittel zu essen (4,12–15) – Ankündigung des Brot- und Wassermangels in Jerusalem (4,16–17) – Zeichenhandlung: Der Profet schneidet sich die Haare ab, die er bis auf einen Rest beseitigt, und versinnbildlicht so das Schicksal Jerusalems (5,1–4) – Unheilsprofezeiung gegen Jerusalem, zugleich Deutung der Zeichenhandlungen (5,5–17).

Unheilsankündigung gegen die Heiligtümer auf den Bergen
Israels mit ihrem Götzendienst und Verheißung eines Neubeginns für die der Katastrophe Entronnenen (6,1–10) – Unheilsankündigung, mit Zeichenhandlung, gegen Israel (6,11–
14) – Ankündigung des »Endes« (7,1–9) und des »Tages Jahwes« (7,10–27) für Israel; der Text von 7,1–27 ist stark verderbt.

Visionsbericht (8,1–11,25): Ezechiel wird von Jahwe nach Jerusalem entrückt (8,1–4) und durch den Tempelbereich geführt, wo er Götzendienst (z. B. die Verehrung reliefartig dar-
gestellter Tiergottheiten, des Vegetationsgottes Tammus und
der Sonne, d. h. des babylonischen Sonnengottes) antrifft (8,5–
18); es kommen sechs Männer mit Vernichtungswerkzeugen
und einer mit Schreibzeug (gemeint sind himmlische Wesen),
der die Jahwetreuen durch ein Zeichen schützt, während die
Götzendiener umgebracht werden (9,1–11); Ezechiel sieht den
Thron der »Herrlichkeit Jahwes« (10,1); der Leinenbekleidete
streut glühende Kohlen über die Stadt, wobei »Keruben« als
Thronträger – in Kapitel 1 heißen sie »Lebewesen« (»Gestalten«) – beteiligt sind (10,2–7); der Bewegungsmechanismus des
Thronwagens (10,8–17); die »Herrlichkeit Jahwes« schickt
sich an, Jerusalem zu verlassen (10,18–22); Ezechiel sieht Männer, die sich für das »Fleisch im Topf« halten, für den wertvol-
len Rest, der unter dem Schutz Jahwes steht, gegen die aber
Ezechiel eine Unheilsprofezeiung wegen ihrer Frevel ausspricht, die den Tod eines der Angeredeten zur Folge hat (11,1–
13); Trostwort für die Verbannten, die der Hohn und die Ver-
achtung der im Lande Verbliebenen schmerzlich trifft (11,14–
21); die »Herrlichkeit Jahwes« verläßt Jerusalem (11,22–23);
Ezechiel wird nach Babylonien zurückgebracht (11,24–25).
Zeichenhandlung, in der zwei Themen miteinander verknüpft
sind: Ezechiel geht, mit Flüchtlingsgepäck beladen, am hellen
Tag aus seinem Haus, um die bevorstehende Deportation der
Jerusalemer zu versinnbildlichen, und zugleich bildet er das
Schicksal des nicht namentlich genannten Königs Zidkija, der
vor der Eroberung Jerusalems aus der Stadt zu entkommen

suchte (2 Kön 25,4–7), ab (12,1–16) – Zeichenhandlung: Ezechiel nimmt seine Nahrung angstvoll zu sich, wie es bald auch die im Lande Verbliebenen tun werden (12,17–20).

Zwei Disputationsworte, in denen Ezechiel die Gültigkeit zweier Schlagworte seiner Zeitgenossen, wonach das profetische Wort sich nie oder erst in ferner Zukunft erfüllt, bestreitet (12,21–25.26–28) – zweimal zwei Unheilsprofezeiungen, deren jeweils erster Teil als Weheruf stilisiert ist, gegen die falschen Profeten (13,1–9.10–16) und gegen Frauen, die mittels Zauberei und Magie »profezeien« (13,17–21.22–23).

Lehrrede, mit Umkehrruf, über Götzendiener und falsche Profeten (14,1–11) – Lehrrede über die Unerbittlichkeit des göttlichen Gerichts, wofür die Reste der bösen Bevölkerung Jerusalems, wenn sie im Exil auftauchen, der lebende Beweis sind (14,12–23).

Bildwort vom Holz eines Weinstocks, das, im Gegensatz zu den Früchten, wertlos ist und nur verbrannt werden kann, und Deutung auf das durch seinen Ungehorsam wertlos gewordene Jerusalem (15,1–8) – Unheilsprofezeiung, in Form einer Bildrede, mit derber, zuweilen obszöner Sprache, an Jerusalem: Jerusalem, ein kanaanäisches Mädchen, wurde von Jahwe gerettet und großgezogen, worauf er sich mit ihm vermählte und es prächtig einkleidete, aber es trieb Unzucht durch Götzendienst und durch seine Verbindung mit Ägypten, weshalb Jahwe es bestraft (16,1–43) – Anklage gegen Jerusalem, dessen Schuld schwerer wiegt als die seiner Schwesterstädte Sodom im Süden und Samaria im Norden (16,44–58) – Verheißung des neuen Bundes zwischen Jahwe und Jerusalem, der Jerusalems »Scham«, d. h. Reue, zur Folge haben wird (16,59–63).

Bildrede von einem Adler, der einen Zedernzweig in die »Stadt der Händler« bringt, dann einen Weinstock pflanzt und ihn, weil er sich einem anderen Adler zuwendet, ausreißen wird (17,1–10), und Deutung auf den König von Babel und auf zwei Könige von Juda, d. h. Jojachin und Zidkija (17,11–21) – Verheißung in Form einer Bildrede von einem Zedernzweig, den

Jahwe auf dem Bergland Israels einpflanzt und der prächtig heranwächst, womit wohl die Hoffnung ausgesprochen wird, daß Jahwe den Staat Israel wiederherstellt (17,22–24).

Lehrrede in Form eines Disputationswortes über das Thema »Schuld und Gerechtigkeit« (18,1–32): Im Namen Jahwes widerspricht Ezechiel der Meinung seiner Zeitgenossen, daß die gegenwärtige Generation für die Sünden der Vorfahren haftet, und stellt heraus, daß der frevlerische Sohn des Gerechten stirbt, aber der gerechte Sohn des Frevlers am Leben bleibt (V. 2–20), wie ebenfalls der Frevler, der umkehrt, am Leben bleibt, nicht aber der Gerechte, der sich zum Frevel wendet (V. 21–30a), woraus sich der Ruf zur Umkehr ergibt (V. 30b–32).

Totenklagelied über den »Fürsten von Israel« im Bild einer Löwin, die, nachdem eines ihrer Jungen nach Ägypten verschleppt wurde, ein anderes aufzieht, das überall Schrecken verbreitet, schließlich gefangen und zum König von Babel gebracht wird (einerseits lassen sich die Löwenmutter auf das Land Juda oder auf das Haus Davids und die beiden Jungen auf die Könige Joahas und Jojachin deuten, andrerseits die Löwenmutter auf Hamutal, eine der Frauen des Königs Joschija, und die beiden Jungen auf deren Söhne Joahas und Zidkija) (19,1–9) – weiteres Totenklagelied, eng an das vorangehende angelehnt, mit dem Bild des Weinstocks, der zu hoch hinaus wächst, darum verdorrt und schließlich in die Wüste verpflanzt wird (gemeint ist das judäische Königshaus und besonders König Zidkija) (19,10–14).

Geschichtserzählung über Israel (20,1–31): Einige der Ältesten Israels erbitten von Ezechiel einen Gottesbescheid, aber Jahwe trägt ihm auf, ihnen die Sünden der Vergangenheit bewußt zu machen (V. 1–5a), nämlich Israels Ungehorsam trotz der Zuwendung Jahwes seit der Erwählung in Ägypten bis in die Gegenwart (V. 5b–31) – Verheißung Jahwes, daß er das (nämlich im Exil) resignierende Volk aus der Verbannung heraus in die Wüste führt, dort ein Läuterungsgericht abhält und die Treuen nach Palästina zurückbringt (20,32–44).

Gleichnis vom Waldbrand, Bild für Jahwes Gericht (21,1–5) –
Unheilsankündigung, daß Jahwe die Gerechten und die
Schuldigen in Israel ausrotten wird (21,6–10) – Zeichenhandlung: Mit seinem Stöhnen versinnbildlicht Ezechiel das kommende Unheil (21,11–12) – Lied vom Schwert, das, als selb-
ständiges Wesen, in der Hand des Henkers (nämlich Nebukadnezzars) wütet (21,13–22) – Zeichenhandlung mit Deutung: Ezechiel zeichnet eine Gabelung zweier Wege, nämlich
nach Jerusalem und Rabbat-Ammon, worauf der König von
Babel sich mittels des Loses für den Weg nach Jerusalem ent-
scheidet und dieses belagert (21,23–32) – Unheilsankündigung gegen die Ammoniter (ursprünglich vielleicht gegen Jerusalem) (21,33–37), eingeleitet durch ein Lied vom Schwert,
das schon am Hals der Todgeweihten liegt (V. 33b–35a).
Unheilsprofezeiung gegen Jerusalem, weil man in der Stadt
Blut vergießt, Götzendienst treibt, sexuelle Untaten begeht
und die Armen ausbeutet (22,1–16) – Unheilsprofezeiung als
Bildwort vom Schmelzofen Jerusalem, in dem Israel vernichtet wird (22,17–22) – anklagender Rückblick auf das Versagen
der »Stände« in Israel, wobei »Fürsten« (d. h. die Könige), die
Priester, die Beamten, die Profeten und »das Volk des Landes«
(d.h. der Landadel) aufgeführt werden (22,23–31).
Unheilsprofezeiung in Form einer Bildrede von zwei Frauen
Jahwes, Ohola und Oholiba (gemeint sind das Nordreich Israel und das Südreich Juda), wie der verwandte Abschnitt
16,1–43 mit derber, drastischer Sprache (23,1–27): Prolog
über ihr dirnenhaftes Treiben schon in der Jugend und ihre
Heirat (V. 1–4); Oholas Unzucht und Bestrafung durch die
Assyrer (V. 5–10); Oholibas Unzucht, die Oholas Tun noch
übertraf (V. 11–21); Unheilsweissagung gegen Oholiba (V. 22–
27) – Unheilsweissagung, die V. 22–27 leicht variierend wiederholt und zu V. 32–34 überleitet (23,28–31) – Bildrede vom
Unheilsbecher, den Samaria getrunken hat und den Jerusalem
trinken wird (23,32–34) – Unheilsprofezeiung gegen Jerusalem (23,35) – lehrhafte Beispielerzählung, angelehnt an die
Form der Unheilsprofezeiung, in der Ohola und Oholiba

nicht mehr Symbole für Israel und Juda, sondern Einzelpersonen, zwei götzendienerische, kriminelle und lasterhafte Ehebrecherinnen sind (23,36–49).

Zwei Bildworte, eng ineinander verzahnt, und Deutung: Jahwe bereitet aus Fleischstücken ein Mahl, das aber kein Festessen wird, sondern zu einer unansehnlichen Masse verkocht (gemeint ist die Bewohnerschaft Jerusalems), und Jahwe versucht, den Rost in einem Kessel (gemeint ist Jerusalem) zu beseitigen, was aber mißlingt (24,1–14) – Zeichenhandlung: Indem Ezechiel nicht über den plötzlichen Tod seiner Frau klagt, versinnbildlicht er die Zukunft der Bewohnerschaft Jerusalems, die beim Untergang der Stadt nicht mehr rituell klagen kann (24,15–24) – Ankündigung der Katastrophe Jerusalems, die dem Profeten, der verstummt war, wieder den Mund öffnet (24,25–27).

Unheilsprofezeiungen gegen die unmittelbaren Nachbarvölker Judas (25,1–17): die Ammoniter (V. 1–5 und 6–7), die Moabiter (V. 8–11), die Edomiter (V. 12–14) und die Philister (V. 15–17).

Unheilsprofezeiung gegen die Inselstadt Tyrus, zu der, weil sie sich über den baldigen Untergang Jerusalems freut, Jahwe ein Völkerheer heranführen wird, das Tyrus zerstört und auch die Tochterstädte auf dem Festland vernichtet (26,1–6) – Unheilsweissagung gegen Tyrus, die noch einmal die Eroberung der Stadt, und zwar durch Nebukadnezzar, schildert (26,7–14), wobei allerdings in V. 9–11 nicht die Eroberung einer Inselstadt, sondern nur die einer Festlandstadt gemeint sein kann – Totenklagelied, das die Fürsten der »Inseln« (d. h. der Mittelmeerländer) beim Untergang der mächtigen Handelsmetropole Tyrus anstimmen (26,15–18) – Unheilsankündigung, wonach Tyrus von Jahwe mit der aufsteigenden Urflut bedeckt und in das Totenreich, die Unterwelt, hinabgerissen wird (26,19–21) – Totenklagelied über den Untergang des im Bild eines prachtvollen Handelsschiffes dargestellten Tyrus mit einer umfangreichen Liste der Handelsbeziehungen der Stadt (27,1–36) – Unheilsprofezeiung gegen den »Für-

sten« (d.h. den König) von Tyrus, der wegen seines Stolzes
auf seine Weisheit und seinen Reichtum durch »Fremde«
(d.h. die Truppen Nebukadnezzars) schmählich umkommt
(28,1–10) – Totenklagelied über den König von Tyrus, der als
ein gottähnliches Wesen »im Garten Gottes«, »in Eden«, »auf
dem Götterberg« lebend, sich durch Gewalttat, Hochmut
und Entweihung der Heiligtümer versündigte und auf die Erde hinabgestürzt wurde (28,11–19) – Unheilsweissagung gegen die Stadt Sidon (28,20–23) – Verheißung für Israel (28,24)
– Verheißung, daß die Verbannten Israels heimkehren und in
Sicherheit wohnen (28,25–26).

Unheilsweissagung gegen den Pharao, den König von Ägypten, der im Bild eines Krokodils dargestellt wird (29,1–6a) –
Unheilsprofezeiung gegen den König von Ägypten, der für
Israel nur eine Stütze aus zerbrechlichem Schilfrohr ist
(29,6b–9a) – Unheilsprofezeiung über Ägypten, die eine vierzig Jahre dauernde Deportation ankündigt (29,9b–12), mit
Verheißung der Heimkehr, allerdings nur nach Patros, d.h.
Oberägypten (29,13–16) – (abgewandelte) Unheilsprofezeiung, daß Nebukadnezzar, der vergeblich Tyrus zu erobern
suchte, als Ersatz Ägypten plündert (29,17–20) – Verheißung
für Israel (29,21).

Unheilsankündigungen, daß der »Tag Jahwes« über Ägypten
kommt (30,1–9), daß Nebukadnezzar der Vollstrecker des Gerichts an Ägypten ist (30,10–12), daß die einzelnen Orte Ägyptens vernichtet werden (30,13–19) und daß Jahwe die Arme des
Pharaos zerbricht, aber die Arme Nebukadnezzars im Kampf
gegen Ägypten stärkt (30,20–26) – Unheilsankündigung in
Form einer Bildrede, die den Pharao als Weltenbaum, als eine
bis in den Himmel und bis in die Tiefe der Urflut reichende
Libanonzeder, und sein plötzliches Ende beschreibt (31,1–14)
– Schilderung der Begleitumstände beim Fall des Welten-
baums, der hier als Höllenfahrt, als Fall in die Totenwelt dargestellt wird (31,15–18) – Unheilsankündigung, als »Totenklagelied« bezeichnet, gegen den König von Ägypten, der im Bild
eines von Jahwe gefangenen und getöteten Krokodils er-

scheint, und gegen Ägypten, das Nebukadnezzar verwüstet
(32,1–16) – Klagelied über das als Einzelperson angesprochene
Ägypten, das in der Unterwelt auf einem unehrenhaften Platz
neben Assur, Elam und anderen ruht (32,17–32).

Komposition aus Worten über das Thema »Schuld und Gerechtigkeit« (33,1–20): Einleitung (V.1), bildhafte Erörterung
über das Amt des Wächters (V.2–6), Bestimmung Ezechiels
zum Wächter (V.7–9), Disputationswort über das Schuldein-
geständnis des Volkes mit Umkehrruf (V.10–11), Lehrrede,
die dem Gerechten, wenn er gerecht bleibt, und dem Schuldigen, wenn er umkehrt, das Leben zusagt, andernfalls aber den
Tod in Aussicht stellt (V.12–20) – Bericht Ezechiels über die
Einnahme Jerusalems und daß sein, Ezechiels, Verstummen
endet (33,21–22) – Disputationswort, worin der Profet im
Namen Jahwes den Anspruch der im Lande Verbliebenen auf
den Besitz des Landes zurückweist, weil sie Götzendienst treiben und andere Greuel begehen, und ihnen die Vernichtung
androht (33,23–29) – Schilderung, als Jahwewort, des Verhaltens der Zeitgenossen gegenüber der Botschaft Ezechiels, die
zwar gehört, aber nicht wirklich angenommen wird, mit einem tröstenden Zuspruch für Ezechiel (33,30–33).

Unheilsprofezeiung, deren erster Teil die Form eines Wehe-ru-
fes hat, gegen die »Hirten Israels« (d.h. die führenden Männer
des Volkes), die ihre Herde mit Willkür behandelt und ver-
nachlässigt haben und die Jahwe deshalb ihres Amtes enthebt
(34,1–10), und Verheißung, daß Jahwe selbst sich der Herde
annimmt und die Verbannten heimholt (34,11–16) – Anklage
gegen die Stärkeren in der Herde, die rücksichtslos gegenüber
den Schwachen sind, und Ankündigung, daß Jahwe die Starken aussondert und sich der Schwachen annimmt (34,17–22)
– Verheißung, daß David (gemeint ist wohl ein Herrscher aus
dem Hause Davids) »Hirt« über Israel sein wird (34,23–24) –
Verheißung des allgemeinen Friedens und der Fruchtbarkeit
für Israel (34,25–30) – Abschlußformel (34,31).

Worte gegen die Edomiter auf dem Gebirge Seïr (35,1–15):
Einleitung (V.1–3aα), Unheilsweissagung (V.3aβ–4), zwei

Unheilsprofezeiungen (V. 5–9 und 10–12aα) und eine abgewandelte Unheilsprofezeiung (V. 12aβ–15).

Heilsprofezeiung für die Berge Israels, die, nachdem sie von den fremden Völkern ausgeplündert und verspottet worden sind, wieder fruchtbar und von dem heimkehrenden Volk Israel beackert werden (36,1–12) – Heilsprofezeiung für das als »Menschenfresserin« geschmähte Land, nämlich Israels, das in Zukunft seinem Volk nicht mehr die Kinder wegnimmt (36,13–15) – Verheißung, beginnend mit einem Rückblick auf die Verbannung, wodurch Jahwes Name entweiht wurde, die den Verbannten die Heimkehr und Reinigung ankündigt, indem Jahwe ihnen ein neues Herz und einen neuen Geist gibt (36,16–28) – drei Verheißungen, und zwar der Fruchtbarkeit des Landes, des Wiederaufbaus der zerstörten Orte und der Fruchtbarkeit der Menschen (36,29–32.33–36.37–38).

Visionsbericht (37,1–14): Ezechiel sieht, wie Gebeine, die über eine Ebene verstreut daliegen, auf Jahwes Wort hin wieder lebendig werden (V. 1–10); damit ermutigt Jahwe den Propheten, daß er seine Volksgenossen, die sich, wie ein unter ihnen umlaufendes Bildwort sagt, im Bereich des Todes wähnen, Jahwes heilvolle Zukunft ansagt, der die Verbannten aus ihren Gräbern, d. h. aus der Fremde und aus der Hoffnungslosigkeit herausholt (V. 11–14) – Zeichenhandlung mit Deutung: Ezechiel nimmt zwei Hölzer, eines für das Südreich Juda und eines für das Nordreich Josef (d. h. Israel), und fügt sie zusammen, womit er die kommende Vereinigung der aus dem Exil Heimkehrenden zu einem einzigen Volk unter einem einzigen König abbildet (37,15–22) – Verheißung, daß Jahwe sein Volk reinigt, daß sie unter König David (gemeint ist wohl ein Nachkomme Davids) sicher wohnen und daß Jahwe für alle Zeit in seinem Heiligtum bei ihnen ist (37,23–28).

Ankündigung, daß Gog gegen Palästina heranzieht und dort vernichtet wird (38,1–39,29): Jahwe führt Gog, den Herrscher über mehrere Völker im Norden, nach Palästina (38,1–9); Gog plant, das Land auszuplündern (38,10–13); er zieht, wie Jahwe es will, gegen Palästina heran (38,14–16); sobald Gog, der von den Profeten geweissagte Machthaber der Endzeit, nach Palästina kommt, treten dort furchtbare Naturkatastrophen ein, und in selbstmörderischer Panik kämpfen die Völker gegeneinander (38,17–23); Jahwe führt Gog nach Palästina und vernichtet dort ihn und sein Heer (39,1–5); Jahwe sendet Feuer gegen das Land Magog und erweist seine, Jahwes, Heiligkeit (39,6–8); die Bewohner der Städte Israels sammeln die Waffen des vernichteten Heeres ein und verbrennen sie (39,9–10); das ganze Volk Israel hilft mit, Gog und sein Heer zu begraben und das Land rein zu machen (39,11–16); alle Vögel und wilden Tiere kommen herbei, um das Fleisch und Blut der Gefallenen als Festmahl, aus dem zugleich ein Opfermahl für Menschen wird, zu verzehren (39,17–20); alle Welt und auch Israel erkennt die Herrlichkeit Jahwes (39,21–22); die Völker erkennen die Deportation Israels als Strafe für begangenen Frevel (39,23–24); Jahwe führt Israel heim (39,25–29).

Visionsbericht über das neue Israel (40,1–48,35): Entrückung des Profeten (40,1–4); der Tempel, seine Tore und Höfe (40,5–41,4); die Nebengebäude des Tempels (41,5–12); die Maße des Tempels (41,13–15a); das Innere des Tempels (41,15b–26); die Räume für die Priester (42,1–14); die Maße des Tempelbezirks (42,15–20); der Einzug Jahwes in den Tempel (43,1–12); der Altar im ·Innenhof und die Altarweihe (43,13–27); das verschlossene Osttor (44,1–3); die Leviten und Priester (44,4–31); die Aufteilung des Kerngebietes (45,1–8); Mahnung an die Fürsten (45,9–17); die großen Feste (45,18–25); die Opfer (46,1–15); der Besitz des Fürsten (46,16–18); die Opferküchen des Tempels (46,19–24); die Tempelquelle (47,1–12); die Verteilung des Landes (47,13–48,29); die heilige Stadt (48,30–35).

c) Zum Werdegang des Buches

Das Ezechielbuch ist in seiner Form und Sprache ein sehr einheitliches Gebilde. Durchweg (mit Ausnahme des merkwürdigen und zweifellos nachträglich zugefügten Verses 1,3) liegt Ich-Rede des Profeten vor, was dem Buch den Charakter eines lückenlosen Selbstberichts gibt. Innerhalb dieses Selbstberichts wiederum steht das Ich Jahwes im Vordergrund, d.h. der Profet verkündet seine Botschaft weitgehend als Ich-Rede

Jahwes, nicht als Rede über ihn. Dem entspricht die auffällige Form von 33,30–32, wo Jahwe den Profeten über einen Sachverhalt unterrichtet, den der Profet tagtäglich erlebt. Auch die Formel »So spricht/hat gesprochen der Herr Jahwe« (»Botenformel«) steht meistens innerhalb eines dem Profeten von Jahwe erteilten Redeauftrags (z. B. 3,27; 6,3; 11,5; 13,3; 21,3; 27,3; 32,3; 37,5; 44,6).

Nur ausnahmsweise finden sich erzählende Partien, so die Visionsschilderungen 1,1–2.4–3,24; 8,1–10,22; 11,22–25; 37,1–10; 40,1–43,6; 44,1.4; 46,19.21–23; 47,1–7 und die Abschnitte 4,13–16; 11,1–2.13; 14,1; 20,1; 33,21–22.

Ansonsten erscheint die dritte Person Jahwes fast nur in der Einleitungsformel »Und es erging das Wort Jahwes an mich« (»Wortereignisformel«) (z. B. 3,16; 6,1; 12,1.8; 13,1; 16,1; 28,1.11.20), für die das Ezechielbuch fast die Hälfte der alttestamentlichen Belege bietet, und in der Formel »Spruch Jahwes« (»Gottesspruchformel«) (z. B. 5,11; 13,6.7; 15,8; 17,16; 26.5.14.21; 38,18.21; 43,19.27).

Charakteristisch für das Ezechielbuch sind ferner die Abschlußformel »Ich, Jahwe, habe geredet« (z. B. 5,13; 17,21; 21,22; 24,14; 34,24; 37,14) und die Formel »Und du wirst/ihr werdet/sie werden erkennen, daß ich Jahwe bin« (»Erkenntnisformel«) (z. B. 6,7; 11,10; 12,15; 14,8; 21,10; 22,22; 25,7; 30,8; 35,9; 36,23), die beide fast nur im Ezechielbuch vorkommen, und auch die Anrede an den Profeten als »Menschensohn« im Sinne von »Einzelperson«, »Geschöpf« (z. B. 2,1; 3,1; 12,3; 14,25; 33,10; 37,16; 39,1), die außerhalb des Ezechielbuches kaum begegnet.

Trotz seiner sprachlichen und formalen Geschlossenheit ist das Buch, wie näheres Zusehen zeigt, nicht aus einem Guß, da es zahlreiche Partien enthält, die sich nur schlecht in ihre Umgebung einfügen oder im Widerspruch zur sonstigen Botschaft Ezechiels stehen oder schon Gesagtes unnötigerweise wiederholen, die also nachträgliche Erweiterungen sein könnten. Allerdings entsprechen diese Partien in Wortwahl und Stil so sehr der Ausdrucksweise Ezechiels, daß offensichtlich »Schüler« des Profeten an der Gestaltung des Buches beteiligt waren, wodurch das Urteil, ob ein Abschnitt von Ezechiel stammt oder nicht, oft nur schwer zu fällen ist. Unter diesem Vorbehalt seien im folgenden die Abschnitte genannt, die als Ergänzungen der Worte Ezechiels in Frage kommen.

Zufügungen im ersten Teil des Buches (1–24): die Beschreibung der vier Lebewesen und der Räder unter dem Thron Jahwes (1,5b–21.23–25; 3,13); das Wort vom Gefesseltwerden und Verstummen Ezechiels (3,25–27); die Zeichenhandlungen mit der Eisenplatte, mit Ezechiels Gebundensein und mit der unreinen Speise und – teilweise – mit den Haaren (4,3.4–8.12–15; 5,3–4a); ein Teil der Deutung der Zeichenhandlungen, durch den die Unheilsankündigung verstärkt wird (5,6b–7.10–13.16–17), und ein Teil der Unheilsankündigung gegen die Berge Israels (6,5–7a); die Verheißung eines Neubeginns (6,8–10); der Schluß der Unheilsankündigung gegen Israel (6,13aβ–14); der größte Teil der Ankündigung des »Tages Jahwes« (7,10–26*); die Abschnitte in dem Visionsbericht 8,1–11,25, die, anknüpfend an Kapitel 1, den Auszug der »Herrlichkeit Jahwes« aus Jerusalem schildern (8,2.4; 9,3a; 10,1.4a.5.8–22; 11,22–23); der Hinweis auf die Katastrophe Jerusalems (11,9–12) und auf die Abwendung der Heimkehrer vom Götzendienst (11,17–18.21); die Anspielung auf das Schicksal Zidkijas in der Zeichenhandlung mit dem Flüchtlingsgepäck (12,4b–14*) nebst dem anschließenden Hinweis auf die zum Gericht Entronnenen (12,15b–16); der Vergleich der falschen Profeten mit Füchsen (13,4) und ihre Botschaft mit Tünche (13,10–16); das Wort vom Trost, den die Treue Jahwes bringt (14,22b–23a); der Abschluß des Bildwortes vom Holz des Weinstocks (15,7bβ–8), der 15,1–7bα mit 14,12–23 verknüpft; der Vorwurf des Götzendienstes, der Fremdländerei und der Geschenke (d. h. Tributzahlungen) in der auch sonst noch kräftig überarbeiteten Bildrede an Jerusalem (16,1–43*); die Gegenüberstellung Jerusalems mit Sodom und Samaria (16,44–58); die Verheißung des neuen Bundes (16,59–63); die Unheilsankündigung über Zidkija (17,16–18); die Verheißung vom Zedernzweig (17,22–24); der Hinweis auf die Landnahme in der Geschichtserzählung über Israel (20,27–29); die Unheilsankündigung vom Schwert Jahwes, das alle ausnahmslos dahinrafft (21,6–10); die Aufforderung an den Profeten zur Klage und zwei rätselhafte Notizen über einen Stock (21,15b.17–18); der Schluß der Unheilsprofezeiungen gegen die »Blutstadt« (22,13–16); zahlreiche Ausmalungen in der Unheilsprofezeiung über Ohola und Oholiba (23,4b–26*) und die anschließende Unheilsweissagung (23,28–31); die Bildrede vom Unheilsbecher (23,32–34); die Unheilsprofezeiung gegen Jerusalem (23,35); die Beispielerzählung von Ohola und Oholiba (23,36–49); die Hinweise auf die »Blutstadt« in den Bildworten von den Fleischstücken und vom Rost (24,6aβ–9.13bα.14b); die auf 3,25–27 zurückweisende Ankündigung, daß Ezechiel bei der Nachricht vom Fall Jerusalems wieder reden kann (24,25–27).

Zufügungen im zweiten Teil des Buches (25–32): Unheilsprofezeiungen gegen Nachbarvölker (25,1–17); ein Teil der Unheilsprofezeiung und -ankündigung gegen Tyrus (26,5b–14*); das Totenklagelied der Fürsten (26,15–18); die Unheilsankündigung vom Abstieg Tyrus' in die Unterwelt (26,19–21); zahlreiche Ausschmückungen in dem Totenklagelied über das Prachtschiff Tyrus (27,8–36*); Ausschmückungen in der Unheilsprofezeiung gegen den König von Tyrus (28,2b–5.6b); zahlreiche Ergänzungen im Totenklagelied über den König von Tyrus (28,11–19*), die aber nicht eindeutig vom Grundbestand abzuheben sind; die Verheißung für die Deportierten (28,25–26); der größte Teil der Unheilsweissagung und -profezeiung gegen Ägypten (29,6b–16*; 30,1–26*) nebst der Verheißung für Israel (29,21); Zusätze in der Bildrede vom Weltenbaum (31,6–14*) und der Anhang dazu (31,15–18); der Schlußteil der Unheilsankündigung über den König von Ägypten (32,9–16); das Klagelied über Ägypten in der Unterwelt (32,17–32).

Zufügungen im dritten Teil des Buches (33–48): die Doppelung der Unheilsprofezeiung im »Hirten«-Wort (34,7–8); die Verheißung des kommenden »Hirten« und des Friedens und der Fruchtbarkeit nebst der Abschlußformel (34,23–31); der

größte Teil der Heilsprofezeiung für die Berge Israels
(36,3.4b–7.10.12); die Heilsprofezeiung von der »Menschenfresserin« (36,13–15); ein großer Teil der anschließenden Verheißung (36,17–26*) und die folgenden drei Verheißungen
(36,29–38); der Schlußabschnitt des Visionsberichts von der
Auferweckung Israels (37,13b–14); eine Erweiterung in der
Zeichenhandlung mit den zwei Hölzern (37,20–22aα) und die
anschließende Verheißung (37,23–28).
In der Ankündigung, daß Gog gegen Palästina heranzieht und
dort vernichtet wird (38,1–39,29) dürften auch die Abschnitte, die den Grundbestand dieser Ankündigung bilden und die
man vielfach auf Ezechiel zurückführt, nämlich die Schilderung des Zuges nach Palästina (38,1–9), des Sieges über Gog
(39,1–5) und des Festmahls für die Tiere (39,17–20) das Werk
eines Späteren sein.
Vom Visionsbericht über das neue Israel (40,1–48,35) stammt
vielleicht nur ein Bruchteil von Ezechiel, nämlich die Schilderung, wie Ezechiel von Jahwe auf einen hohen Berg in Palästina gebracht wird und dort eine Stadt sieht (40,1–2), wie er
im Tempelhof die »Herrlichkeit Jahwes« sieht und wie Jahwe
ihm sagt, daß er für immer dort inmitten Israels wohnen wird
(43,4–6a.7a), und wie vom Tempel eine Quelle ausgeht, die
dem Land große Fruchtbarkeit gibt (47,1–12*).

d) Zur Botschaft des Profeten

Selbst wenn all jene Passagen oder doch ihr größter Teil nicht
von Ezechiel stammen, gibt der verbleibende Rest ein deutli-
ches Bild seiner Botschaft, die einerseits dem schuldig gewordenen Volk von Juda (Ezechiel bezeichnet es fast durchweg
als »Israel«) das unerbittliche Gericht Jahwes ansagt (z. B.
7,1–9; 9,1–2.3b–11; 12,1–11*.17–20; 14,12–22a.23b), aber zugleich im Umkehrruf die Liebe Jahwes zu seinem Volk auf-
leuchten läßt (z. B. 14,1–11; 18,1–32), der die Verbannten nach
einem Läuterungsgericht in die Heimat zurückführt (20,32–
44) und dort neues Heil schenkt (11,14–16.19–20; 34,11–22;
36,1–12*.16–28*; 37,1–13a.15–22*; 43,4–6a.7a; 47,1–12*).

10. Obadja

a) Der Profet

Die Ankündigung des Unheils über Edom, weil dieses sich an der Zerstörung Jerusalems beteiligt und damit seinen »Bruder« mißhandelt hatte (V. 10–12), zeigt, daß Obadja nach 587 v. Chr., also zu Beginn der Exilszeit, aufgetreten ist. Mehr wissen wir nicht über ihn.

b) Der Inhalt des Buches

Überschrift (V. 1a) – Unheilsankündigung über Edom (V. 1b–14): Bericht des Profeten von einem Völkerboten, d. h. einem Engel (V. 1b), Unheilsankündigung Jahwes (V. 2–4), ironisches Klagelied (V. 5–7), Unheilsankündigung Jahwes (V. 8–9) mit Begründung (V. 10–11), Warnspruch, bestehend aus acht Gliedern (V. 12–14) – Ankündigung des »Tages Jahwes« für alle Völker (V. 15a) – Unheilsankündigung (Vergeltungsspruch) gegen Edom (V. 15b) – Entfaltung der Ankündigung des »Tages Jahwes« (V. 16–21): Jahwes Ankündigung (an die Judäer) des »Zornesbechers« für alle Völker (V. 16), Verheißung, daß Israel sein früheres Gebiet in Besitz nimmt und Edom vernichtet (V. 17–18), ersteres weiter entfaltet durch die Nennung von Landschaftsnamen (V. 19), Verheißung, daß die Deportierten Israel in Besitz nehmen (V. 20), daß die »Geretteten« Edom vernichten (V. 21a) und daß Jahwe die Königsherrschaft antritt (V. 21b).

c) Zum Werdegang des Buches und zur Botschaft des Profeten

Der Schlußabschnitt (V. 19–21) ist vielleicht später angefügt worden; dabei schließt V. 19–20 an V. 17b und V. 21 an V. 17a an. Im übrigen ist das Buch als literarische Einheit anzusehen. Seine beiden Themen – Unheilsankündigung über Edom (V. 1b–14) und Unheilsankündigung über die Völker (V. 16–18) – sind in V. 15 miteinander verklammert, und so wird erstere zum Bestandteil der letzteren.

11. Deuterojesaja (Jes 40–55)

a) Der Profet

In dem Komplex Jes 40–55 sind Profetenworte aus der Zeit des babylonischen Exils gesammelt, deren Verfasser unbekannt ist und den die Wissenschaft *Deuterojesaja* (»zweiter Jesaja«) nennt. Zwar nehmen manche Ausleger an, die Texte stammten nicht von einer Einzelperson, sondern von einem Kollektiv, etwa einer Profeten-»Schule«; aber das bleibt im folgenden unberücksichtigt.

Aus Deuterojesajas Verkündigung geht hervor, daß er zwischen 546 v. Chr., als der Siegeszug des Perserkönigs Kyrus begann, und 539 v. Chr., der Eroberung Babylons durch Kyrus, die er erst für die Zukunft erwartete (47,1–15), gewirkt hat, und zwar höchstwahrscheinlich in Babylonien, obgleich eine Wirksamkeit in Palästina nicht auszuschließen ist.

b) Der Inhalt des Komplexes Jes 40–55

Visionsbericht, worin der Profet schildert, wie auf einer Versammlung im Himmel nacheinander drei himmlische Sprecher zu Worte kommen, von denen der erste Jahwes Vergebung für sein Volk mitteilt, der zweite den Befehl gibt, eine Straße zu bauen, und Jahwes Teilnahme am Heimkehrerzug ankündigt und der dritte den Profeten auffordert, das soeben Gehörte weiterzusagen (40,1–8) – Aufruf an Jerusalem, die Heimkehr der Verbannten weithin anzukündigen (40,9–11) – Disputationswort, in dem der Profet gegenüber dem Zweifel der Israeliten an der Macht Jahwes auf seine Schöpfung und sein Wirken in der Geschichte hinweist (40,12–17) – Disputationswort, in dem der Profet gegenüber dem Zweifel der Israeliten, ob Jahwe mächtiger sei als die babylonischen Götter, Jahwes Handeln in der Geschichte und seine Macht auch über die Gestirne, die in der babylonischen Religion Götter sind, beschreibt (40,18–26) – Disputationswort, in dem der Profet auf die Klage der Israeliten, daß Jahwe sie nicht beachtet, mit dem Zuspruch antwortet, daß Jahwe, der Herr der Geschichte und der Helfer der Leidenden, denen hilft, die auf ihn vertrauen (40,27–31).

Gerichtsrede, in der Jahwe die Völker zum Prozeß auffordert und den von ihm, Jahwe, bewirkten Siegeszug des Kyrus schildert; die Völker kommen der Aufforderung nach (41,1–7) – Heilsorakel, in dem Jahwe den Israeliten zusagt, daß er ihre Unterdrücker entmachten wird (41,8–13) – Heilsorakel, in dem Jahwe den Israeliten zusagt, sie zum Sieg über die Feinde auszurüsten (41,14–16) – Verheißung Jahwes, daß er den Verschmachtenden hilft und daß er die Wüste in Fruchtland verwandelt (41,17–20) – Gerichtsrede, in der Jahwe die Völker und ihre Götter als Prozeßgegner zum Reden auffordert und sie durch den Hinweis auf den von ihm bewirkten Siegeslauf des Kyrus zum Schweigen bringt (41,21–29).

Erstes Gottesknechtslied: Jahwe stellt seinen Knecht vor und schildert die Art und Weise und das Ziel seines Auftrags (42,1–4) – Berufungswort Jahwes mit Selbstvorstellung (42,5–9); undeutlich bleibt, an wen es gerichtet ist (den Gottesknecht, den Profeten, Kyrus, Israel?) – Hymnus auf Jahwe als Krieger (42,10–13) – Verheißung Jahwes, daß er zum Krieg aufbricht, wodurch die Natur in Mitleidenschaft gezogen wird, und daß er seinem Volk hilft (42,14–17) – Lehrpredigt des Profeten an Israel mit dem Inhalt, daß Jahwe um seiner Heilsabsicht willen Israel in den Untergang führte (42,18–25) – Heilsorakel, in dem Jahwe die ungehinderte Heimkehr der Verbannten von überallher ankündigt (43,1–7) – Gerichtsrede, in der Jahwe gegen alle Völker die Israeliten als Zeugen dafür aufruft, daß er allein rettet und die Geschichte lenkt (43,8–13) – Verheißung Jahwes, daß er einen Feldzug gegen Babel unternimmt, um Israel zu retten (43,14–15) – Verheißung Jahwes, daß er die Wüste begehbar macht, damit Israel heimkehren kann (43,16–21) – Gerichtsrede, in der Jahwe dem Vorwurf Israels, er behandle Israel schlecht, obwohl es ihm reichliche Opfer dargebracht habe, mit dem Einwand entgegentritt, daß er Israel wegen seiner *Sünden* bestraft hat und daß die Mühe Israels mit seinen Opfern nichts war gegen die Mühe, die Israel ihm machte (43,22–28).

Heilsorakel mit Segenszusage (44,1–5) – Gerichtsrede Jahwes mit Trost für Israel, Jahwes Zeugen (44,6–9) – Spottlied auf die Götzenbilderproduktion (44,10–20) – Mahnwort Jahwes an Israel mit Heilszusage und Umkehrruf (44,21–22) – Hymnus auf die Rettungstat Jahwes (44,23) – Selbstvorstellung Jahwes mit Verheißung, daß Jerusalem und die Städte Judas wiederaufgebaut werden und daß Kyrus den Willen Jahwes ausführt (44,24–28) – Verheißung Jahwes an Kyrus mit Aufruf an Himmel und Erde (45,1–8) – zwei Weherufe über die Verbannten, die gegen Jahwe aufbegehren (45,9.10) – Verheißung an die Verbannten (oder Gerichtsrede an die Völker), in der Jahwe auf die Wahl des Kyrus für sein, Jahwes, Werk hinweist (45,11–13) – Verheißung, daß die Völker Israel huldigen, vielleicht ein Fragment (45,14) – staunender Ausruf über die Verborgenheit Gottes (45,15) – Lehrsatz über den Untergang der Götzenhersteller und über Jahwes Hilfe für Israel (45,16–17) – Gerichtsrede Jahwes an die Babylonier, die dem von ihm erwarteten Untergang entronnen sind, in der Jahwe darauf hinweist, daß seine Voraussagen sich erfüllt haben, und die Babylonier einlädt, sich zu ihm zu bekehren (45,18–25).

Mahnwort, mit dem Jahwe sich als der Helfende gegenüber den babylonischen Göttern Bel und Nebo vorstellt (46,1–4) – Mahnwort an die Götzenbildhersteller (46,5–8) – Mahnwort, in dem Jahwe auf seine Geschichtsmächtigkeit hinweist und das Kommen des Kyrus ankündigt (46,9–13) – Triumph- oder Spottlied über den Untergang Babels (47,1–15) – Verheißung, daß Jahwe, dessen frühere Voraussagen sich erfüllt haben, nun Neues schaffen wird, dazwischen seltsamerweise Vorwürfe gegen Israel (48,1–16a) – Mahnwort, auf die Gebote zu hören (48,16b–19) – Ruf zum Auszug aus Babel mit Hinweis auf die Bewahrung Israels beim Auszug aus Ägypten (48,20–22) – zweites Gottesknechtslied: Rede des Gottesknechtes vor den Völkern, worin er seine Berufung und Ausrüstung durch Jahwe, seinen Mißerfolg, den Zuspruch Jahwes und seinen neuen

Auftrag schildert (49,1–6) – Verheißung Jahwes an Israel, daß
die ehemals Herrschenden ihm huldigen (49,7) – Auftrag Jahwes an den Profeten (den Gottesknecht?) zur Verheißung für
Israel (49,8–12) – Hymnus auf die Hilfe Jahwes (49,13) – Verheißung Jahwes, daß die Stadt Jerusalem, die über Kinderlosigkeit klagt, kinderreich wird (49,14–21) – Verheißung Jahwes an
Israel, daß die Völker ihm huldigen (49,22–23) – Verheißung
Jahwes an Israel, daß er die Israeliten aus der Gewalt ihrer
Feinde durch deren Selbstzerfleischung befreit (49,24–26).

Gerichtsrede Jahwes an Israel, worin er sagt, daß er Israel
trotz dessen Schuld nicht verworfen hat und die Macht zur
Rettung besitzt (50,1–3) – drittes Gottesknechtslied: Vertrauensbekenntnis des Gottesknechtes (50,4–9) – Mahnwort des
Profeten, das zum Vertrauen auf Jahwe auffordert und vor
dem Hochmut warnt (50,10–11) – Verheißung (Profeten- und
Jahwewort) an die auf Jahwe Vertrauenden, denen Jahwe im
weltweiten Gericht helfen wird (51,1–8) – Aufruf und Verheißung (51,9–52,6): Der Profet ruft Jahwe um Hilfe an (51,9–10)
und verheißt die Heimkehr der Verbannten (51,11), Jahwe
verheißt die Befreiung Israels (51,12–16), der Profet fordert
das gedemütigte Jerusalem auf, sich zu erheben (51,17–20),
und verheißt ihm im Namen Jahwes die Heimkehr, wobei er
das Bild vom »Zornesbecher« verwendet (51,21–23); er fordert es auf, sich zu schmücken (52,1–2), und verheißt ihm im
Namen Jahwes die Heimkehr mit dem Stichwort »Bezah-
lung« (52,3–6) – Visionsbericht über das Kommen Jahwes
nach Jerusalem und Aufruf an die Trümmer Jerusalems zum
Jubel (52,7–10) – Aufruf zum Auszug, nämlich aus Babel
(51,11–12) – viertes Gottesknechtslied (52,13–53,12), bestehend aus einer Jahwerede, die den grausam gestorbenen
Knecht als höchsten König vorstellt (52,13–15), dem Nachruf
einer Gruppe, die das Leiden des Knechtes für sie, seinen Tod
und seine Auferweckung schildert (53,1–11a), und einer zweiten Rede Jahwes, worin er die Rehabilitierung des Knechtes
ausspricht (53,11b–12).

Verheißung an das im Bild einer Frau dargestellte Jerusalem,

deren Kinderlosigkeit und Witwenschaft nun ein Ende hat,
die Jahwe schmückt und die sicher wohnen soll (54,1–17) –
Aufruf Jahwes (im Bild des Lebensmittelverkäufers), umsonst Speise von ihm zu empfangen, die darin besteht, daß er
mit Israel einen ewigen Bund schließt und daß Israel gegenüber den Völkern zum Zeugen für die Treue Jahwes wird
(55,1–5) – Mahnwort, Jahwe zu suchen und vom Frevel abzu-
lassen (55,6–7), mit der Verheißung, daß Jahwe seinen Plan
ausführt und daß Israel, begleitet vom Jubel und vom Segen
der Natur, die Heimkehr antritt (55,8–13).

c) Zum Werdegang des Komplexes Jes 40–55

Ob und wie weit der Aufbau des Komplexes, dessen Kompo-
sitionsprinzip uns verborgen bleibt, das Werk Deuterojesajas
ist, wird kaum noch auszumachen sein. Aber zweifellos geht
der größte Teil der dort gesammelten Worte auf Deuterojesaja
zurück. Nicht von ihm stammen wahrscheinlich die Aussprüche gegen die Hersteller von Götzenbildern (40,19–20; 41,6–7;
42,17; 44,10–20; 45,16–17.20b; 46,5–8) und wohl auch einige
Passagen, die sich schwer in den Zusammenhang einfügen
(40,16; 41,5; 42,24bβ; 45,9–10.14; 48,1bβ.4.5b.7b.8b–10.22;
50,3.10–11; 52,4–6; 55,7).

d) Zur Botschaft Deuterojesajas

Das Hauptthema der in einer bilderreichen und hochpoeti-
schen Sprache vorgetragenen Botschaft Deuterojesajas ist die
Verheißung, daß Jahwe die Deportierten aus Babylonien
durch die in Fruchtland verwandelte Wüste (z. B. 41,17–20)
in die Heimat zurückführen werde (z. B. 49,14–26; 52,11–12).
Als Werkzeug Jahwes zur Herausführung der Deportierten
sieht der Profet den Perserkönig Kyrus an (44,28; 45,1; ohne
Namensnennung 41,2–3.25; 45,13). Mit der Heimkehr der
Verbannten erwartet der Profet die Rückkehr Jahwes zum
Zion und den Antritt seiner Königsherrschaft über die Völker
(52,7–10), den prächtigen Wiederaufbau Jerusalems (54,11–
17), die Fruchtbarkeit des Landes (51,3) und des Volkes

(49,19–21). Diese Heilsbotschaft bekräftigt der Profet, indem er herausstellt, daß Jahwe der einzige Gott ist – der Schöpfer und der, dessen von ihm, Deuterojesaja, oder von den früheren Profeten geweissagtes Tun sich erfüllt hat (z. B. 40,12–15.17; 41,21–29; 43,8–13).

Das große Problem in der Auslegung der Botschaft Deuterojesajas stellen die vier Texte dar, die von einem »Knecht (Jahwes)« reden und die man darum als »Gottesknechtslieder« bezeichnet (42,1–4; 49,1–6; 50,4–9 [hier fehlt der Ausdruck »Knecht«]; 52,13–53,12). Völlig unklar bleibt, wer mit dem »Knecht« gemeint ist. Man hat ihn auf Israel als ganzes gedeutet (vor allem wegen 49,3; aber das Wort »Israel« wurde hier wohl nachträglich eingefügt), auf eine Idealgestalt, auf einen Profeten (z. B. Jeremia), auf einen König (z. B. David oder Kyrus), auf Mose oder auf Deuterojesaja selbst. Letztere Auffassung gewinnt heutzutage an Boden. Sollte sie zutreffen, stammt der Text 52,13–53,12, wo der Tod und die Auferweckung des »Knechtes« geschildert werden, natürlich nicht von Deuterojesaja, sondern von einem anderen, der hier vielleicht die Liturgie einer Trauerfeier zum Gedenken an den Toten schildert.

12. Tritojesaja (Jes 56–66)

a) Der (die) Profet(en)

Der Komplex Jes 56–66 unterscheidet sich insofern von Jes 40–55 (Deuterojesaja) und gehört insofern zusammen, als er eindeutig die Situation in Palästina, und zwar in exilisch-nachexilischer Zeit, voraussetzt: der Tempel liegt zerstört da (64,9–10; in 66,1–2 wird vielleicht der Tempelbau abgelehnt), man hält Fastengottesdienste (58,1–12) und singt Klagelieder (59,9–15a); auf die Sabbatheiligung wird Wert gelegt (56,2; 58,13); die Situation in Jerusalem und Umgebung ist gekennzeichnet von wirtschaftlicher Not (60,17; 62,8), von politischer Unsicherheit (60,18), von Trümmern und Verwüstung

(61,4). Diesen Komplex, Jes 56–66, bezeichnet die Wissenschaft als *tritojesajanisch* (»vom dritten Jesaja stammend«). Über den (die) Verfasser wissen wir sonst nichts.

b) Der Inhalt des Komplexes Jes 56–66

Mahnwort Jahwes und Verheißung (56,1–2) – Trostwort an den Fremden und Verschnittenen in Israel (56,3–5) – Verheißung für die Fremden außerhalb Israels (56,6–8) – Anklagen und Unheilsankündigungen über und gegen die Führenden und die Götzendiener (56,9–12; 57,1–13) – Verheißung Jahwes für die Zerschlagenen und Gedemütigten (57,14–19) – Unheilsankündigung Jahwes über die Frevler (57,20–21) – Mahnrede Jahwes über rechtes Fasten (58,1–7) mit Verheißungen des Profeten (58,8–12) – mahnende Verheißung (58,13–14) – Anklage gegen das Volk wegen Unrechts und Gewalttat, Klage des Volkes und Schuldbekenntnis (59,1–15a) mit Verheißung (59,15b–21).

Verheißung des Profeten und Jahwes an das im Bild einer Frau dargestellte Jerusalem, daß Jahwe und die Völker mit den Verbannten dorthin kommen, daß die Stadt wiederaufgebaut wird, daß Reichtum und Gerechtigkeit in der Stadt herrschen, daß in der Heilszeit Sonne und Mond nicht mehr den Zeitrhythmus bestimmen und daß sich das Volk vermehrt (60,1–22) – Berufungsproklamation des Profeten (61,1–3) – Verheißung des Profeten und Jahwes, daß die Städte wiederaufgebaut werden und daß Israel Reichtum und Ehre gewinnt (61,4–9) mit einem Danklied des Profeten (61,10–11) – Verheißung an Jerusalem, daß die Stadt Jahwes Freude ist und die Früchte ihrer Arbeit genießen darf (62,1–9), darin die dunkle Bemerkung über »Wächter« (V. 6–7), mit dem Aufruf, den Heimkehrern entgegenzuziehen, und der Ankündigung des weltweiten Heils für die Israeliten (62,10–12).

Wechselgespräch zwischen dem Profeten und Jahwe über das Kommen Jahwes vom Gericht an den Völkern (63,1–6) – Volksklagelied (63,7–19; 64,1–11) – Unheilsankündigung Jahwes für die Gottlosen (65,1–7) und Verheißung Jahwes für die

Frommen (65,8–16a) – Verheißung Jahwes, daß die Welt wunderbar erneuert werden soll, daß in Jerusalem Freude herrscht, daß die Menschen dort ein hohes Alter erreichen und die Früchte ihrer Arbeit genießen und daß die Tierwelt in Frieden miteinander lebt (65,16b–25) – polemisches Wort gegen Tempel und Opferkult (66,1–4) – Trostwort für die Frommen angesichts des Hasses ihrer Landsleute (66,5) – Unheilsankündigung für die Völker (66,6) – Verheißung Jahwes, daß er sein Werk vollendet (Bild von der Geburt) und daß sich das Volk mit Jerusalem freuen darf, weil der Reichtum der Völker und die Verbannten nach Jerusalem kommen (66,7–14a) – Unheilsankündigung für die Völker (66,14b–16) – Unheilsankündigung für die Götzendiener (66,17) – Verheißung Jahwes, daß alle Völker Jahwes Herrlichkeit sehen und ihn verehren (66,18–23; V. 20 Profetenrede), mit Ankündigung der ewigen Verdammnis für Jahwes Feinde (66,24).

c) Zum Werdegang des Komplexes Jes 56–66 und zu seiner Botschaft

Die Verschiedenheit der Themen von Jes 56–66 – einerseits die Anklage und Unheilsankündigung wegen Rechtsbruchs und Götzendienstes (z. B. 56,9–12; 57,1–13; 66,17), andrerseits die Verheißung des nahe bevorstehenden Heils (vor allem 60–62) – legt es nahe, hier nicht einen, sondern mehrere Verfasser am Werk zu sehen.

Wahrscheinlich gehören die Verheißungen 57,14–19; 60–62 (abgesehen von 60,12); 65,16b–25; 66,7–14a zusammen und gehen auf einen einzigen Verfasser zurück, den man als »Tritojesaja« im engeren Sinne zu bezeichnen pflegt. Mehrfach nimmt Tritojesaja Worte Deuterojesajas auf (z. B. 60,4a = 49,18a; 60,16b = 49,26b) – Tritojesaja wirkte also *nach* Deuterojesaja – und verändert teilweise ihren Sinn. Für letzteres zwei Beispiele: In 57,14 wird aus der Straße, die für Jahwe und die Heimkehrer gebaut werden soll (40,3), bildlich die »Straße« für das kommende Heil; und in 62,10 wird daraus der Weg, den die Jerusalemer den Verbannten, die man erwartet, bereiten. Da für Tritojesaja der Wiederaufbau des Tempels, der 515 v. Chr. erfolgte, noch aussteht (60,13), darf man seine Wirksamkeit in dem Zeitraum zwischen 539 v. Chr. (dem spätestmöglichen Schlußtermin der Verkündigung Deuterojesajas) und 515 v. Chr. ansetzen.

Die übrigen Texte in Jes 56–66 dürften Einzelabschnitte verschiedener Herkunft und verschiedenen Alters sein. Die Volksklagelieder 63,7–19; 64,1–11 stammen wohl aus der Zeit vor dem Jahre 538 v. Chr. einsetzenden Wende.

In einem Teil dieser Texte wird die den Völkern gegenüber freundliche und offene Einstellung Tritojesajas, der erwartet, daß die Völker im Dienst Israels Anteil am zukünftigen Heil haben (60,3–4.9; 61,9; 66,12) durch Unheilsankündigungen über die Völker korrigiert (60,12; 63,1–6; 66,6.14b–16).

13. Haggai

a) Der Profet

Nach Ausweis der Datumsangaben des Haggaibuches trat der Profet zwischen dem ersten Tag des sechsten Monats (1,1) und dem vierundzwanzigsten Tag des neunten Monats (2,10.20) im zweiten Regierungsjahr des Perserkönigs Darius (522–486 v. Chr.), d.h. zwischen dem August und dem Dezember des Jahres 520 v. Chr., auf. Als Ort der Wirksamkeit Haggais gibt das Buch eindeutig Jerusalem zu erkennen.

b) Der Inhalt des Buches

Durch Datumsangaben mit folgender »Wortereignisformel« (»[Und] es erging das Wort Jahwes an/durch Haggai«) (1,1abα; 2,1.10.20) wird das Buch in vier Teile (1,1–15; 2,1–9.10–19.20–23) gegliedert.

Anklage (die Adressaten sind zunächst der Statthalter Serubbabel und der Hohepriester Jeschua) gegen die Bevölkerung, weil sie sich nur um den Wiederaufbau ihrer eigenen Häuser, nicht aber um den Bau des Tempels kümmert, Mahnung zum

Haggai 199

Nachdenken über die wirtschaftliche Not, Aufforderung zum Bau des Tempels und Begründung der wirtschaftlichen Not mit der mangelnden Bereitschaft zum Tempelbau (1,1–11) – Bericht, daß Haggais Auftreten die Arbeit am Tempel in Gang setzt (1,12–15).

Aufforderung an Serubbabel, Jeschua und die Mutlosen, den Tempelbau anzupacken, und Verheißung, daß Jahwe dem Volk beisteht und daß, veranlaßt durch die Erschütterung des Kosmos, die Völker ihre Schätze zum Tempel bringen, der herrlicher als der frühere und ein Ort des Friedens sein wird (2,1–9).

Anfrage des Profeten bei Priestern über »rein und unrein«, woraufhin er »dieses Volk«, nämlich die Judäer, für »unrein« erklärt, d. h. ohne Tempel sind sie nicht im vollen Sinne kultfähig (2,10–14) – Aufforderung Jahwes, die vergangene Not zu bedenken und auf die bei der Grundsteinlegung des Tempels kommende Fruchtbarkeit zu achten (2,15–19).

Unheilsankündigung Jahwes gegen die Völker und Verheißung für Serubbabel, der sein »Siegelring«, sein Statthalter, der Messias sein soll (2,20–23).

c) Zum Werdegang des Buches und zur Botschaft des Profeten

Das vorliegende Buch ist das Werk eines Sammlers der Worte Haggais, der dessen Worte mit den Datumsangaben und dem erzählenden Abschnitt 1,12–15 versehen hat. Nachträglich eingefügt wurden der Hinweis auf den Bund in 2,5a und die Schilderung der göttlichen Strafe in 2,17.

Haggais Botschaft kreist ausschließlich um den Wiederaufbau des Tempels, bei dessen Vollendung Haggai eine Heilszeit für Israel erwartet und dem Statthalter Serubbabel, dem entscheidenden Mann jener Zeit, die Würde des Heilskönigs weissagt.

14. Sacharja (Sach 1–8)

a) Der Profet

In dem Komplex Sach 1–8 sind Worte des Profeten Sacharja gesammelt, der nach Ausweis der Datumsangaben im achten Monat des zweiten Regierungsjahres des Perserkönigs Darius (d.h. Oktober/November 520 v. Chr.), also etwa zwei Monate nach Haggai, aufgetreten ist (1,1), im elften Monat desselben Jahres (d.h. Februar 519 v. Chr.) mehrere Visionen erlebte (1,7) und im neunten Monat des vierten Jahres des Darius (d.h. im Dezember 518 v. Chr.) weitere Aussprüche vortrug (7,1). Der Ort seines Wirkens war offensichtlich Jerusalem.

b) Der Inhalt des Komplexes Sach 1–8

Überschrift (1,1) – Mahnung zur Umkehr mit Hinweis auf die früheren Profeten (1,2–6).

Datumsangabe für die folgenden Visionsberichte (1,7) – erste Vision: Der Profet sieht an einem geheimnisvollen Ort einen Reiter und drei Gruppen von Pferden, d.h. einen Vorreiter und eine Reiterschar, und erfährt auf seine Frage an einen Engel (»Deuteengel«), daß die Reiter von Jahwe ausgesandt wurden, woraufhin der Engel den Profeten beauftragt, Heil für Jerusalem und Jahwes Zorn über die Völker anzukündigen (1,8–15) – Verheißung für Jerusalem (1,16–17) – zweite Vision: Der Profet sieht vier Hörner und vier Handwerker, die nach Mitteilung des Engels »die Hörner der Völker« niederwerfen, d.h. der Profet sieht die zukünftige Vernichtung der Feinde Judas (2,1–4) – dritte Vision: Der Profet sieht einen Mann, der Ausmessungen für den Neuaufbau Jerusalems vornimmt, und der Engel teilt ihm mit, daß Jerusalem wegen seiner zu erwartenden Bevölkerungszahl nicht mit einer Mauer eingegrenzt werden kann, sondern daß Jahwe Jerusalem durch eine Feuermauer schützen will (2,5–9) – Aufforderung zur Heimkehr aus dem Exil (2,10–13) – Aufruf zur Freude über die Rückkehr Jahwes zum Zion (2,14–16) – Aufruf zur Stille vor Jahwe (2,17) – vierte Vision: Der Profet sieht, wie in

einer himmlischen Versammlung der Hohepriester Jeschua
vom »Satan«, dem himmlischen Staatsanwalt, angeklagt wird,
er sei durch das Leben im Exil unrein geworden, und wie er
zum Zeichen seiner Reinheit und Rehabilitierung neue Klei-
der bekommt (3,1–7) – Verheißung an Jeschua, einen (Edel-)
Stein betreffend, sehr rätselhaft (3,8–10) – fünfte Vision: Der
Profet sieht zwei Ölbäume neben einem Leuchter, und der
Engel erklärt ihm, das seien Jeschua und Serubbabel, die als
geistliches und weltliches Oberhaupt Judas gleichberechtigt
im Dienst Jahwes stehen (4,1–6aα.10b–14; darin eingeschoben V. 6aβ–10a, eine Verheißung an Serubbabel, er werde alle
Hindernisse überwinden und den Schlußstein des Tempels
setzen) – sechste Vision: Der Profet sieht eine Schriftrolle da-
herfliegen, die nach Aussage des Engels einen die Häuserdie-
be vernichtenden Fluch enthält (5,1–4) – siebente Vision: Der
Profet sieht einen Behälter mit Deckel daherkommen, in dem
sich eine Frau befindet, die der Engel als »Gottlosigkeit« bezeichnet, worauf zwei geflügelte Frauen den Behälter samt
der als »Gottlosigkeit« bezeichneten Frau ins Land Schinar
(d.h. Babylonien) schaffen, d.h. Juda wird von der Gottlosigkeit gereinigt (5,5–11) – achte Vision: Der Profet sieht vier mit
jeweils mehreren Pferden bespannte Wagen, die der Engel mit
den vier Winden des Himmels identifiziert und die in die vier
(so zweifellos der ursprüngliche Text) Himmelsrichtungen
fahren, worauf der Engel sagt, die in das Land des Nordens
ziehenden Pferde bringen dorthin den Geist Jahwes, und damit könnte entweder gemeint sein, daß die Deportierten in
Babylonien mit dem Geist Jahwes begabt werden, oder, daß
der Geist als Zorn Jahwes sich besonders im Norden, dem
Herkunftsort der Feinde Israels, auswirkt, oder beides (6,1–8)
– Bericht vom Auftrag Jahwes an den Profeten zu einer Zeichenhandlung: Sacharja soll eine Krone anfertigen und sie
dem Hohenpriester Jeschua aufs Haupt setzen, der überraschenderweise als »Sproß« bezeichnet wird, was auf Serubbabel hinweist, nämlich sowohl auf seinen Namen (»Sproß Babels«) als auch auf seine Abstammung von David (so wird in

Jer 23,5–6 ein rechter David-»Sproß« verheißen), und neben
dem ein Priester als Mitregent stehen soll (6,9–15).
Datumsangabe (7,1) – Bericht über eine Anfrage aus Babylonien an den Profeten, ob man weiterhin im fünften Monat zum
Gedenken an die Zerstörung des Tempels fasten soll (7,2–3) –
Vorwurf des Profeten im Namen Jahwes, daß man gar nicht
für ihn gefastet hat (7,4–7) – Mahnwort zum rechten Umgang
miteinander (7,8–10) und Geschichtsrückblick auf den Ungehorsam gegenüber den früheren Profeten und Jahwes Strafgericht (7,11–14) – Verheißungen für Jerusalem (8,1–5), für die
Verbannten, denen die Heimkehr in Aussicht steht (8,6–8), für
Jerusalem und Juda im Zusammenhang mit dem Tempelbau
(8,9–13) und für Jerusalem und Juda, wonach mit Rückbezug
auf 1,2–6 Jahwes Zorn über die Völker zum Heil gewendet
wird (8,14–15) – Mahnwort zum rechten Tun (8,16–17) – Antwort auf die Fastenfrage von 7,2–3, die nicht unmittelbar auf
die Frage eingeht, sondern besagt, daß bald alle Trauer aufhört,
weil die Heilszeit anbricht (8,18–19) – Verheißung, daß Jerusalem der Mittelpunkt der Welt sein wird (8,20–23).

c) Zum Werdegang des Komplexes Sach 1–8 und zur
   Botschaft des Profeten

Ob die Komposition Sach 1,2–8,23 vom Profeten selber
stammt, wissen wir nicht. Auf das Konto eines Ergänzers gehen wohl der Abschnitt 3,1–10, der sich mit dem Hohenpriester Jeschua beschäftigt und in V. 1–7 aus dem Schema der
anderen Visionsberichte Sacharjas herausfällt, und die jetzige
Form von 6,9–15, die Sacharjas Verheißung für Serubbabel
auf den Hohenpriester Jeschua umdeutet (offensichtlich war
Serubbabel von der politischen Bühne verschwunden), ferner
der Vers 4,12, Teile von 2,10–17, die Verheißung 8,9–13, die
auf die Wirksamkeit der Profeten Haggai und Sacharja zu-
rückblickt, und die Verheißung 8,23, die den Anschluß der
Heidenvölker an das Judentum in Aussicht stellt. Die Abschnitte 7,1–14; 8,1–8.14–22 dürften nachträglich bearbeitet
worden sein.

Den Schwerpunkt der Botschaft Sacharjas bilden die Visionen (außer 3,1–7), in denen es um den Plan Jahwes zum Wiederaufbau des zerstörten Jerusalems und die Neuordnung des Volkes von Juda geht, worauf dieses sich durch ein Leben gemäß dem Willen Jahwes vorbereiten soll (z. B. 1,2–6; 7,8–9).

15. Maleachi

a) Der Profet

Der Name *Maleachi,* der nur in 1,1 vorkommt, bedeutet »mein Bote«; und darum wird vielfach angenommen, es sei gar kein echter Personenname, sondern aus 3,1 erschlossen, wo Jahwe sagt: »Ich sende meinen Boten«. Doch dieser Ausdruck kann schwerlich auf den Profeten gedeutet werden. Vielmehr läßt sich der Name Maleachi als Kurzform des – allerdings im AT nicht belegten – Namens *Maleachija* (»Bote Jahwes«) verstehen.

Für die Zeit der Wirksamkeit des Profeten liefert das Buch folgende Indizien: Es gibt einen Tempel (1,10; 3,10), und zwar in Jerusalem (2,11). Da Juda einen Statthalter hat (1,8), also keinen König, kommt die vorexilische Zeit nicht in Frage, und der Tempel ist der im Jahre 515 v. Chr. wiederaufgebaute Tempel. Andrerseits wird Maleachi nicht schon bald nach dem Wiederaufbau des Tempels gewirkt haben. Denn die Angaben über den nachlässigen Umgang mit dem Opferkult (1,7–8.12–14) und mit dem Zehnten (3,8–10) ebenso wie über Ehen mit den Verehrerinnen fremder Götter (2,11) führen in die Zeit Esras und Nehemias, die solche Mißstände bekämpften (Esr 10; Neh 12,44–47; 13). Somit dürfte die Wirksamkeit Maleachis um 450 v. Chr. anzusetzen sein.

b) Der Inhalt des Buches

Den Hauptteil des Maleachibuches bilden sechs Redestücke meist drohenden oder warnenden Inhalts, die alle die Form des Disputationswortes haben, indem der Profet sich im Namen Jahwes mit Fragen, Vorwürfen oder Einwänden der Gesprächspartner auseinandersetzt.

Überschrift (1,1) – erstes Disputationswort: Dem Zweifel an der Liebe Jahwes zu Israel hält der Profet entgegen, daß Jahwe seine Liebe und seine Macht in der Zurücksetzung des feindlichen Nachbarstaates Edom erweist (1,2–5) – zweites Disputationswort (1,6–14; 2,1–9): Den Priestern wirft der Profet vor, daß sie Jahwe verachten, indem sie fehlerhafte Opfer darbringen (1,6–10.12–14), während die Völker in rechter Weise opfern oder opfern werden (1,11); darum kündigt er ihnen den Verlust des Priesteramtes an (2,1–9) – drittes Disputationswort: Der Profet klagt Laien an, weil sie wegen ihrer Ehen mit den Verehrerinnen fremder Götter und wegen leichtfertiger Ehescheidungen treulos gegeneinander und gegenüber Jahwe handeln (2,10–16) – viertes Disputationswort (2,17; 3,1–5): Dem Zweifel an Jahwes Endgericht (2,17) stellt der Profet die Ankündigung entgegen, daß Jahwe seinen Boten (gemeint ist ein himmlisches Wesen) sendet, der ihm, Jahwe, den Weg bereitet (3,1a), daß Jahwe zu seinem Tempel kommt (3,1bα), und zwar mit einem »Boten des Bundes« (3,1bβ), daß er die Priester läutert (3,2–4) und zum Gericht gegen die Frevler erscheint (3,5) – fünftes Disputationswort (3,6–12): Der Profet fordert seine Volksgenossen zur Umkehr auf, die in der richtigen Ablieferung des Zehnten sichtbar würde (V. 6–10a); dann wird Jahwe sein Volk mit Fruchtbarkeit segnen (V. 10b–12) – sechstes Disputationswort (3,13–21): Den Frommen, die am Wert ihrer Frömmigkeit zweifeln (V. 13–15), sagt der Profet, daß Jahwe ihr Tun durchaus beachtet (V. 16) und daß er an seinem Gerichtstag über die Frommen Heil und über die Gottlosen Unheil bringt (V. 17–21).

Mahnung, das Gesetz zu halten (3,22) – Ankündigung, daß der Profet Elija vor dem »Tag Jahwes« kommt (3,23–24).

c) Zum Werdegang des Buches und zur Botschaft des
   Profeten

Die sechs Disputationsworte gehen im wesentlichen auf den
Profeten Maleachi zurück. Später zugefügt wurden zweifellos
die Schlußverse (3,22–24) und vielleicht 3,1b–4 (unterbricht
den Zusammenhang) und 3,21 (Mitwirkung der Gerechten
am Gericht).

Angesichts einer sich in der Jerusalemer Gemeinde breit ma-
chenden Resignation und dementsprechend einer sittlichen
und kultischen Laxheit verkündet der Profet, daß Jahwe sich
als der Gott Israels erweisen wird, indem er sowohl an dem
Erbfeind Edom wie an den Gottesverächtern im eigenen Volk
Rache nimmt.

16. Joël

a) Der Profet

Die Überschrift des Joëlbuches (1,1) teilt nur mit, daß Joël ein
Sohn eines sonst nicht bekannten Petuël war. Seine Wirksamkeit in Jerusalem geht aus dem Buch deutlich hervor (z. B.
1,9.13; 2,1; 3,5; 4,1). Die Antwort auf die Frage, wann Joël
wirkte, hängt von der Interpretation des Buches ab. Gegen die
wenigen Ausleger, nach deren Meinung das Buch aus vorexili-
scher Zeit stammt, läßt sich ins Feld führen, daß 4,1 das Exil
voraussetzt und daß, wo die Führung des Volkes angeredet
wird, vom König und seinem Hof nichts verlautet (1,2.13–14;
2,16–17). Dann ist das Heiligtum (1,9.14.16; 2,14; 4,18) der
zweite, 515 v. Chr. eingeweihte Tempel, und da es auch die –
445 v. Chr. von Nehemia wiederaufgebaute – Stadtmauer gibt
(2,7.9), hat Joël *nach* diesem Zeitpunkt gewirkt. Andrerseits
zeigt der Abschnitt 4,4–8, der unter anderem der im Jahre 343
v. Chr. zerstörten Stadt Sidon den Untergang weissagt, ihn also
für die Zukunft erwartet, daß dieser Text – es handelt sich zwar
um einen Nachtrag, aber das ist für die Argumentation belang-
los – *vor* 343 v. Chr. abgefaßt wurde. Demnach hat Joël irgend-

wann in dem Zeitraum zwischen 445 und 343 v. Chr. gewirkt.
Für die Ansetzung des Profeten in dieser späten Zeit sprechen
auch die Anklänge des Buches an die Worte früherer Profeten
(vgl. z. B. 2,6b mit Nah 2,11b; 2,11b mit Mal 3,2.23; 2,27 mit
Jes 45,5–6). Vor allem wegen seiner verschlüsselten Sprache –
z. B. »der Nördliche« (2,20; Anspielung auf Jer 1,14–15; 4,6;
6,1.22) und »Tal Joschafat« (4,2.16, d.h. »Jahwe hat zum
Recht verholfen« oder »Jahwe richtet«) – gilt das Joëlbuch als
eine Vorstufe der apokalyptischen Literatur.

b) Der Inhalt des Buches

Überschrift (1,1) – Aufforderung, ein unvergleichliches Geschehen von Generation zu Generation weiterzugeben (nämlich das in 1,4–2,20 Mitgeteilte) (1,2–3) – Bericht über einen
alles verzehrenden Heuschreckeneinfall (1,4) – Aufruf zur
Volksklagefeier wegen des Heuschreckeneinfalls (1,5–14) –
Klage des Profeten über den »Tag Jahwes« (1,15) – Klage einer
Gruppe (1,16–18) und des Profeten (1,19–20) über die Heuschreckenplage.
Alarmruf wegen des »Tages Jahwes«, der in Gestalt eines
übermächtigen Heeres kommt, gegen das kein Widerstand
möglich ist (2,1–11) – Ruf zur Umkehr (2,12–14) – Aufruf zur
Volksklagefeier (2,15–17) – Bericht über das erbarmende Eingreifen Jahwes (2,18) – Zitat der Erhörungszusage Jahwes, in
der die Vernichtung des »Nördlichen«, d.h. des feindlichen
Heeres, angekündigt wird (2,19–20) – Aufruf des Profeten
zur Freude über die kommende Fruchtbarkeit in Juda (2,21–
24) – Verheißung Jahwes, daß er die durch die Heuschreckenplage angerichteten Schäden ersetzt (2,25–27).
Verheißung Jahwes, daß er danach seinen Geist in Israel ausgießt (3,1–2) und kosmische Vorzeichen des »Tages Jahwes«
schickt (3,3–4) – Zusage des Profeten, daß, wer sich zu Jahwe
bekennt, Rettung findet (3,5) – Ankündigung Jahwes, daß er
die Judäer aus der Fremde holt und alle (fremden) Völker im
»Tal Joschafat« versammelt und dort richtet (4,1–3) – Unheilsankündigung Jahwes gegen Tyrus, Sidon und das Phili-

sterland, weil sie Judäer als Sklaven verkauft haben (4,4–8) – Aufruf an nicht näher bezeichnete Boten, die Völker zum Kampf herbeizuführen, damit Jahwe sie im »Tal Joschafat« richtet (4,9–12) – Aufruf an Ungenannte zum Strafgericht über die Völker (4,13) – Schreckensruf über den »Tag Jahwes« (4,14) – Ankündigung, daß kosmische Erscheinungen den Untergang der Völker begleiten, während Jahwe seinem Volk in Jerusalem Zuflucht gibt (4,15–17) – Ankündigung, daß in Juda paradiesische Fruchtbarkeit herrscht und daß Jahwe die Länder Ägypten und Edom, weil sie den Judäern Böses angetan haben, in Ödland verwandelt (4,18–21).

c) Zum Werdegang des Buches und zur Botschaft des Profeten

Wahrscheinlich ist das Joëlbuch als literarische Komposition anzusehen, von Joël selbst verfaßt im Rückblick auf eine Heuschreckenplage (1,4), die ihn veranlaßte, zur Volksklagefeier und zur Umkehr aufzurufen, weil er in der Heuschreckenplage das Vorzeichen des – und zwar über Juda – hereinbrechenden »Tages Jahwes« sah (1,5–2,17); die auf das Ende der Not, d.h. des Heuschreckenüberfalls (2,18), folgende Erhörungszusage (2,19–20) entfaltet der Profet, indem er verkündet, daß Jahwe seinem Volk Heil schenkt (2,21–27; 3,1–2.5; 4,1.16–17) und daß der vom Profeten erwartete »Tag Jahwes«, der sich mit kosmischen Vorzeichen ankündigen wird (3,3–4), nicht über Juda, sondern über die anderen Völker kommt (4,2–3.9–15).

Der in 1,4–2,20 geschilderte Handlungsablauf – Heuschreckenplage, Aufruf zur Volksklagefeier und zur Umkehr, Ankündigung des »Tages Jahwes«, Wende der Not und Heilszusage Jahwes – gilt dem Profeten als so bedeutsam, daß er ihn für alle Zeiten aufbewahrt wissen will (1,2–3).

Nachträglich wurde die Überschrift (1,1) vorangestellt und die Unheilsankündigung gegen Tyrus, Sidon und das Philisterland (4,4–8) und wohl auch die Ankündigung der Fruchtbarkeit für Juda und der Öde für Ägypten und Edom (4,18–21) dem Buch zugefügt.

17. Deuterosacharja (Sach 9–14)

a) Der (die) Profet(en)

Der Komplex Sach 9–14 unterscheidet sich seiner Thematik nach von der in Sach 1–8 niedergelegten Botschaft des Profeten Sacharja. Dafür zwei Beispiele: Sacharja hatte den Bau des Tempels für die Zukunft erwartet (4,9; 6,12–13); dagegen wird dessen Existenz in 11,13; 14,20–21 als selbstverständlich vorausgesetzt. Während Sacharja sehr verhalten von Serubbabel (6,9–15) – und neben ihm Jeschua (4,14) – als dem zukünftigen Herrscher spricht, zieht der Heilskönig nach 9,9–10 machtvoll in Jerusalem ein, wird nach 12,10–14 »durchbohrt«, und sein Tod löst tiefe Trauer aus. Außerdem ist die Erwähnung der Griechen als Weltmacht (9,13) vor dem Siegeszug Alexanders d. Gr. (er starb 323 v. Chr.) nicht möglich.

Ab Sach 9 kommt also nicht der Profet Sacharja zu Worte, sondern ein viel Späterer, den die Wissenschaft mit dem Kunstnamen *Deuterosacharja* (»zweiter Sacharja«) bezeichnet. Allerdings gibt es innerhalb von Sach 9–14 wiederum starke Differenzen, so daß man hier verschiedene Autoren am Werk sehen darf. Ein Beispiel ist der Widerspruch zwischen 12,2–8, wonach die gegen Jerusalem heranziehenden Völker sofort vernichtet werden, und 14,2, wonach die Völker Jerusalem erobern. Darum bezeichnet man zuweilen nur den Autor von Sach 9–11 als »Deuterosacharja«, den von Sach 12–13 als *Tritosacharja* (»dritter Sacharja«) und müßte folglich den von Sach 14 *Tetartosacharja* (»vierter Sacharja«) nennen. Aber der Einfachheit halber spricht man gewöhnlich nur von »Deuterosacharja«.

Die Entstehung des Komplexes Sach 9–14 darf man wohl in dem Zeitraum zwischen 300 und 200 v. Chr. ansetzen. Weil wir die zeitgeschichtlichen Hintergründe nicht kennen, sind manche Passagen für uns besonders dunkel.

b) Der Inhalt des Komplexes Sach 9–14

Unheilsankündigung gegen die Aramäer, Phönizier und Philister, zugleich Verheißung für Israel (9,1–8) – Aufruf Jahwes

an Jerusalem zur Freude über die Ankunft des Heilskönigs
(9,9–10) – Verheißung Jahwes, daß er die gefangenen Israeliten heimführt (9,11–12) und daß er unter Zuhilfenahme Israels gegen die Griechen kämpft (9,13) – Verheißung des Profeten, daß Jahwe das Heer Israels anführt (9,14–15), daß er sein Volk wie ein Hirte rettet (9,16) und daß Fruchtbarkeit herrscht (9,17) – Aufruf, Jahwe um Regen zu bitten, mit mahnendem Rückblick (10,1–2) – Verheißung des Freiheitskrieges gegen die »Hirten und Leithammel« (nämlich der Völkerwelt) und der Heimkehr der Verbannten aus Ägypten und Assur (10,3–12) – Spott- oder Triumphlied über Hohes, das zu Fall kommt (nämlich die Völkermächte) (11,1–3) – Bericht über eine Zeichenhandlung, die aber nicht real, sondern symbolisch gemeint ist: Im Auftrag Jahwes weidet der Profet Schafe, die von den für sie Verantwortlichen schlecht behandelt werden, stößt aber bei den Schafen und den Verantwortlichen auf Ablehnung und zerbricht den Bund zwischen Juda und Israel; dann kündigt Jahwe das Auftreten eines nichtsnutzigen Hirten an und spricht über ihn einen Weheruf; zweifellos hat dieser Text die Trennung zwischen Juden und Samaritanern im Auge (11,4–17).

Verheißung Jahwes, daß er Jerusalem vor dem Ansturm der Völker bewahrt (12,1–9), daß er über Jerusalem den »Geist des Mitleids« ausgießt, worauf die Jerusalemer um den, »den sie durchbohrt haben« (wahrscheinlich ist der Heilskönig gemeint) klagen (12,10–14), und daß er den Jerusalemern ihre Schuld vergibt, wofür das Bild der reinigenden Quelle steht (13,1) – Ankündigung Jahwes, daß er die Götzenbilder und die Anhänger der ekstatischen Profetie vernichtet (13,2–6) – Ankündigung Jahwes, daß er einen Hirten tötet und sein Volk läutert (13,7–9).

Ankündigung des »Tages Jahwes« durch den Profeten (14,1–21), worin der Profet nach einer Einleitung (V. 1) schildert, wie ein Völkerheer gegen Jerusalem heranzieht, das zunächst erobert, dann aber durch Jahwe befreit wird (V. 2–6), wie dann ein Tag ohne Nacht kommt, gewaltige (Paradies-)Wasser von Jerusalem ausgehen, Jahwe die Königsherrschaft über die ganze Welt antritt, Jerusalem seine Umgebung hoch überragt und keine Bedrohung durch Feinde mehr kennt (V. 7–11), das Völkerheer eine Pestepidemie erleidet und sich gegenseitig dezimiert, woraufhin dessen Schätze eingesammelt werden (V. 12–15), wie ein Teil der übriggebliebenen Völker zur Wallfahrt nach Jerusalem kommt, während die anderen unter einer Dürre leiden (V. 16–19), und wie schließlich die alltäglichsten Dinge rein und heilig werden (V. 20–21).

c) Zum Werdegang des Komplexes Sach 9–14 und zu seiner Botschaft

Über die Entstehungsgeschichte des Komplexes Sach 9–14 wissen wir kaum etwas. Nur so viel läßt sich sagen, daß der Abschnitt 13,7–9 ursprünglich die Fortsetzung von 11,4–17 war. Auch geben sich einige Passagen, durch die der Zusammenhang störend unterbrochen wird, als Nachträge zu erkennen: 10,9; 11,6.8a; 12,2b.3b.4b.6–7; 14,5*.7*.14a.15.

Der Komplex Sach 9–14 schildert vor allem das Kommen der endgültigen Heilszeit, der schwere Not für Jerusalem vorausgeht (12,3–11*).

18. Daniel

a) Der Profet

Hauptgestalt des Buches ist ein Judäer namens Daniel, dessen Taten (Kapitel 1–6) und Reden (Kapitel 7–12) mitgeteilt werden. Er soll im Jahre 606 v. Chr. von Nebukadnezzar nach Babylonien deportiert worden sein (1,1–6) und zur Zeit Nebukadnezzars (2–4), zur Zeit des Königs Belschazzar, des Sohnes Nebukadnezzars (5), zur Zeit des Königs Darius, »des Meders« (6,1–29a) und zur Zeit des Königs Kyrus, »des Persers« (6,29b) gewirkt haben. Die drei letztgenannten Könige erscheinen in derselben Reihenfolge im zweiten Teil des Buches: Belschazzar (7,1), Darius, »Sohn des Xerxes, der Meder« (9,1), und Kyrus, »der Perser« (10,1).

Diese Angaben sind unhistorisch. Denn Nebukadnezzar (605–562 v. Chr.) hat keine Deportation von Judäern im Jahre 606 v. Chr. durchgeführt; Belschazzar war weder Sohn Nebukadnezzars noch selber König, sondern ein Sohn und Mitregent des letzten babylonischen Königs Nabonid (556–539 v. Chr.); Darius (522–486 v. Chr.) war kein Meder, sondern ein Perser, und nicht Sohn, sondern Vater des Xerxes (486–465 v. Chr.); und Kyrus (558–529 v. Chr.) herrschte nicht nach Darius, sondern vor ihm.

Demnach hatte der Verfasser des Buches nur unklare Vorstellungen von der Zeit, über die er berichtet. Wie aus Kapitel 2 und 7 hervorgeht, arbeitet er mit einer Vier-Reiche-Konzeption, wobei das vierte Reich das griechische (mazedonisch-seleukidische) ist. Um das Buch in diese Konzeption einzufügen, entwirft er die Abfolge dreier Reiche vor dem griechischen: das babylonische (1–5), das medische (6,1–29a) und das persische (6,29b). In Wirklichkeit bestanden das babylonische und das medische Reich nebeneinander; beide wurden durch das persische abgelöst.

Der historische Standort dessen, der dem Buch seine Endgestalt gab, zeigt sich ganz klar in 11,2–39. Hier werden deutlich erkennbar, aber ohne Namensnennung, die Ereignisse von der Zeit Alexanders des Großen (336–323 v. Chr.) bis zum Seleukidenkönig Antiochus IV. (175–164 v. Chr.) geweissagt. Offensichtlich schildert der Verfasser Ereignisse, die für ihn bereits zurücklagen, und kleidet sie in die Form einer Zukunftsvorhersage. Weil die dann in 11,40–45 folgende Ankündigung über den Tod Antiochus' IV. nicht mit der wirklichen Geschichte übereinstimmt, also echte Weissagung ist, hat das Buch kurz davor, also um 165 v. Chr., seine Endgestalt bekommen.

Daraus folgt, daß Daniel keine Gestalt der Exilszeit, wie das Buch vorgibt, und auch nicht historisch ist, sondern eine Symbolfigur der Weisheit Israels, deren Name vielleicht von dem Daniel hergeleitet wurde, der in Ez 14,14.20; 28,3 als ein besonders weiser und gerechter Mann der Vorzeit erscheint.

b) Der Inhalt des Buches

Das Buch gliedert sich in Erzählungen über Daniel und seine
drei Freunde (1–6) und Redepartien meist visionären Inhalts,
die Daniel in der Ich-Form vorträgt (7–12; hier wird von Daniel in dritter Person nur in den Einleitungssätzen 7,1 [nach
dem hebräischen Text, wohl fehlerhaft, auch in V. 2] und 10,1
gesprochen).

Im dritten Jahr des judäischen Königs Jojakim (608–598 v.
Chr.), also 606 v. Chr., werden dieser und hochgestellte Israeliten von Nebukadnezzar nach Babylonien deportiert; Nebukadnezzar läßt einige Israeliten zum Hofdienst ausbilden,
darunter Daniel und seine drei Freunde; sie ernähren sich von
vegetarischer Kost und Wasser, um sich nicht mit den Speisen
der Babylonier zu verunreinigen, und behalten trotz des kärg-
lichen Mahls ihr frisches Aussehen; Gott schenkt ihnen Weisheit, und nach Ablauf ihrer Ausbildungszeit treten sie in den
Dienst des Königs (1).

Nebukadnezzar hat einen Traum, und weil niemand den
Traum deuten kann, sollen alle Weisen umgebracht werden,
auch Daniel und seine drei Freunde; aber Daniel erfährt (von
Gott) das Geheimnis des Traums und teilt dem König zunächst seinen Inhalt mit (eine Statue, deren Körperteile aus
verschieden wertvollem Material – von Gold bis Ton – beste-
hen, wird von einem Stein zerschmettert, der zu einem Felsen
anwächst und die ganze Erde erfüllt) und dann die Deutung
(die Statue verkörpert die Abfolge verschiedener Königreiche, die eines nach dem anderen zugrundegehen, bis Gott sein
unzerstörbares Reich aufrichtet; und zwar ist das goldene
Haupt die Herrschaft Nebukadnezzars, nach der noch drei
Reiche kommen, wobei an das medische, das persische und
das Alexanders des Großen gedacht ist); Daniel und die drei
Freunde erhalten hohe Würdestellungen (2).

Nebukadnezzar läßt ein riesiges Götterbild herstellen, das je-
dermann anzubeten hat, wenn er nicht zur Strafe in einem
Feuerofen verbrannt werden will; die drei Freunde weigern

sich, das Bild anzubeten, und kommen in den Feuerofen, bleiben aber unverletzt, während die Diener des Königs durch die Hitze getötet werden; Nebukadnezzar erkennt die Macht Gottes an und bestätigt die Freunde in ihren Ämtern (Daniel erscheint hier nicht) (3,1–30).

In einer Proklamation an alle Völker preist Nebukadnezzar die Macht Gottes (3,31–33); dann erzählt er, daß er einen Traum hatte, den niemand deuten konnte, und daß er Daniel rufen ließ; anschließend teilt er den Inhalt des Traums mit, wonach ein gewaltiger Baum bis auf seinen Stumpf abgehauen, der Baumstumpf gefesselt und sein Menschenherz sieben Jahre lang in ein Tierherz verwandelt wird, und daß er Daniel um die Deutung des Traums bat (4,1–15). Nach dieser Rede in erster Person folgt ein Bericht in dritter Person: Daniel erklärt, daß Nebukadnezzar der Baum sei und daß man ihn sieben Jahre lang in die Einsamkeit schicken werde, und der Traum geht in Erfüllung (4,16–30). Wiederum in der Ich-Form erzählt Nebukadnezzar, wie er nach sieben Jahren wieder in seine Herrschaft eingesetzt wurde, und er rühmt Gottes Macht und Weisheit (4,31–34). Hier ist wahrscheinlich eine Tradition verarbeitet, die ursprünglich gar nichts mit Nebukadnezzar zu tun hatte, sondern mit dem letzten babylonischen König Nabonid (556–539 v. Chr.), der sich zehn Jahre lang mit einem Truppenkontingent fern von Babylonien aufhielt.

König Belschazzar verwendet bei einem Gastmahl die Geräte aus dem Jerusalemer Tempel, die Nebukadnezzar geraubt hatte, woraufhin eine Schrift an der Wand erscheint, die niemand außer Daniel lesen kann; sie lautet *Mene mene tekel u-parsin,* und Daniel deutet sie dahingehend, daß die Herrschaft von den Babyloniern auf die Meder und Perser übergeht (möglicherweise handelte es sich ursprünglich um eine gängige Redensart über drei Münzen, deren abnehmender Wert die letzten Könige Babyloniens symbolisieren sollte); Daniel erhält hohe Würden, aber Belschazzar wird ermordet (5,1–30); Darius, »der Meder«, übernimmt die Herrschaft (6,1).

Daniel, von König Darius als ein Oberstatthalter eingesetzt, wird aufgrund einer Intrige und einer Denunziation in eine Löwengrube geworfen, wo ihm aber nichts geschieht, während die Denunzianten mit ihren Familien zu Tode kommen; daraufhin erläßt der König eine Proklamation an alle Völker, daß man den Gott Daniels ehren soll, und Daniel wirkt weiterhin erfolgreich unter Darius und unter König Kyrus, dem Perser (6).

Nach einer Einleitungsnotiz (7,1) teilt Daniel eine Vision mit: Er sieht vier Tiere aus dem Meer emporsteigen (7,2–8); in einer himmlischen Gerichtsszene, deren Vorsitzender ein »Uralter an Tagen« ist, wird, nachdem man (Gesetzes-)Bücher eingesehen hat, das vierte Tier getötet, mit ihm auch die drei ersten Tiere, worauf jemand »wie ein Menschensohn« kommt und die Herrschaft über alle Völker übernimmt (7,9–14); Daniel bittet um Aufklärung und erhält sie: Die vier Tiere bedeuten vier Reiche, und aus dem vierten Reich ersteht ein letzter (elfter) König, der die »Heiligen des Höchsten« bedrängt, indem er »Zeiten und Gesetz«, d. h. den Kalender und damit die Festtermine, ändert, aber nach nur »dreieinhalb Zeiten«, d. h. dreieinhalb Jahren, endet sein Regiment, und das »Volk der Heiligen des Höchsten« tritt die Herrschaft über alle Völker an (7,15–27); mit einer Schlußnotiz endet der Bericht Daniels (7,28).

Die vier Reiche sind als das babylonische, medische, persische und griechische (mazedonisch-seleukidische) zu identifizieren und das elfte »Horn« als Antiochus III. (223–187 v. Chr.) oder Antiochus IV. (175–164 v. Chr.). Alles übrige bleibt für uns recht dunkel. Ist der »Uralte an Tagen« Gott oder ein Repräsentant Gottes? Wie verhält sich, falls letzteres zutrifft, zu ihm der »Menschensohn«, der – als himmlische oder irdische Gestalt – ein einzelner oder aber eine Kollektivfigur sein könnte? Sind die »Heiligen des Höchsten« Engelmächte? Deutet der Ausdruck »Volk der Heiligen des Höchsten« auf Israel?

Daniel berichtet von einer weiteren Vision, worin er sieht, daß einem Widder, dem niemand standhalten konnte, ein Ziegenbock entgegentritt, der ihn besiegt und aus dem ein Horn erwächst, das frevlerisch handelt; der Engel Gabriel deutet den Widder als das Reich der Meder und Perser und den Ziegenbock als das Reich der Griechen, aus dem ein gewalttätiger König – gemeint ist wohl Antiochus IV. – hervorgeht (8).

Daniel liest bei dem Profeten Jeremia (es handelt sich um die Stellen Jer 25,11; 29,10), das Exil solle siebzig Jahre dauern (9,1–2), und betet um Erbarmen für Jerusalem (9,3–19); der Engel Gabriel sagt, daß die Notzeit sieben »Jahrwochen«, also vierhundertneunzig Jahre dauern wird (9,20–27). Da die Zeit vom Beginn des Exils (587 v. Chr.) bis zur Abfassung des Danielbuches (165 v. Chr.) nur etwas mehr als vierhundertzwanzig Jahre umfaßt, handelt es sich bei den »sieben Jahrwochen« um eine Idealzahl.

Nach einer Einleitungsnotiz (10,1) berichtet Daniel von einer dritten Vision: Ihm erscheint ein namenlos bleibender Engel und berichtet, daß er schon länger zu ihm unterwegs war, aber vom »Fürsten Persiens« gehindert wurde, bis ihm Michael, der »Fürst Israels«, zu Hilfe kam (danach hat jedes Volk einen Engel, der die Interessen seines Volkes wahrnimmt, und der Engel Persiens will die Verbindung zwischen der himmlischen Welt und Daniel unterbrechen) (10,2–21; 11,1–2a); der Engel enthüllt Daniel die Zukunft (11,2b–39), d.h. er liefert einen als Weissagung verkleideten Geschichtsbericht, der die Zeit von der persischen Epoche (V. 2b) über Alexander den Großen (V. 3), die Diadochen (V. 4), dann speziell die Seleukiden (V. 5–20) bis zu Antiochus IV. umfaßt (V. 21–39), wobei in V.18–19 das Auftreten der Römer, in V. 32–34 das der Makkabäer angesprochen wird; dann geht der Geschichtsbericht in die echte – erkennbar, weil unerfüllte – Weissagung über, daß der letzte König, also Antiochus IV., Ägypten besiegt und auf einem Zug nach Norden vor Jerusalem umkommt (11,40–45); anschließend weissagt der Engel das Weltende, das eine Notzeit für die anderen Völker und deren Untergang, aber für Israel die Auferstehung bringen wird (12,1–3); Daniel soll das Gehörte bis zum Ende für sich behalten (12,4).

Daniel sieht zwei weitere Engel, und der Engel, der bisher mit
ihm geredet hatte, sagt auf die Frage, wann das Ende kommt,
es dauere noch »eine Frist, zwei Fristen und eine halbe
(Frist)«, also dreieinhalb Jahre, und nennt dann noch eine
Frist von 1290 Tagen, die auf 1335 Tage anwachsen wird, und
verheißt dem Daniel die Auferstehung am Ende der Zeit
(12,5–13).

c) Zum Werdegang des Buches

Eine Besonderheit des Danielbuches ist der – allerdings nur
bei der Lektüre des Urtextes erkennbare – *Sprachwechsel*: Die
Abschnitte 1,1–2,4a und 8,1–12,13 sind hebräisch, der Abschnitt 2,4b–7,28 ist aramäisch abgefaßt. Gemeinhin vermutet
man, das Buch sei nicht das Werk eines einzigen Autors, sondern etappenweise entstanden, wobei man den Kern in dem
aramäisch geschriebenen Mittelteil sucht, ohne daß über den
Werdegang Einigkeit herrscht. So könnten zunächst die Erzählungen in Kapitel 2–6 (sie setzen die Lage der Juden in der
babylonischen und persischen Diaspora voraus) abgefaßt
worden sein, denen in Kapitel 1 ein hebräischer Vorbau und in
Kapitel 7 und 8–12 ein Zyklus von Visionen – auf aramäisch
und hebräisch – angefügt wurde; oder die aramäischen Kapitel 2–7 gehörten von Anfang an zusammen und wurden um
die hebräischen Teile erweitert; andere Lösungsmöglichkei-
ten sind durchaus denkbar.
Auch innerhalb der Erzählungen in Kapitel 2–6 gibt es Widersprüche, aus denen die unterschiedliche Herkunft einzelner
Teile hervorgeht. So erkennt Nebukadnezzar in 2,46–48 die
Überlegenheit des Gottes der Israeliten an, gibt dem Daniel
hohe Würden und macht ihn zum Vorsteher aller Weisen in
Babylonien; ersteres hat der König in Kapitel 3 vergessen und
letzteres in Kapitel 4; in Kapitel 5 erfährt Belschazzar erst
durch die Weisen von der Existenz Daniels; und Daniel, von
Belschazzar zum »Dritten im Reich« ernannt (5,29), soll von
Darius erst als ein Ober-Satrap eingesetzt werden (6,3–4).
Innerhalb der Visionen stimmt die Angabe der »dreieinhalb

Fristen«, d.h. Jahre (7,25; 12,7), nicht mit den 1150 (8,14) und den 1335 (12,12) Tagen überein. Wie das zu erklären ist (verschiedene Überlieferungen oder nachträgliche Korrekturen?), wissen wir nicht.

d) Zur Absicht des Buches

Im Danielbuch geht es um das Verhältnis von Welt- und Gottesherrschaft. Die Erzählungen oder »Legenden« des ersten Teils stellen Daniel und die Freunde als sich inmitten einer heidnischen Umwelt bewährende Vorbilder des Glaubens dar, deren Gott als der allein mächtige von den Weltherrschern anerkannt werden muß; die Visionen des zweiten Teils kündigen den baldigen Anbruch der endgültigen Gottesherrschaft an und wollen so die Frommen angesichts einer bedrückenden Gegenwart trösten und zur Hoffnung und Glaubenstreue aufrufen. Hier führt das Danielbuch profetische Traditionen – etwa die Weissagung von Gog (Ez 38–39), die Nachtgesichte Sacharjas (Sach 1–6), die »Tag-Jahwes«-Erwartungen im Joëlbuch und in Sach 12–14, die Hoffnung auf einen neuen Himmel und eine neue Erde (Jes 65,17; 66,22) und die Ankündigung eines weltweiten Gerichts in Jes 24–27 – weiter; und indem es sie überbietet, wird es zum eindeutigen Zeugnis »apokalyptischer« Literatur, das »Enthüllung, Offenbarung« über den Verlauf und das Ende der Geschichte liefert.

Lied- und Weisheitsdichtung des Alten Testaments

I.

Kennzeichen hebräischer Poesie

Das grundlegende Stilmittel der hebräischen Poesie – dazu gehören nicht nur die Lied- und der größte Teil der Weisheitsdichtung, sondern auch die meisten Worte der Propheten – ist der *Parallelismus membrorum.* Dieser lateinische Ausdruck bedeutet »Gleichlauf der (Satz-/Vers-)Glieder« und meint die Erscheinung, daß zwei Gedanken in ungefähr gleich langen Versgliedern zu einer Einheit zusammengefügt sind. Das geschieht entweder so, daß im *synonymen Parallelismus* die Aussage der ersten Vershälfte in der zweiten variierend wiederholt (z. B. Ps 6,2 »Strafe mich nicht in deinem Zorn / und züchtige mich nicht in deinem Grimm«; 51,4 »Wasche mich rein von meiner Schuld / und von meiner Sünde reinige mich«; 146,2 »Ich will Jahwe preisen in meinem Leben, / singen will ich meinem Gott, solange ich bin«; Jes 28,23 »Nehmt zu Ohren und hört meine Stimme, / merkt auf und hört meine Rede«) oder daß im *antithetischen Parallelismus* die Aussage der ersten Vershälfte durch ihren Gegensatz erläutert wird (z. B. Ps 1,6 »Jahwe kennt den Weg der Gerechten, / aber der Weg der Frevler vergeht«; Spr 10,4 »Lässige Hand macht arm, / aber der Fleißigen Hand macht reich«).

Aber bei weitem nicht alle poetischen Texte des Alten Testaments weisen diese Formen des Parallelismus membrorum auf, sondern vielfach führt der zweite Versteil den ersten nur weiter, ohne ihn abgewandelt oder gegensätzlich zu wiederholen. Dann spricht man von *synthetischem Parallellismus* (z. B. Ps 1,3 »Der ist wie ein Baum, / gepflanzt an Wasserbächen«; 27,1 »Jahwe ist mein Licht und mein Heil; / vor wem sollte ich mich fürchten?«). Jedoch ist hier die Bezeichnung

»Parallelismus« sinnlos, nämlich ein Widerspruch in sich selbst, und man sollte besser auf ihn verzichten.

Recht selten verwendet die hebräische Poesie den *Reim,* und noch seltener läßt er sich in der Übersetzung wiedergeben (z. B. Jes 5,7 »Rechtsspruch« – »Rechtsbruch«, »Gerechtigkeit« – »Geschrei über Schlechtigkeit«; 7,9 »Glaubt ihr nicht, so bleibt ihr nicht«).

II.
Lieddichtung des Alten Testaments

1. Allgemeines zum Lied im Alten Testament

Das Alte Testament läßt deutlich erkennen, welch große Rolle das Lied – oft von Instrumentalmusik begleitet (1Mose 31,27; Jes 30,29) – im Leben Israels spielte, auch wenn es über die Vielfalt der Erscheinungsformen des Liedes nur bruchstückhaft Auskunft gibt und bei manchem Text unklar bleibt, ob er als Lied oder lediglich als einmaliger Ausspruch anzusehen ist (etwa das »Trinklied« Jes 22,13) und inwiefern es sich um ein wirkliches Lied oder um einen Sprechchor (beim Schlachtruf, 2Mose 17,16; Richt 7,18.20) oder um ein mehr unartikuliertes »Jauchzen« (bei der Ernte, z. B. Jes 9,2) handelt.

Schon aus früher Zeit bezeugt das Alte Testament Sammlungen von Liedern, so das »Buch des Redlichen« (Jos 10,12; 2Sam 1,18), aus dem Davids Totenklagelied über Saul und Jonatan stammt (2Sam 1,19–27), und das »Buch von den Kriegen Jahwes« (4Mose 21,14).

Vielfach werden Lieder nur erwähnt, ohne daß wir etwas über ihren Inhalt erfahren – so das Singen beim Tränken der Tiere (Richt 5,10–11), beim Abschied (1Mose 31,27), beim Erntefest (Jes 16,10), beim Weintrinken (Jes 24,9) und am Königshof, wo man ausgebildete Sängerinnen und Sänger hatte (2Sam 19,36).

Daneben sind aber auch zahlreiche Lieder für die verschiedensten Anlässe wörtlich mitgeteilt: ein »Brunnenlied«, das man beim Graben eines Brunnens sang (4Mose 21,17–18); die im Hohenlied gesammelten Liebeslieder; das dem Totenklagelied nahestehende Spottlied (4Mose 21,27–30 auf den König von Heschbon; Jes 23,15–16 auf eine Dirne); das Siegeslied nach der Rettung aus Feindesnot (Richt 5; 1Sam 18,7). Daß die Profeten ihre Aussprüche zuweilen auch singend vortrugen, zeigt Jesajas Weinberglied (Jes 5,1–7) und die Bemerkung über das Auftreten Ezechiels, der wie ein Sänger von Liebesliedern wirkt (Ez 33,32).

Die umfangreichste Sammlung von Liedern sind die Psalmen, deren Großteil kultisches, an einen Kultort gebundenes Liedgut darstellt (der einzige ganz weltliche Text des Psalters ist das Lied für eine Königshochzeit Ps 45), wobei natürlich die Frage bleibt, ob wirklich jeder Psalm – man denke nur an solch ein barockes Gebilde wie Ps 119 – als Lied oder nicht vielmehr für einen Sprechvortrag geschaffen wurde.

2. Der Psalter

a) Name

Der Psalter ist eine Sammlung von 150 Psalmen. Dieses Wort geht auf griechisch *psalmós* »zum Saiteninstrument gespieltes Lied« zurück. Die griechische Übersetzung des Alten Testaments verwendet es zur Wiedergabe eines hebräischen Wortes für »Lied«, das in den Überschriften zahlreicher Psalmen erscheint (z. B. 3,1; 8,1; 9,1), und – in der Mehrzahlform *psalmoí* – als Überschrift des Psalters, den sie auch mit dem Wort *psaltérion* »Liedersammlung« bezeichnen kann.

b) Sammlungen

Dem Psalter liegen mehrere Teilsammlungen zugrunde, z. B.
Davidpsalmen (3–41 [außer 33]), Korachpsalmen (42–49),
Asafpsalmen (73–83) und Wallfahrtslieder (120–134) oder –
sich damit überschneidend – der sogenannte elohistische Psalter (42–83), in dem der Name *Jahwe* weitgehend durch das
Wort *Elohim* (»Gott«) ersetzt wurde, wie etwa der Vergleich
der Dubletten 14 und 53 zeigt. Erst aus später Zeit stammt die
Einteilung in fünf Bücher (1–41; 42–72; 73–89; 90–106; 107–
150), kenntlich gemacht durch die Schlußdoxologien (41,14;
72,18–19; 89,53; 106,48), nach dem Vorbild der Mosebücher.

c) Überschriften

Die überwiegende Mehrzahl der Psalmen trägt eine Überschrift, die in den meisten Fällen wohl erst nachträglich dem
eigentlichen Psalm vorangestellt wurde. Etwa 100mal enthält
sie einen Personennamen, davon 73mal den Namen Davids.
Auf den ersten Blick scheint es, als sei der mit der hebräischen
Partikel l^e, die sowohl »von« als auch »für« bedeuten kann,
versehene Name Davids als Verfasserangabe gemeint (»von
David«), zumal viele dieser Überschriften eine Notiz enthalten, die den betreffenden Psalm einer Situation im Leben Davids zuordnet (z. B. 7,1; 18,1; 60,1). Aber die Überschriften
mit den Namen Asaf (50; 73–83), Etan (89) und »Söhne Korachs« (42–49; 84; 85; 87; 88) führen auf eine andere Spur.
Denn bei Asaf, Etan und den »Söhnen Korachs« handelt es
sich um Sängergilden am Jerusalemer Tempel (1Chr 15,19;
2Chr 20,19). Deshalb darf man vermuten, daß die hebräische
Partikel l^e ursprünglich eine Zweck- oder Zugehörigkeitsbe-
stimmung (»für…«) war, mit der man die betreffenden Psalmen als Liedgut (Werke oder Eigentum) jener Sängergilden
bezeichnete. Dementsprechend dürfte auch die Bezeichnung
»für David« zu verstehen sein: »für einen Davididen«, d.h.
zum königlichen Ritual gehörig, oder »für das Davidhaus«,
den Tempel; ferner könnte sich hier hinter dem Namen »Da-

vid« ebenfalls eine Sängergilde verbergen. Die Situationsangaben sind dann erst später hinzugefügt worden.

Wie sehr man bei den Überschriften allerdings mit Künstlichkeit und Willkür rechnen muß, zeigt die von 90, die diesen zweifellos sehr späten Text dem Mose – sicherlich als Verfasser – zuweist.

Außerdem enthalten die Überschriften vielfach musiktechnische Angaben, darunter besonders häufig die hebräischen Begriffe, die man mit »Psalm« (gemeint ist wohl instrumental begleiteter Gesang), »Lied« und »Gebet« übersetzt. Im übrigen sind die Angaben für uns völlig unklar. Mehrfach finden sich Melodiehinweise (z. B. 22,1; 45,1; 56,1).

d) Der Ausdruck »Sela«

Noch immer gibt es keine gültige Antwort auf die Frage, was Sinn und Funktion des ominösen »Sela« ist, das in 39 Psalmen 71mal begegnet. Man denkt an ein Zeichen für ein instrumentales Zwischenspiel, für eine Gebetspause oder für ein Responsorium.

e) Zum Alter der Psalmen

Ihre Entstehungszeit geben nur ganz wenige Psalmen zu erkennen. So ist 137 während des Exils und 126 danach entstanden, und die Königspsalmen (z. B. 2; 110; 132) setzen die Existenz des Königtums in Juda, also die Zeit vor 587/586 v. Chr., voraus. Andere Psalmen dürften – aufgrund von Sprache und Vorstellungsgehalten – sehr alt (z. B. 19,2–7; 29) oder jung (z. B. 119) sein. Aber bei manchen Psalmen weichen die Ausleger in der zeitlichen Einordnung um Jahrhunderte voneinander ab. Seine Endgestalt hat der Psalter wohl im 3. Jahrhundert v. Chr. erhalten.

f) Formen der Psalmendichtung

Der überwiegende Teil der Psalmen läßt sich dem Inhalt – und oft auch der Form und dem Vokabular – nach einer bestimmten »Gattung« zuordnen; manchmal handelt es sich aber auch um Mischgebilde verschiedener Elemente und vereinzelt um Sonderformen, die nur behelfsweise zu definieren sind.

Die im Psalter am häufigsten vertretene Gattung ist das *Klagelied des einzelnen.* Es beginnt meistens mit der Anrufung Jahwes und der Bitte um Hilfe (z. B. 6,2–5; 28,1–2; 54,3–4). Die Bitte ist das Kernstück des Klageliedes des einzelnen (insofern wäre die Bezeichnung »Bittlied des einzelnen« vielleicht sogar zutreffender); denn mit ihr möchte der Beter Gott bewegen, ihm zu helfen. Die anderen Elemente dieser Gattung haben hauptsächlich den Zweck, die Bitte zu unterstützen, ihr Nachdruck zu verleihen. Dazu gehört vor allem die Klage, worin der Beter seine traurige Situation schildert, und zwar handelt es sich um Krankheit (z. B. 88,4–8) oder noch mehr um die Bedrohung durch Feinde (z. B. 3,2–3; 7,2–3; 13,3–5; 27,11–12) und häufig um beides (z. B. 6,3.9; 42,4.10–11; 102,4–6.9); allerdings haben wir keine Möglichkeit, die jeweilige Krankheit oder die jeweiligen Feinde zu identifizieren.

Ferner wird die Bitte unterstützt durch den »Beweggrund des göttlichen Eingreifens«, worin der Beter gleichsam an Gottes Einsicht (z. B. 6,6), oder die »Vertrauensäußerung«, worin er an sein Mitleid appelliert (z. B. 3,4–7; 54,6; 142,4). Eine Abwandlung der Bitte ist der »Wunsch gegen die Feinde« (z. B. 54,7; 69,25; 143,12).

Auffälligerweise enthalten viele Klagelieder des einzelnen noch ein Element, in dem der Beter, der eben noch bitterlich gefleht und geklagt hatte, plötzlich über Gottes Hilfe jubelt (die »Gewißheit der Erhörung«) (z. B. 3,8; 6,9–10; 26,12; 54,8–9; 56,13–15; 57,8–11). Dieser rätselhafte Stimmungsumschwung wird oft mit der Annahme erklärt, daß, nachdem der Beter sein Klagelied vorgetragen hat, ein Priester ihm in einem »Heilsorakel« mitteilt, Gott habe ihn erhört, worauf der Beter mit dem Jubel über seine Rettung antwortet. Ein anderer Lösungsvorschlag lautet, daß derartige Psalmen *nach* der Rettung des Beters aus der Not ein einem *Dank*gottesdienst vorgetragen wurden, wobei die Klage eigentlich gar keine Klage mehr wäre, sondern ein Bericht über die vergangene Notsituation. Schließlich darf man auch mit einer nachträglichen Verknüpfung des Klageliedes mit dem Dankelement rechnen; so erklärt sich am einfachsten die Tatsache, daß manchmal das oder ein Dankelement schon in der Mitte des Klageliedes steht (z. B. 31,8–9; 86,12–13).

Umstritten ist, ob die Klagelieder des einzelnen oder einige von ihnen ursprünglich am Heiligtum oder im privaten Bereich vorgetragen worden sind.

Die Vertrauensäußerung des Klageliedes kann sich zu einer eigenen Gattung, dem *Vertrauenslied,* ausweiten (11; 16; 23; 27,1–6; 62; 131), in dem die Gebetsform weitgehend aufgegeben und von Gott in dritter Person gesprochen wird.

Das *Klagelied des Volkes,* wie das Klagelied des einzelnen normalerweise mit der Anrufung Gottes eingeleitet, wurde bei einer öffentlichen Volkstrauerfeier angestimmt. Einige dieser Texte sprechen ausdrücklich von der Zerstörung des Tempels (74,3–8; 79,1–3), sind also in exilischer oder nachexilischer Zeit entstanden. Vom Klagelied des einzelnen unterscheidet sich das Klagelied des Volkes hauptsächlich dadurch, daß hier eine Mehrzahl von Menschen (»wir«) zu Worte kommt, während die meisten der Elemente, die das Klagelied des einzelnen aufweist, auch im Klagelied des Volkes begegnen: Bitte (z. B. 44,24.27; 60,13; 74,2–7; 80,15–16; 85,5.8), Klage (z. B.44,10–15; 74,4–11; 83,2–9; 137,1–4), »Vertrauensäußerung« (z. B. 44,5–9; 60,13b; 74,12), »Wunsch gegen die Feinde« (79,6; 83,10–18; 137,7–9), Lobgelübde (z. B. 79,13; 80,19); dazu kommt manchmal der Hinweis auf das frühere Heilshandeln Jahwes (44,2–4; 74,2.13–15; 80,9–12; 85,2–4; 126,1–3).

Das *Danklied des einzelnen* wurde bei der Darbringung des Gelübdeopfers im Heiligtum vorgetragen (66,13; 116,18) und enthält als Hauptelemente die an Jahwe gerichtete Dankrede (z. B. 30,2–4.7–13; 32,3–7; 66,13–15; 118,21) und den Rettungsbericht, mit dem der Sprecher sich an Menschen, offenbar die Teilnehmer der Kulthandlung, wendet (z. B. 30,5–6; 32,11; 66,16–20; 118,5–18); in 18; 34; 41; 92; 116; 138 ist die Form stark abgewandelt.

Die beiden Texte, die man oft als *Danklieder des Volkes* bezeichnet (124; 129), zeigen nur entfernte Ähnlichkeit mit den Dankliedern des einzelnen und lassen sich kaum einer bestimmten Gattung zuordnen.

Mit dem griechisch-lateinischen Ausdruck *Hymnus* (ursprünglich ein Preislied auf Götter und götterähnliche Heroen) werden Texte bezeichnet, deren wesentlicher Inhalt der Lobpreis Jahwes ist. Der markanteste Typ des Hymnus besteht aus zwei Teilen, nämlich einer Aufforderung an eine Gruppe, Jahwe zu loben, ihm zu danken, zu singen, und einer Beschreibung der Eigenschaften, Werke und Taten Jahwes. Der erste Teil wird »Einführung«, der zweite »Hauptstück« genannt. Beispiele sind 100; 117 (auch 2Mose 15,21b), ferner zweistrophig 47,2–5.7–9; 96,1–6.7–13; 148,1–6.7–13.

Am Anfang des »Hauptstückes« steht meistens das hebräische Wörtchen *ki*, das man gewöhnlich mit »denn« übersetzt, als würde das »Hauptstück« die »Einführung« *begründen*. Näher jedoch liegt die Annahme, daß im »Hauptstück« der *Vollzug* des in der »Einführung« geforderten Tuns beschrieben wird und daß man das einleitende *ki* – was ohne weiteres möglich ist – mit »ja«, »gewiß« zu übersetzen hat. Dann haben wir jene Hymnen als Wechselgesänge anzusehen: Nach der Aufforderung (durch eine Gruppe oder einen Vorsänger), Jahwe zu loben, folgt das Gotteslob aus dem Munde der Angeredeten. Unterstützt wird diese Annahme durch Esr 3,11; Ps 118,1–4 (hier übersetzt die Lutherbibel das *ki* nicht) und die originale Form von Ps 136, der sich am ehesten als Wechselgesang verstehen läßt.

Ein typisches Stilmerkmal der Hymnen ist die – im Deutschen nicht nachahmbare – Verwendung von *Partizipien*, um das Handeln Jahwes zu beschreiben (z. B. 104,2–14a; 136,3–25*; 146,6–9a).

Normalerweise sprechen die Hymnen von Jahwe in dritter

Person, aber zuweilen wird er auch in Gebetsform angeredet
(z. B. 8,2–10; 65,2–12; 93,2–3.5; 97,8–9; 104,2–15.19–30). Daß
die Hymnen – zumindest in ihrer Mehrzahl – Bestandteile
einer gottesdienstlichen Feier waren, liegt auf der Hand.

Es gibt die These, daß hinter den *Jahwe-Königspsalmen* (47;
93; 96–99) mit der formelhaften Wendung »Jahwe ist König
(geworden)« (47,9; 93,1; 96,10; 97,1; 99,1) die Feier der – regelmäßig wiederkehrenden – Thronbesteigung Jahwes steht,
aber sie findet nur noch wenig Anklang.

Als *Zionspsalmen* bezeichnet man die Hymnen 46; 48; 76 und
die den Hymnen nahestehenden Texte 84; 87; 122, weil sie
Jerusalem (den Zion) als den Ort preisen, an dem Jahwe als
Beschützer wohnt. Letzteres kommt vor allem in der – my-
thologischen – Vorstellung zum Ausdruck, daß Jahwe einst
den Angriff eines Völkerheeres auf Jerusalem abgewehrt habe
(46,6–7; 48,5–8; 76,6–7).

Das *Lehr-* oder *Weisheitsgedicht* ist gekennzeichnet durch
seinen weisheitlich-reflektierenden Charakter. Es handelt
sich um Texte, die allgemeine Erfahrungen über das menschliche Schicksal aussprechen. Ihr Gegenstand ist das Glück des
Frommen und das Ergehen des Gottlosen (1; 37; 73; 91; 112;
128), der göttliche Segen beim Tun des Menschen (127), die
Eintracht der Familie (133), die Eitelkeit des Besitzes (49), der
Lobpreis auf das Gesetz Jahwes (19,8–15; 119) und der beleh-
rende Rückblick in die Geschichte Israels (78). Mehrfach begegnet die Formel »Wohl dem, der …« (1,1; 112,1; 119,1;
127,5; 128,1). Die Lehrgedichte waren wohl für die Unterwei-
sung außerhalb des Kultes bestimmt.

Liturgien sind Texte, in denen mehrere, einander abwechseln-
de Sprecher oder Sänger zu Worte kommen. So könnte auch
der aus »Einführung« und »Hauptstück« bestehende Hymnus als »Liturgie« bezeichnet werden. Aus den »Torliturgien«
15 und 24 läßt sich ein Akt vor dem Eintritt der Kultteilnehmer in den Tempelbereich erschließen; er bestand aus der Frage der Kultteilnehmer nach den Einlaßbedingungen und der
Antwort des Kultpersonals. Die Liturgien 20 und 21 dürften

zu einer Bittfeier vor dem Auszug des Königs und seines Heeres in den Krieg gehört haben; 20 besteht aus Fürbitte (V. 2–6), Jubelruf (V. 7), Vertrauensbekenntnis (V. 8–9) und Bitte (V. 10), 21 aus Danklied (V. 2–7), Vertrauensbekenntnis (V. 8), Gottesspruch (Heilsorakel) (V. 9–13), Bitte (V. 14a) und Gelübde (V. 14b). In der Liturgie 118 geht es um die Dankfeier eines Menschen, der mit seinen Begleitern (V. 22–24) in den Tempelbereich einzieht (V. 19–20). Die Liturgie 132 spiegelt vielleicht eine Prozession mit der Lade wider.

Unter der Bezeichnung *»Königspsalmen«* wird eine Reihe von Texten zusammengefaßt, die von Königen handeln; sie gehören verschiedenen Gattungen an. Neben den Liturgien 20; 21; 132 finden sich Texte, die anscheinend Bestandteil einer Thronbesteigungsfeier waren: 2, eine Proklamation des Königs, worin er einen Gottesspruch (ein Orakel) zitiert, mit dem Gott ihn zu seinem »Sohn«, seinem Stellvertreter auf Erden, erklärt (V. 7–9); 72, eine Fürbitte für den König, in der ein Sprecher, wohl ein Kultprofet, vorträgt, was er für das Regiment des Königs und für diesen selbst wünscht, darunter die Weltherrschaft (V. 8–11.15a); 101, eine Proklamation des Königs, worin er kundtut, daß er sich gemäß dem Willen Jahwes verhalten wird; 110, eine Komposition kultprofetischer Worte, bestehend aus drei Orakeln (V.1b.3b.4), Segenswunsch (V. 2), Schilderung der Situation (V. 3a) und Verheißung des Sieges (V. 5–7).

18,31–51 ist ein Danklied des Königs nach einer siegreichen Schlacht, 45 ein Lied, in dem ein Dichter bei der Hochzeit des Königs die Schönheit des Königs und seiner Gemahlin preist und ihm ein machtvolles Regiment wünscht. 89 besteht aus einem Hymnus (V. 2–19), dem Zitat eines Orakels über die ewige Dauer der Dynastie Davids (V. 20–38) und einer Klage über den Niedergang des Königtums durch eine militärische Katastrophe, wobei die Schlußverse (V. 47–52) wohl der König selbst vorgetragen hat. Das Klagelied 144, vom König vorgetragen, gehört in eine Bittfeier vor einem Kriegszug.

Einige Psalmen (9–10; 25; 34; 37; 111; 112; 119; 145) – sie

gehören verschiedenen Gattungen an – weisen eine künstlich-kunstvolle Struktur auf, indem die Anfangsbuchstaben der einzelnen Verse der Reihenfolge des hebräischen Alphabets entsprechen *(alphabetische Psalmen)*; in 119 beginnen jeweils acht Verse mit demselben Buchstaben. Der Sinn dieser Dichtungsart ist nicht geklärt. Vielleicht erhebt sie den Anspruch, die vollkommene, ihren Gegenstand erschöpfende Dichtung zu sein (man könnte unser sprichwörtliches »Von A bis Z« vergleichen).

Eigentliche *Wallfahrtslieder* sind nur zwei Psalmen (84; 122), in denen ein einzelner seine Ankunft am Tempel in Jerusalem schildert und diesen preist, während die Sammlung der »Wallfahrtslieder« (120–134) verschiedene Gattungen umfaßt.

g) Inhalt

Lehrgedicht (1) – Proklamation des Königs (Königspsalm) (2) – Klagelieder des einzelnen (3; 4; 5; 6; 7) – Hymnus (8) – Danklied des einzelnen, alphabetisch (9–10) – Vertrauenslied (11) – Klagelied des einzelnen mit Gottesspruch (12) – Klagelied des einzelnen (13) – Klagelied des einzelnen mit Weisheitselementen (14) – Liturgie (15) – Vertrauenslied (16) – Klagelied des einzelnen (17) – Danklied des einzelnen (18,1–30) und Danklied des einzelnen (Königspsalm) (18,31–51) – Hymnus (19,1–7) und Lehrgedicht (19,8–15) – Liturgien (Königspsalmen) (20; 21) – Klagelied des einzelnen (22,1–22) mit Danklied (V. 23–27) und Hymnus (V. 28–32) – Vertrauenslied (23) – Liturgie (24) – Klagelied des einzelnen, alphabetisch (25) – Klagelied des einzelnen (26) – Vertrauenslied (27,1–6) und Klagelied des einzelnen (27,7–14) – Klagelied des einzelnen (28) – Hymnus (29) – Danklied des einzelnen (30) – Klagelied des einzelnen (31) – Danklied des einzelnen (32) – Hymnus (33) – Danklied des einzelnen, alphabetisch (34) – Klagelieder des einzelnen (35; 36) – Lehrgedicht, alphabetisch (37) – Klagelieder des einzelnen (38; 39) – Danklied des einzelnen mit Klage (40) – Danklied des einzelnen (41) – Klagelied des einzelnen (42–43) – Klagelied des Volkes (44) – Lied zur Hochzeit des Königs (Königspsalm) (45) – Hymnen (46 [Zionspsalm]; 47 [Jahwe-Königspsalm]; 48 [Zionspsalm]) – Lehrgedicht (49) – Anklagerede mit Mahnung (50) – Klagelieder des einzelnen (51; 52) – Klagelied des einzelnen mit Weisheitselementen (53 = 14) – Klagelieder des einzelnen (54; 55; 56; 57; 58; 59) – Klagelied des Volkes (60) – Klagelied des einzelnen (61) – Vertrauenslied (62) – Klagelieder des einzelnen (63; 64) – Hymnus (65) – Hymnus (66,1–12) und Danklied des einzelnen (66,13–20) – hymnischer Segenswunsch (67) – Hymnus (68) – Klagelieder des einzelnen (69; 70 [V. 2–6 = 40,14–18]; 71) – Fürbitte für den König (Königspsalm) (72) – Lehrgedicht (73) – Klagelied des Volkes (74) – Lobpreis mit Mahnwort (75) – Hymnus (Zionspsalm) (76) – Klagelied des einzelnen (77,1–10) und Hymnus (77,11–21) – Lehrgedicht (Geschichtspsalm) (78) – Klagelieder des Volkes (79; 80) – Aufruf zum Jubel und Mahnung (81) – Mahnrede (82) – Klagelied des Volkes (83) – Wallfahrtslied (Zionspsalm) (84) – Klagelied des Volkes (85) – Klagelied des einzelnen (86) – Hymnus (Zionspsalm) (87) – Klagelied des einzelnen (88) – Hymnus, Orakel und Klage (Königspsalm) (89) – Klagelied des Volkes mit Reflexion (90) – Lehrgedicht (91) – Danklied des einzelnen (92) – Hymnus (Jahwe-Königspsalm) (93) – Klagelied des Volkes oder des einzelnen (94) – Hymnus und Mahnung (95) – Hymnen (Jahwe-Königspsalmen) (96; 97; 98; 99) – Hymnus (100) – Selbstverpflichtung des Königs (Königspsalm) (101) – Klagelied des einzelnen (102) – Hymnen (103; 104; 105 [Geschichtspsalm]) – Schuldbekenntnis des Volkes (Geschichtspsalm) (106) – Dank-Liturgie mit Hymnus (107) – Klagelied des einzelnen und des Volkes (108 [V. 2–6 = 57,8–12; V.7–14 = 60,7–14]) – Klagelied des einzelnen (109) – Komposition kultprofetischer Worte (Königspsalm) (110) – Hymnus, alphabetisch (111) – Lehrgedicht, alphabetisch (112) – Hymnen (113; 114) – Liturgie (115) – Danklied des einzelnen (116) – Hymnus (117) – Liturgie (118) mit Danklied des einzelnen (V. 5–18.21) – Lehrgedicht, alphabetisch (119) – Klagelied des einzelnen (120) – Wechselgespräch

(121) – Wallfahrtslied (Zionspsalm) (122) – Klagelied des einzelnen und des Volkes (123) – Danklied des Volkes (124) – Vertrauenslied des Volkes (125) – Klagelied des Volkes (126) – Lehrgedichte (127; 128) – Danklied des Volkes (129) – Klagelied des einzelnen (130) – Vertrauenslied (131) – Liturgie (Königspsalm) (132) – Lehrgedicht (133) – Liturgie (134) – Hymnen (135; 136) – Klagelied des Volkes (137) – Danklied des einzelnen (138) – hymnisches Lehrgedicht (139) – Klagelieder des einzelnen (140; 141; 142; 143) – Klagelied des einzelnen (Königspsalm) (144) – Hymnen (145 [alphabetisch]; 146, 147; 148; 149; 150).

h) Zum Werdegang einzelner Psalmen

Wahrscheinlich liegen viele Psalmen, vielleicht sogar die meisten, nicht mehr in ihrer ursprünglichen, sondern in einer überarbeiteten Gestalt vor. Manchmal läßt sich der literarische Werdegang noch erkennen, wofür im folgenden ein paar Beispiele genannt seien.

Zugefügt wurde in 51 die Klage V. 15–16 (Variante zu V. 7), das Vertrauensbekenntnis V. 18 (Variante zu V. 10) und die Fürbitte für Jerusalem V. 20–21 (wobei wiederum V. 20 den Opfergedanken von V. 18 korrigiert); in 61 die Fürbitte für den König V. 7–8; in 68 die Bitte um Überwindung Ägyptens V. 31–32; in 107 der Hymnus V. 33–42; in 144 die Bitte um Fruchtbarkeit V. 12–15.

In 87, einem jetzt konfusen Text, hat man vielleicht die Reihenfolge V. 2.1b.5b.4a.5a.3.7.6 als ursprünglich anzusehen. In 133 wird das Bild vom Salböl (V. 2aα) und vom Tau (V. 3aα) zerstört durch die Bemerkung über Aaron (V. 2aβb), den segnenden Priester, und über den Segen, den Jahwe auf dem Zion spendet (V. 3aβb; statt »Zion« stand ursprünglich wohl der Name eines anderen Ortes). In 136 wird die Kette der Partizipien durch die prosaisch wirkenden Abschnitte V. 11–12.14.18–20.23–24 unterbrochen.

3. Die Klagelieder

a) Zur Form

Das Buch besteht aus fünf Kapiteln, die jeweils ein Gedicht bilden. Die ersten vier Kapitel sind sehr kunstvoll aufgebaut, indem die Anfangsbuchstaben der einzelnen Strophen die Reihenfolge des hebräischen Alphabets ergeben. Im ersten, zweiten und dritten Kapitel besteht die Strophe aus drei, im vierten Kapitel aus zwei Versen, und das fünfte Kapitel enthält 22 Verse entsprechend den 22 Buchstaben des hebräischen Alphabets. Der Gattung nach handelt es sich beim fünften Kapitel um ein Klagelied des Volkes, im übrigen um Mischformen, vor allem um Elemente des Totenklageliedes (1,1–9a.17; 2,1–10.13–17; 4,1–16) oder des Klageliedes des einzelnen (z. B. 1,12–16.18–22; 2,11–12.20–22; 3,1–19).

b) Inhalt

Klage über das Schicksal der als Witwe dargestellten Stadt Jerusalem (1,1–9a.10–11a.17) und Klage Jerusalems über das ihm von den Feinden zugefügte Leid und Bitte um deren Bestrafung (1,9b.11b–16.18–22).

Klage über das verwüstete Jerusalem (2,1–10) – Klage Jerusalems über das Leiden der Kinder (2,11–12) – Beileidsbezeugung an Jerusalem (2,13–17) – Aufruf an Jerusalem zur Klage (2,18–19) – Klage Jerusalems (2,20–22).

Bericht eines Mannes, wie sein Leiden durch Jahwes Gnade überwunden wurde (3,1–24) – weisheitliche Reflexionen über Jahwes Handeln und das rechte Verhalten des Menschen (3,25–39) – Klage des Volkes mit Schuldbekenntnis (3,40–47) – Gebet eines einzelnen (3,48–66) mit Klage (V. 48–51), Danklied (V. 52–58), erneuter Klage und Bitte um Bestrafung der Feinde (V. 59–66).

Klage über das Schicksal Jerusalems (4,1–16) – Klage des Volkes (4,17–20) – Drohwort gegen Edom und Heilswort für Jerusalem (4,21–22).

Klage des Volkes (5,1–22) mit Bekenntnis zur ewigen Königsherrschaft Jahwes (V.19) und Bitte um Erlösung (V.21).

c) Zur Herkunft

Offensichtlich stammt das Buch aus der Zeit zwischen 587/586 v. Chr., der Zerstörung Jerusalems, und dem Ende des Exils (von einer grundlegenden Wende ist nirgendwo die Rede). Als Verfasser gilt aufgrund jüdischer Tradition der Profet Jeremia. Aber das ist unwahrscheinlich, denn mögen auch Sätze wie 2,14; 4,13; 5,6 der Botschaft Jeremias entsprechen, so stehen andere – 2,9 (hier sind anscheinend »Kultprofeten« gemeint, deren Botschaft Jeremia bekämpfte, z. B. Jer 23,9–32); 4,12 (Jeremia hat den Untergang Jerusalems vorausgesagt, z. B. Jer 18,1–6).17 (Jeremia warnte vor dem Vertrauen auf Bündnispartner, z. B. Jer 2,18.36) – im Gegensatz zu ihr. Ob die fünf Kapitel auf einen oder auf mehrere Verfasser zurückgehen, ist nicht sicher erkennbar; die meisten Ausleger halten jedoch letzteres für wahrscheinlicher.

4. Das Hohelied

a) Zur Form

Das Hohelied (der Name ist Luthers Wiedergabe eines hebräischen Ausdrucks, der, wörtlich übersetzt, »Lied der Lieder«, d.h. schönstes Lied, bedeutet) ist eine Sammlung von Liebesliedern, und zwar (abgesehen von 3,9–10bα, einem Bericht über die Sänfte Salomos) in direkter Rede. Da es schwerfällt, die einzelnen Texte jeweils einer klar definierbaren Gattung zuzuordnen (»Beschreibungslied«, z. B. 4,1–7; »Bewunderungslied«, z. B. 1,15–17; »Prahllied«, z. B. 6,8–10; »Sehnsuchtslied«, 5,2–8; »Erlebnisschilderung«, z. B. 3,1–4), werden sie im folgenden ihrem Inhalt nach vorgeführt.

b) Inhalt

Es handelt sich um Lieder, in denen eine Frau ihre Sehnsucht nach dem Geliebten (1,2–4; 2,4–5; 3,1–5 [vielleicht Traumerzählung]; 5,2–8 [vielleicht Traumerzählung]; 6,1–3 [Wechselgespräch mit anderen]; 7,11.12–13.14; 8,1–2.6–7) und die Vereinigung mit ihm (2,6–7.16–17; 8,3–4.5) und ein Mann seine Sehnsucht nach der Geliebten (2,10–13.14; 4,8; 6,11; 7,7–10) und ihre Zusammengehörigkeit (8,11–12) schildert, in denen ein Mann die Geliebte (1,9–11.13–14; 4,1–7.9–11.12–15; 6,8–10; 7,2–6) und eine Frau den Geliebten (2,8–9; 5,9–16; 6,4–7) und sich selbst (1,5–6.12; 8,10) beschreibt oder in denen beide wechselseitig ihre Sehnsucht und Bewunderung aussprechen (1,7–8.15–17; 2,1–3; 4,16; 5,1; 8,13–14). Daneben finden sich die Aufforderung, Füchse zu fangen (2,15), ein Wechselgespräch über die Sänfte Salomos (3,6–8), die Aufforderung an Frauen, aus dem Haus zu kommen (3,10bβ–11), und die Beschreibung einer Schwester (8,8–9); die Verse 6,12; 7,1 sind wohl unverständlich.

c) Zur Herkunft

Die Überschrift (1,1) nennt Salomo als Verfasser des Buches, aber das trifft nicht zu; es handelt sich bei den Texten des Buches um anonymes Liedgut unterschiedlichen Alters. So weist die Erwähnung der Nordreichs-Residenz Tirza (6,4; vgl. 1Kön 14,17) wohl in die frühe Königszeit, während das persische Lehnwort für »Garten« (4,13) und das griechische für »Sänfte« (3,9) die Herkunft der betreffenden Texte aus der persischen und hellenistischen Epoche bekunden. Die Erwähnung der Töchter Jerusalems (z. B. 1,5; 3,5; 5,8) und die Hinweise auf Salomo (3,7–11; 8,11) sprechen für die Annahme, daß die Lieder in Jerusalem entstanden sind.

Weisheitsliteratur des Alten Testaments

1. Allgemeines zur Weisheitsliteratur im Alten Testament

Als »Weisheitsliteratur« bezeichnet man einige Schriften – daneben auch Einzeltexte in den Profetenbüchern und den Psalmen – mit ausgeprägt *lehrhaftem* Charakter. Während im Buch der *Sprüche Salomos* (vor allem im Hauptteil, Spr 10–29) ein naiver, ungebrochener Optimismus zum Ausdruck kommt, nämlich der Gedanke des gerechten Ausgleichs im Leben eines Menschen, wonach auf gute Taten gutes Ergehen und auf böse Taten böses Ergehen folgt, wird diese Weltsicht – aufgrund der Erfahrung, daß sie der Wirklichkeit nicht standhält – bestritten durch die im *Buch Ijob* (auch *Ps 73*) ausgesprochene Erkenntnis, daß Gottes Handeln dem Menschen undurchschaubar bleibt, wie es auch der *Prediger Salomo* skeptisch betont.

Demgegenüber kehren andere, zumal spätjüdische Schriften zu der Überzeugung zurück, daß frommes Tun, womit vor allem das Halten des »Gesetzes« gemeint ist, Erfolg garantiert – so schon *Ps 1* und dann das Buch *Jesus Sirach*, wohingegen die *Weisheit Salomos* den Ausgleich zwischen Tun und Ergehen für das Jenseits erhofft.

2. Die Sprüche Salomos

a) Formen weisheitlicher Rede in den Sprüchen Salomos

Das Buch der Sprüche Salomos enthält mehrere Teilsammlungen, in denen jeweils eine charakteristische Redeform überwiegt.

In den Teilsammlungen 10,1–22,16 und 25–29 trifft man vor allem auf den *Aussagespruch* (auch »Aussagewort«, »Wahrspruch« oder »Sentenz« genannt), der einen Sachverhalt, eine Erfahrung oder einen Zusammenhang feststellt. Selten ist er im synonymen Parallelismus gestaltet (z. B. 26,27 »Wer eine Grube gräbt, fällt hinein, und wer einen Stein wälzt, auf den fällt er zurück«; 16,18 »Vor dem Zerbruch [kommt] Stolz und vor dem Straucheln Hochmut«; 19,8 »Wer Klugheit erwirbt, liebt sein Leben; und der Verständige findet Gutes«), weitaus häufiger im antithetischen Parallelismus (z. B. 10,4 »Lässige Hand macht arm, aber der Fleißigen Hand macht reich«; 14,31 »Wer dem Geringen Gewalt antut, lästert dessen Schöpfer; aber wer sich des Armen erbarmt, der ehrt Gott«), zuweilen auch in der Form, daß die zweite Vershälfte die erste ergänzt (z. B. 18,10 »Der Name Jahwes ist ein starker Turm; der Gerechte läuft dorthin und wird beschirmt«; 20,14 »Schlecht, schlecht‹ sagt der Käufer, wenn er [aber] fort ist, dann rühmt er sich«).

Eine Sonderform des Aussagespruchs ist der – gehäuft in 25– 27 auftretende – *Vergleichsspruch* (»Bildwort«), der Vorgänge oder Größen – meistens aus der Welt der Natur und des Menschen – einander zuordnet, und zwar im Urtext manchmal mit, manchmal ohne Vergleichspartikel (»wie«), selten mit »und« (z. B. 10,26 »Wie der Essig für die Zähne und der Rauch für die Augen ist der Faule für den, der ihn [als Boten] sendet«; 11,22 »Ein goldener Ring im Rüssel eines Schweins ist eine schöne Frau ohne Umsicht«; 26,1, »Wie der Schnee im Sommer und wie der Regen in der Ernte so paßt Ehre nicht zu einem Toren«; 26,14 »Die Tür dreht sich in der Angel und der Faule in seinem Bett«).

Dem Vergleichsspruch nahe steht der *Besser-als-Spruch* (»komparativischer Spruch«), der zwei Sachverhalte gegenüberstellt und den ersten positiv, den zweiten negativ bewertet (z. B. 15,17 »Besser ein Gericht Gemüse und Liebe dabei als ein gemästeter Ochse und Haß dabei«; 21,9 »Besser auf der Ecke eines Daches zu wohnen als eine streitsüchtige Frau und ein gemeinsames Haus«).

Auch der *Zahlenspruch*, der den Abschnitt 30,15–33 beherrscht, steht dem Vergleichsspruch nahe, weil er ebenfalls verschiedene Erscheinungen, und zwar unter einem übergeordneten Gesichtspunkt, zusammenfügt. Er kommt als einfacher (30,24–28 »Vier sind die kleinsten auf Erden und doch gewitzigte Wesen: die Ameisen sind ein Volk ohne Macht und besorgen doch im Sommer ihr Futter; die Klippdachse sind ein Volk ohne Stärke und bauen doch ihre Wohnung im Felsen; die Heuschrecken haben keinen König und ziehen doch alle in Gruppen aus; die Eidechse läßt sich mit Händen greifen und ist doch in Königspalästen«) und häufiger als gestaffelter Zahlenspruch (z. B. 30,18–19 »Drei sind mir zu wunderbar, und vier verstehe ich nicht: der Weg des Adlers am Himmel, der Weg der Schlange auf dem Felsen, der Weg des Schiffes auf dem Meer und der Weg des Mannes bei der Frau«; ferner 6,16–19; 30,15b–16.21–23.29–31; Ijob 5,16–19; Am 1,3–13). Gemeint ist: »Drei, ja vier sind mir zu wunderbar…«, wobei meistens auf dem letztgenannten Phänomen ein besonderer Nachdruck liegt.

In der Teilsammlung 22,17–24,22 überwiegt der *Mahnspruch* (»Mahnwort«), der mit der Aufforderung, etwas zu tun oder zu unterlassen, beginnt und meistens eine Begründung, eingeleitet durch »denn« (hebräisch *ki*), oder eine Warnung, eingeleitet durch »damit nicht«, hinzufügt (z. B. 23,9 »In die Ohren eines Toren sprich nicht, denn er verachtet die Klugheit deiner Worte«; 22,24–25 »Geselle dich nicht zum Zornmütigen…, damit du nicht mit seinem Pfad vertraut wirst«). Der Sache nach dem Mahnspruch verwandt ist die *Lehrrede*, die in der Teilsammlung 1–9 den Hauptanteil der Texte stellt (nämlich 1,8–19; 2; 3,1–12.21–35; 4,1–9.10–13.20–27; 5; 6,20–35; 7; auch der Komplex 31,1–9 hat die Form der Lehrrede). Sie besteht aus drei Elementen: der kurzen Einleitung (mit Anrede, Aufforderung zum Hören, Mahnung/Warnung und Begründung) (z. B.1,8–9), dem langen Hauptteil (mit Anweisungen oder Verboten) (z. B. 1,10–16) und dem kurzen Schluß (mit dem Hinweis auf die Folgen dieses oder jenes Verhaltens) (z. B.1,17–19).

Der Lehrrede steht das *Gedicht* sehr nahe, das sich viermal in der Teilsammlung 1–9 findet (nämlich 1,20–33; 8; 9,1–6.13–18). Es besteht aus einer Einführung, mit der die auftretende Rednerin – die Weisheit oder die Torheit – vorgestellt wird (z. B. 1,20–21), einer Rede vorwiegend im Ich-Stil (z. B. 1,22–31) und Folgerungen am Schluß (z. B. 1,32–33).

b) Inhalt

Das Buch besteht aus neun Einheiten sehr unterschiedlichen Umfangs:

I. 1–9 (eingeleitet durch die Überschrift für das ganze Buch: »Die Sprüche Salomos, des Sohnes Davids, des Königs von Israel«, eine Sammlung, die vornehmlich Lehrreden und Gedichte (ihr Hauptthema ist die Warnung vor dem Frevel und dem Ehebruch, dem Umgang mit der »fremden Frau« [oder ist eine Ausländerin gemeint?]) enthält, wobei mehrfach die Weisheit personifiziert als Sprecherin erscheint;

II. 10,1–22,16 (mit der Einleitung: »Dies sind die Sprüche Salomos« und bestehend aus 375 Versen, was die Zahlensumme der Buchstaben des Namens »Salomo« ergibt), eine Sammlung hauptsächlich von Aussagesprüchen, deren erster Teil (10–15) den gerechten mit dem weisen Menschen gleichsetzt und vom Frevler und Toren abhebt (meistens im antithetischen Parallelismus), während der zweite Teil (16,1–22,16), wo Jahwe besonders häufig genannt wird, vor allem auf den barmherzigen Menschen zielt (mehrfach Mahnsprüche; der antithetische Parallelismus tritt zurück);

III. 22,17–24,22 (der Ausdruck »Worte der Weisen« in 22,17 stand im ursprünglichen Text als Überschrift voran), eine Sammlung hauptsächlich von Mahnsprüchen, deren Anfangsteil (22,17–23,11) sich eng an das ägyptische Weisheitsbuch des Amen-em-ope (um 900 v. Chr.) anlehnt und die ein Spottlied über den Trunkenbold (23,29–35) enthält;

IV. 24,23–34 (mit der Einleitung: »Auch diese [Sprüche sind] von Weisen«), eine Kurzsammlung, an deren Ende eine Reflexion über den Acker des Faulen (V. 30–34) steht;

V. 25–29 (mit der Überschrift: »Auch dies sind Sprüche Salomos, die die Männer des Hiskija, des Königs von Juda, gesammelt haben«), eine Sammlung hauptsächlich von Aussagesprüchen, deren erster Teil (25–27), der »weltlichste« Abschnitt der israelitischen Weisheitsliteratur (nur 25,2.22 reden
von Gott), auffällig viele Vergleichssprüche, der zweite (28–
29) dagegen überwiegend Sprüche im antithetischen Parallelismus enthält;

VI. 30,1–14 (mit der Überschrift: »Die Worte Agurs, des
Sohnes des Jake, aus Massa«), bestehend aus einer Reflexion
über den Abstand des Menschen zu Gott (V. 2–4) mit einer
Antwort darauf (V. 5–6), einem Gebet (V. 7–9), einem Mahn-
spruch (V. 10) und einer Aufzählung der Arten des Unrechts
(V. 11–14);

VII. 30,15–33, eine Sammlung überwiegend von Zahlensprü-
chen (außer V. 15a.17.20.32–33), was diesen Komplex als eigene Teilsammlung ausweisen dürfte;

VIII. 31,1–9 (mit der Überschrift: »Die Worte an Lemuël,
den König von Massa, mit denen seine Mutter ihn unter-
wies«), eine Belehrung des Königs;

IX. 31,10–31, ein Gedicht über die tüchtige Hausfrau, bei
dem die Anfangsbuchstaben der einzelnen Verse der Reihenfolge des hebräischen Alphabets entsprechen (»alphabeti-
sches Gedicht«), das sich formal und inhaltlich von 30,1–9
absetzt und darum als eigene Einheit zu gelten hat.

c) Zum Werdegang

Wenn auch nicht ausgeschlossen ist, daß einzelne Sprüche
auf Salomo zurückzuführen sind, kann das für das Buch als
ganzes nicht gelten. Der Großteil der Einheiten des
Buches gehört wohl in die späte Königszeit (vom Ende des
8. Jahrhunderts v. Chr. an), während 1–9 nebst 31,10–31 in
der nachexilischen und 30,1–14 in noch späterer Zeit anzusetzen sind.

d) Zur Absicht

Die meisten Sprüche im großen Mittelteil des Buches (10–29) streichen in immer neuer Abwandlung den Gedanken heraus, daß zwischen menschlichem Tun und Ergehen ein enger und notwendiger Zusammenhang (»Tat-Ergehen-Zusammenhang«) besteht (z. B. 11,3 »Die Unbescholtenheit der Redlichen leitet sie, aber die Falschheit der Treulosen vernichtet sie«; 12,24 »Die fleißige Hand wird herrschen; die aber lässig ist, muß Frondienst leisten«; 17,13 »Wer Gutes mit Bösem vergilt, von dessen Haus wird das Böse nicht weichen«; 19,5 »Ein falscher Zeuge bleibt nicht ungestraft; und wer frech Lügen redet, wird nicht entrinnen«; 20,17 »Das gestohlene Brot schmeckt dem Manne gut; aber am Ende hat er den Mund voller Kieselsteine«). Dabei wollen diese Sprüche nicht nur einen Tatbestand feststellen, sondern sie wollen auch und vor allem mahnen, daß der Mensch sich gemäß diesem Grundsatz verhält, und das heißt: Er soll Gutes tun, damit er Gutes erfährt. Wer so handelt, ist »weise« (z. B. 10,8; 15,31; 21,20; 29,8), und sein Handeln wird »Weisheit« genannt (z. B. 11,2; 17,24; 24,3.14; 29,3).

Die meisten Sprüche klingen so, als bestehe zwischen dem Tun und dem Ergehen ein automatischer Zusammenhang, ohne daß Jahwe dabei mitwirkt. Seltener (vor allem in der Unter-Einheit 16,1–22,16) wird gesagt, daß Jahwe es ist, der Gutes mit Gutem und Böses mit Bösem vergilt (z. B. 10,3; 12,2; 15,25; 19,17; 25,21–22). Jahwe erscheint hier gleichsam als der Garant einer auf den gerechten Ausgleich angelegten Weltordnung.

Andererseits wird auch zuweilen davon gesprochen, daß Jahwes Handeln innerhalb des »Tat-Ergehen-Zusammenhangs« nicht zu fassen ist (z. B. 10,22 »Jahwes Segen ist es, der reich macht, und neben ihm tut Mühe nichts hinzu«; 16,9 »Das Herz des Menschen erdenkt seinen Weg, aber Jahwe lenkt seinen Schritt«; 21,30 »Es gibt keine Weisheit und keine Einsicht und keinen Rat gegenüber Jahwe«; 21,31 »Das Pferd

240 Lied- und Weisheitsdichtung

wird gerüstet für den Tag der Schlacht, aber der Sieg steht bei Jahwe«). Hier soll wohl nicht gesagt werden, daß Jahwes Handeln den »Tat-Ergehen-Zusammenhang« durchbrechen kann, sondern, daß dieser Zusammenhang dem Menschen nicht immer einsichtig ist.

Auch in der ersten Einheit des Buches (1–9) findet sich die Vorstellung vom »Tat-Ergehen-Zusammenhang« (z. B. 1,32–33; 3,5–12; 4,5–6; 7,1–2). Diese Einheit unterscheidet sich vor allem dadurch von den übrigen, daß hier des öfteren die Weisheit als Person erscheint (z. B. 7,4), die schon bei der Schöpfung der Welt als erstes Werk Jahwes anwesend war (8,22–31) und als sein »Pflegekind« (V. 30) vor ihm spielte (V. 30) und die den Menschen zu sich einlädt (1,20–33; 8,1–21; 9,1–6).

3. Das Buch Ijob (Hiob)

a) Inhalt

Das Buch besteht aus einem in Prosa gehaltenen *Prolog* (1,1–2,13), einem langen *Redeteil* (3,1–42,6), der in Versen formuliert ist, und einem wiederum in Prosa gehaltenen *Epilog* (42,7–17).

Der *Prolog* erzählt, daß ein wohlhabender Mann namens Ijob (er wird auch in Ez 14,14.20 als vorbildlich frommer Mann erwähnt) »im Osten«, in dem – uns nicht bekannten – Land Uz, fromm und gottesfürchtig lebt (1,1–5), aufgrund einer Wette des Satans, der hier als himmlischer Staatsanwalt erscheint, mit Jahwe (1,6–12) all seinen Besitz und seine Kinder verliert, aber trotzdem an Jahwe festhält (1,13–22), und auch, nachdem er aufgrund einer zweiten Wette des Satans mit Jahwe (2,1–6) von einer schweren Krankheit befallen wird, Jahwe dennoch treu bleibt, obwohl seine Frau ihn zum Abfall von Jahwe bewegen will (2,7–10), daraufhin von drei Freunden (Elifas, Bildad und Zofar) besucht wird (2,11–13).

Der erste und von seinem Umfang her größte Abschnitt des *Redeteils* ist ein Dialog zwischen Ijob und den drei Freunden, gegliedert in drei Redegänge, wobei jeweils Ijob und einer der drei Freunde einander abwechseln: I. (3–11) Ijob (3), Elifas (4–5), Ijob (6–7), Bildad (8), Ijob (9–10), Zofar (11); II. (12–20) Ijob (12–14), Elifas (15), Ijob (16–17), Bildad (18), Ijob (19), Zofar (20); III. (21–27) Ijob (21), Elifas (22), Ijob (23–24), Bildad (25), Ijob (26–27); man vermißt die dritte Rede Zofars. Nach einer anderen Auffassung (so auch die Bibelübersetzungen, die bei uns gebräuchlich sind) folgt nach der Klage Ijobs (3) jeweils die Rede eines der Freunde, auf die Ijob antwortet, so daß der erste Redegang in 4–14, der zweite in 15–21 und der dritte in 22–27 vorliegt.

Die Auseinandersetzung zwischen Ijob und den Freunden kreist einzig und allein um die Frage: Warum läßt Gott den Ijob leiden? Während Ijob darauf besteht, daß Gott ihn grundlos, also ungerechterweise leiden lasse, und darum Gott anklagt (z. B. 9,22–24; 10,15–16; 16,9–17; 19,6–7), vertreten die Freunde die Vorstellung vom »Tat-Ergehen-Zusammenhang«, wonach das Leid die Folge menschlicher Schuld ist (z. B. 4,7–9; 8,8–20; 15,17–20; 20,4–8) und auch Ijob gesündigt haben muß (11,5–6; 15,4–5). Zwar wird bei der Auseinandersetzung – das liegt in der Natur der Sache – kein gradliniger Gedankenfortschritt erkennbar, aber doch, daß sie sich steigert, in ihrem Verlauf an Schärfe zunimmt. So schildert Ijob, ein wie gutes Ende die Frevler in Wirklichkeit haben, die Gott also keineswegs zur Rechenschaft zieht (21), worauf Elifas sagt, Ijob sei selbst ein Frevler (22,5–11). Andrerseits ruft Ijob denselben Gott, den er als seinen Feind anklagt, zum Helfer auf (z. B. 14,13; 16,18–21) und bezeichnet ihn als seinen »Erlöser«, als seinen Anwalt, der sich – und sei es noch in der letzten Minute von Ijobs Leben – zu ihm bekennen wird (19,25–27; eine Hoffnung über den Tod hinaus, wie man sie oft in diese berühmten Verse hineinlegt, verneint das Ijobbuch andernorts ausdrücklich, z. B. 14,7–14; 17,15–16).

Auf die Auseinandersetzung zwischen Ijob und den Freunden folgt – als Fortsetzung der Rede Ijobs – das »Lied von der Weisheit« (28) und die Aufforderung Ijobs an Gott, ihm, der

einst im Glück lebte (29) und nun leidet (30), obwohl er nichts
Böses getan hat (31,1–34.38–40a), zu antworten, d. h. ihm den
Grund zu nennen, warum er leidet, den er, Ijob, durch seinen
Lebenswandel widerlegen könnte (31,35–37; V. 40b ist ein
Nachtrag).

Danach schaltet sich ein vierter »Freund« namens Elihu mit
einer viergliedrigen Rede als weiterer Gesprächspartner ein
(32–37), den Ijob aber nicht zur Kenntnis nimmt.

Die Antwort Gottes an Ijob besteht in einer ersten Rede
(38,1–40,2) zum größten Teil aus einer Kette rhetorischer Fragen, worin Gott dem Ijob die Großartigkeit der Schöpfung
vor Augen führt: die Entstehung der Welt (38,4–11), das Licht
des Morgens (38,12–15), die Tiefe der Unterwelt und die Weite der Erde (38,16–21), die Wettererscheinungen (38,22–38)
und die Wunder der Tierwelt (38,39–41; 39,1–30), um – nach
neuer Redeeinleitung – Ijob zu fragen, wer ihm, Gott, etwas
vorschreiben könne (40,1–2). Ijob gesteht ein, daß er nichts
antworten kann (40,3–5). Nach einer zweiten Rede Gottes,
worin dieser Ijob auffordert, selbst das Weltregiment zu über-
nehmen (40,6–14), und dann den »Behemot« und den »Leviatan« – damit sind wahrscheinlich Nilpferd und Krokodil gemeint – schildert (40,15–41,26), muß Ijob bekennen, daß er
nichts vermag (42,1–6).

Der *Epilog* erzählt folgendes: Jahwe weist die Freunde zurecht und fordert Ijob zur Fürbitte für sie auf (42,7–8); die
Freunde entfernen sich (42,9); Ijob tut Fürbitte für sie (42,10a)
und bekommt doppelt soviel Habe wie vorher (42,10b); die
Verwandten Ijobs besuchen und trösten ihn (42,11); Jahwe
segnet Ijob mit doppelter Habe und so vielen Kindern wie
vorher (42,12–15), und Ijob stirbt im hohen Alter (42,16–17).

b) Zur Form

Das Ijobbuch, eines der Meisterwerke der Weltliteratur, besteht aus einer lehrhaften *Erzählung,* die den Ijob als frommen, auch im Leid an Jahwe festhaltenden Dulder schildert
und somit das Leid als Prüfung deutet (1,1–2,13 und 42,7–17,

also Prolog und Epilog), und einer *Dichtung*, deren Thema
die Frage nach der Gerechtigkeit Gottes ist (3,1–42,6).

Ihrem Thema entsprechend verwendet die Dichtung sowohl
Elemente der *Psalmen* – Klage (z. B. 7,1–4; 16,12–14; 17,11–
16; 19,13–20; 30,1.9–31) und Hymnus (z. B. 5,12–16; 22,29–
30; 25,2–3) – als auch der *Weisheit* – Reflexionen über das
Schicksal des Menschen (z. B. 5,2–5; 8,8–10; 11,17–20) oder
Weisheitslieder (18,5–21 [mit Psalmenmotiven]; 20,4–29) –
und des *Rechtslebens* – »Streitrede« (6,22–30; 7,12–21 [mit
Psalmenmotiven]; 8,2–4; 11,2–4; 13,4–20) oder »Rede des
Rechtsuchenden« (23,2–12) – und, seltener, der *Profetie*
(4,12–16; 22,6–11).

c) Zum Werdegang

Schon vom Inhalt her unterscheiden sich *Erzählung* (Prolog
und Epilog) und *Dichtung* zutiefst voneinander: Ijob dort als
der im Leiden standhaltende Dulder, hier als Kämpfer, der
gegen Gott aufbegehrt. Ferner ist Ijob dort ein reicher Noma-
denscheich, in den Reden ein hochgestellter Städter (besonders 29,7–25, aber auch 19,13–14). Außerdem gebraucht die
Erzählung den Namen »Jahwe« 26mal, während die Dichtung von »Gott« (z. B. 5,8; 13,3) oder von dem »Allmächti-
gen« (hebräisch *Schaddaj*) (z. B. 5,17; 8,5; 29,5) redet, Jahwe
aber nur in den Prosa-Einleitungsformeln 38,1; 40,1.3.6; 42,1
nennt (12,9 ist wohl ein Textfehler). Der Befund dürfte dahingehend zu deuten sein, daß Erzählung und Dichtung nicht
von demselben Verfasser stammen, sondern daß die Dichtung
nachträglich in die Erzählung eingefügt wurde.

Sieht man sich nun die *Erzählung* (1,1–2,13 und 42,7–17) genauer an, so entdeckt man mehrere Unebenheiten. Erstens
bezieht sich im Prolog die Wendung »seine Söhne und Töchter« (1,13) natürlich nicht auf den unmittelbar davor (1,12)
genannten Satan, sondern auf Ijob, den die Erzählung zuletzt
in 1,5 nannte; man hat den Eindruck, die erste Himmelsszene
(1,6–12) sei nachträglich hinzugefügt. Zweitens soll Ijob zu
Beginn des Epilogs Fürbitte für die Freunde tun und tut es

auch (42,7–10a; merkwürdigerweise schließt V. 7 an die Gottesrede, nicht an Ijobs Antwort an); das klingt, als hätten die Freunde den Ijob in Versuchung geführt, wie es nach dem jetzigen Text seine Frau tat (2,9). Drittens kommen Ijobs Verwandte, die ihn trösten und beschenken (42,11), zu spät, da Jahwe den Ijob bereits mit doppelter Habe gesegnet hat (42,10b). Viertens wird im Epilog nur Ijobs Verlust an Eigentum und Kindern und deren Ersatz (42,10b–13), nicht aber seine Krankheit und Genesung erwähnt. Fünftens berichtet der Epilog zweimal Ijobs Wiederherstellung (42,10b und 12), und zwar an der zweiten Stelle konkreter als an der ersten. Sechstens tritt der Satan und siebentens auch Ijobs Frau im Epilog nicht wieder auf.

Aus alledem ziehen manche Ausleger den Schluß, die ursprüngliche Erzählung habe nur folgenden Inhalt gehabt: Ijobs Frömmigkeit und Glück (1,1–5), Verlust seiner Habe und Tod seiner Kinder (1,13–19), seine Bewährung (1,20–22), Besuch seiner Verwandten (42,11) und Ijobs Wiederherstellung (42,12–15; V. 16–17 könnte ein Nachtrag im Stil der Priesterschrift sein, vgl. 1Mose 25,7–8; 35,28–29). Aber es bleibt doch die Frage, ob nicht schon die ursprüngliche Erzählung mehrschichtiger war und zumindest auch die Gestalt des Satans enthielt.

Auch die *Dichtung* weist mehrere Unebenheiten auf. Im *ersten Redegang* (3–11) paßt der Hymnus auf die Naturmacht Gottes (9,5–10) und im *zweiten Redegang* (12–20) die Belehrung über Gott als den Schöpfer und Herrn (12,7–11) und der Hymnus auf die Weisheit und Kraft Gottes (12,12–25) nicht zur Argumentation Ijobs; es handelt sich um spätere Zufügungen. Beim *dritten Redegang* (21–27) fällt auf, daß Bildads Rede (25) nur aus 6 Versen besteht und Zofars Rede fehlt. Wir wissen nicht, ob der Redegang nachträglich verstümmelt wurde oder ob der Verfasser ihm mit Absicht diese Form gab, um die Ausweglosigkeit und das Scheitern des Dialogs zu markieren. Ferner findet man im dritten Redegang einige Erweiterungen: Die Abschnitte über das böse Ende des Frevlers

(24,18–25; 27,7–23) passen so wenig zur Argumentation Ijobs wie der Hymnus auf die Allmacht Gottes (26,5–14). Das anschließende *»Lied von der Weisheit«* (28, im Mund Ijobs), das die Größe und die Unzugänglichkeit der Weisheit, der Weisheit Gottes, preist, nimmt entscheidende Gedanken der Gottesreden vorweg und wurde zweifellos später eingefügt; der Schlußvers (28,28), der die Weisheit nicht als unzugänglich, sondern als vom Menschen zu verwirklichende »Gottesfurcht« darstellt, ist ein noch späterer Zusatz. In der *Herausforderung Ijobs an Gott* (29–31), handelt es sich bei dem Lied über die gott- und ehrlosen Landfremden (30,2–8), das nicht zu Ijobs Klage (30,1.9–10) paßt, um einen Nachtrag.

Die vier *Reden Elihus* (32–37), deren Hauptthema die Deutung des Leidens als einer erzieherischen Maßnahme Gottes ist, unterbrechen den Zusammenhang zwischen Ijobs Herausforderung (29–31) und Gottes Antwort (38,1–40,2) und sind ebenfalls ein späterer Einschub. Merkwürdig ist die Form der *Gottesreden mit Ijobs Antworten* (38,1–42,6), bestehend aus einer ersten Rede Gottes (38–39), einer sehr kurzen zweiten (40,1–2), einer ersten Antwort Ijobs darauf (40,3–5), einer dritten Rede Gottes (40,6–41,26) und einer zweiten Antwort Ijobs (42,1–6). Die Ausleger sind sich uneins, ob nur die erste Gottesrede (38–39*) und Ijobs erste Antwort (40,3–5) ursprünglich ist oder ob man 38–39* mit 40,2.8–14 zu *einer* Rede Gottes und 40,3–5 mit 42,2–3.5–6 (V. 4 ist wohl ein Zusatz) zu *einer* Antwort Ijobs verbinden soll oder ob man sich den Werdegang noch anders zu denken hat. Dagegen sind die meisten Ausleger darin einig, daß in der ersten Rede Gottes der Abschnitt über den Strauß (39,13–18) und in der zweiten Rede Gottes die Abschnitte über den »Behemot« (40,15–24) und über den »Leviatan« (40,25–32; 41) nachträglich hinzugefügt wurden. Diese drei Abschnitte enthalten keine direkte Anrede an Ijob, auch keine Fragen mehr, sondern bieten eine Beschreibung.

Die Endgestalt des Ijobbuches ist zweifellos das Ergebnis eines mehrstufigen Entstehungsprozesses, an dem verschiedene

Bearbeiter in unterschiedlicher Absicht mitgewirkt haben. Als ein Beispiel seien die hymnischen Abschnitte im Mund Ijobs genannt (9,5–10; 12,12–25; 26,5–14; 28,1–27), mit denen wohl die überraschende Argumentation der Gottesrede(n) vorbereitet werden sollte.

d) Zur Absicht

Wie immer man sich den Werdegang des Buches denkt – die »Lösung« des »Ijobproblems«, nämlich eine Antwort auf die Frage nach dem Warum des Leidens, kann nur in der ersten Gottesrede (38–39*) zu finden sein, während die zweite (40,6–14) den Ijob lediglich niederschmettert. Allerdings wissen wir nicht bis ins letzte genau, was der Dichter mit der Rede Gottes eigentlich sagen will. Denn sie ist ja keine *direkte* Antwort an Ijob. Ihr Sinn erschließt sich uns nur andeutungsweise.

Sie besteht aus einer langen Kette rhetorischer Fragen, durch die Gott die Maßstäbe zwischen Gott und Mensch zurechtrückt. In den Augen Gottes ist der Mensch ein Geschöpf, dessen Begriffsvermögen und Wissen gänzlich unzureichend sind, um über den Schöpfer urteilen zu können. Dem Menschen kann auf die Frage nach dem Sinn des Leidens keine Antwort zuteil werden, da sein beschränkter Verstand die unendlich höheren Gedanken Gottes nicht zu begreifen vermag. Indem Gott die wunderbare Weisheit und Schönheit der Natur beschreibt, führt er dem Ijob seine, Gottes, Allmacht vor Augen.

Gott macht keinerlei Versuch, sein Handeln zu rechtfertigen. Er demonstriert, daß sich die Begegnung mit ihm außerhalb der Zone von Gesetz und Recht, von Lohn und Strafe vollzieht. Gott verzichtet souverän darauf, unter den Menschen für gerecht zu gelten. Er ist kein Vertragspartner, der den gleichen Bedingungen untersteht, zu denen der Mensch verpflichtet ist. Der Mensch darf keinem Schuldlosen weh tun, aber Gott darf es. Gott ist nicht nur mächtiger als der Mensch; er kann auch für den Menschen unheimlich und rätselhaft sein.

Wenn Gott dem Ijob die Größe und Erhabenheit seiner Schöpfung vorführt, dann ist das nicht nur ein Akt der Selbstdarstellung des Überlegenen, der keiner Instanz Rechenschaft schuldet. Sondern zugleich damit zeigt Gott ja auch seine Fürsorge für seine Schöpfung, in der alles so wohlgeordnet und die für die Menschen Heimat und Behausung ist. Ijob soll erkennen, daß Gott für die Menschen sorgt und daß auch sein, Ijobs, Geschick bei Gott einen Sinn hat, obgleich der Mensch das Handeln Gottes nicht durchschaut. So lädt die Gottesrede – wenn auch nur indirekt – den Leidenden zur vertrauensvollen Geborgenheit bei Gott ein.

Dem *theoretischen* Nachdenken über den Sinn des Leidens, wie es die Freunde tun, antwortet der Dichter des Ijobbuches mit einem *existentiellen* Ereignis, nämlich der Begegnung des Menschen mit Gott, die hier als Begegnung mit der Größe und Weite der Schöpfung, als *Betroffenheit* durch sie dargestellt wird. Der Dichter führt die Frage nach dem Sinn des Leidens aus der abstrakten Theorie, aus der lehrhaften Erörterung heraus und stellt sie an den ihr allein angemessenen Ort: in das unmittelbare Gegenüber des leidenden Geschöpfes zu seinem Schöpfer und Herrn.

e) Zur Entstehungszeit

Die jetzige (Rahmen-)Erzählung – mit der Gestalt des Satans und mit Ausdrücken aus dem Aramäischen – wird in nachexilischer Zeit entstanden sein und die wohl später in die (Rahmen-)Erzählung eingefügte Dichtung irgendwann danach, zwischen dem 5. und dem 3. Jahrhundert v. Chr., also in der persischen oder hellenistischen Epoche.

4. Der Prediger Salomo (Kohelet)

a) Zum Verfasser

Die Überschrift (1,1) nennt als Verfasser des Buches einen »Kohelet, Sohn Davids, König in Jerusalem«. Das hebräische Wort Kohelet (*qohälät*), das Luther mit »Prediger« übersetz-

te, scheint den Einberufenden oder Leiter einer Versammlung
(*qahal*) oder einen Sprecher in ihr zu bezeichnen und wird
hier und wo es sonst noch vorkommt (1,12; 7,27; 12,8–10), als
Eigenname verwendet. Anscheinend soll dieser Begriff den
Verfasser des Buches als den Redner schlechthin ausweisen.
Um wen es sich handelt, wissen wir nicht. Denn der Sohn
Davids, also Salomo, der exemplarisch Weise, kann unmöglich der Verfasser gewesen sein, wie sich an der Sprache des
Buches (einem sehr späten Hebräisch) und seinem Inhalt
(z. B. sind 4,13–16 oder 8,2–4 aus der Sicht des Untertanen
formuliert) deutlich erkennen läßt. Wahrscheinlich hat man
die Abfassung des Buches in der Mitte oder am Ende des
3. Jahrhunderts v. Chr. anzusetzen.

b) Formen weisheitlicher Rede im Buch »Der Prediger
   Salomo«

Mehrfach verwendet das Buch den *Mahnspruch,* bestehend
aus Warnung und Begründung (z. B. 4,17; 5,1–2.5–6.7–8),
manchmal überdies mit einer Aufforderung (z. B. 5,3–4; 7,9–
14), daneben die *weisheitliche Betrachtung,* d.h. lose aneinan-
dergereihtes Spruchgut und anderes Erfahrungswissen (z. B.
5,9–11; 6,10–12; 7,1–8), und vor allem die *Reflexion,* die im
Ich-Stil bestimmte Thesen oder Wertungen aufgreift und als
Resultat meistens ihre Wertlosigkeit oder ihren Irrtum nachweist (z. B. 1,12–15; 2,1–11.12–19; 3,1–15.16–22; 4,13–16; 6,1–
6; 9,13–16). Innerhalb dieser Formen begegnet des öfteren der
Besser-als-Spruch (z. B.4,13; 5,4; 6,3; 7,1–3.5.8; 9,16).
Allerdings kann eine Definition der Formen des Buches nur
unter dem Vorbehalt erfolgen, daß es nicht immer leicht ist,
einzelne Einheiten voneinander abzugrenzen, weil die Übergänge fließend sind. Daher bestimmen die Ausleger den Umfang und somit die Anzahl der Einheiten sehr unterschiedlich.

c) Inhalt

Die Eigenart des Buches, das die Zusammenhänge oder Neu-
ansätze einzelner Gedanken oft nicht zu erkennen gibt, er-

laubt nur eine Grobgliederung, die aber das Buch als planvolle Komposition ausweisen dürfte:
Überschrift (1,1) – Rahmen (1,2–3) – kosmologische Probleme (1,4–11) – anthropologische (d. h. den Menschen, seine Erkenntnis und sein Tun – und sein Verhältnis zu Gott – betreffende) Probleme (1,12–3,15) – Gesellschaftskritik I (3,16–4,16) – Religionskritik (4,17–5,6) – Gesellschaftskritik II (5,7–6,10) – Kritik der weisheitlichen Ideologie (6,11–9,6) – ethische Folgerungen (9,7–12,7) – Rahmen (12,8) – Nachworte (12,9–14).

d) Zur Absicht und zum Werdegang

Der Prediger betrachtet nüchtern-distanziert, als »Skeptiker« den Menschen und die Welt, und so kreisen seine Aussagen um die Unerkennbarkeit der Weltzusammenhänge und die Vergeblichkeit menschlichen Tuns. »Eitel«, nichtig, sinnlos – so betont der Prediger – ist die Arbeit des Menschen (4,4–12), das Streben nach Weisheit (z. B. 2,19) und sein Versuch, im menschlichen Tun und Ergehen eine Ordnung zu erkennen (z. B. 7,15; 8,10.14; 9,11), und das heißt zugleich: Gottes Handeln zu durchschauen (z. B. 3,11b; 7,14). Der Prediger zweifelt nicht an der Allmacht Gottes (3,14) und daran, daß er die Welt schön geschaffen hat (3,11a), aber Gott ist für ihn in die Ferne gerückt (5,1). Dem Menschen bleibt nach Ansicht des Predigers nicht mehr, aber auch nicht weniger, als sich an dem, was Gott ihm gewährt, zu freuen (2,24–25; 3,12–13; 9,7–10; 11,9–10).
Diese Botschaft, die der Prediger in 1,3–12,7 als Ich-Rede vorträgt (der Satz 7,27aß stammt von einem Bearbeiter), wurde nachträglich gerahmt durch Angaben in dritter Person, nämlich die Überschrift (1,1), die zusammenfassenden Sätze über die Lehre des Predigers (1,2; 12,8) und einen (ersten) »Epilog«, der die Qualität und den Nutzen des Predigers betont (12,9–11); sicherlich gehen diese Passagen auf das Konto eines Bearbeiters. Der Schlußteil des Buches, ein zweiter »Epilog« (12,12–14), warnt vor zu vielem Büchermachen und Studie-

ren, mahnt zur Gottesfurcht und weist hin auf Gottes Gericht
über alles menschliche Tun, womit offensichtlich die Botschaft des Predigers, Gottes Handeln sei nicht einsehbar, korrigiert werden soll. Einer solchen Korrektur dienen auch der
andere Hinweis auf Gottes Gericht (11,9b) und der auf den
»Tat-Ergehen-Zusammenhang« (8,12b–13), der eindeutig im
Widerspruch zur Botschaft des Predigers steht. Hier (in
8,12b–13; 11,9b; 12,12–14) kommt zweifellos ein weiterer Bearbeiter zu Worte.

E.
Die Apokryphen

I.
Allgemeines

Das griechische Wort »apokryph« bedeutet »verborgen« und
wird von der christlichen Kirche in unterschiedlicher Weise
auf Texte angewandt, die nicht dem Kanon heiliger Schriften
zugerechnet werden. Luther gebraucht dieses Wort für jene
Schriften, die nicht im hebräischen Text des Alten Testaments
enthalten sind, aber in der griechischen und lateinischen
Übersetzung desselben (er schreibt über sie: »Das sind Bücher, so der Heiligen Schrift nicht gleich gehalten, und doch
nützlich und gut zu lesen sind«), während sie in der katholi-
schen Kirche »deuterokanonisch«, »zu einem zweiten Kanon
gehörig«, heißen.

Der Urtext dieser Schriften liegt fast nur griechisch vor, wobei
manche von vornherein griechisch abgefaßt worden sind (das
Buch der Weisheit, das zweite Buch der Makkabäer und das
Gebet Manasses), andere die Übersetzung eines hebräischen
(das Buch Judit, das Buch Jesus Sirach [Teile der hebräischen
Vorlage des Buches wurden wiederentdeckt], das Buch Baruch und das erste Buch der Makkabäer) oder aramäischen (so
wohl das Buch Tobit) Originals darstellen. Die Stücke zu
Ester sind teilweise griechischen, teilweise hebräischen oder
aramäischen Ursprungs, während die sprachliche Herkunft
der Stücke zu Daniel sich wohl kaum noch aufhellen läßt.

Im nächsten Abschnitt werden die Apokryphen gemäß der
Reihenfolge der Lutherbibel vorgestellt, wo sie als Block vereinigt sind. Aber die Inhaltsangaben und die Kapitel- und
Verszählung folgen der Einheitsübersetzung, die der griechischen Übersetzung entspricht, während die Lutherbibel – besonders deutlich bei den Büchern Judit und Tobit – der lateinischen Übersetzung folgt.

II

Die einzelnen Apokryphen

1. Das Buch Judit

a) Inhalt

Der Assyrerkönig Nebukadnezzar fordert für seinen Krieg gegen Arphaxad von Medien die Nachbarvölker zur Hilfe auf, stößt aber auf Ablehnung (1,1–12). Nach seinem Sieg über Arphaxad (1,13–16) beauftragt er Holofernes, den Oberbefehlshaber seines Heeres, mit einem Rachefeldzug gegen die unbotmäßigen Völker; tatsächlich unterwirft Holofernes die Völker bis auf Judäa, gegen das er vorrückt (2–3).

Die Juden, aus der Verbannung heimgekehrt, rüsten sich zum Widerstand und bitten Gott um Hilfe (4). Auf dem Kriegsrat des Holofernes erzählt der Ammoniter Achior in einer längeren Rede die Geschichte Israels und warnt davor, Krieg gegen die Juden zu führen, was den Unwillen des Heeres hervorruft (5). Holofernes widerspricht dem Achior und läßt ihn zu den Juden in der Stadt Betulia bringen, wo er ihnen die Pläne des Holofernes mitteilt (6). Holofernes belagert Betulia und schneidet es von seiner Wasserquelle ab, worauf die Leute von Betulia zur Übergabe entschlossen sind (7).

Judit, einer schönen und reichen Witwe in Betulia, kommt das Geschehene zu Ohren, sie fordert die Vorsteher der Stadt unter Berufung auf die Hilfe Gottes zum Widerstand auf und kündigt an, daß Gott den Juden durch sie, Judit, helfen wird (8). Sie betet zu Gott (9) und geht, reich geschmückt und von den Männern bewundert, zu Holofernes (10). Sie bietet ihm ihre Hilfe zur Eroberung Betulias an (11) und nimmt, dabei auf rituelle Reinheit bedacht, an einem Gastmahl des Holofernes teil, auf dem er sich betrinkt (12). Judit, allein mit Holofernes, schlägt ihm sein Haupt ab und kommt mit diesem nach Betulia, wo ihr allseitige Anerkennung zuteil wird (13). Judit gibt Anweisungen für die kommende Schlacht, Achior lobt Judit und bekehrt sich, und die Assyrer sind, sobald sie Judits Tat entdecken, bestürzt (14). Sie fliehen und werden von den Juden besiegt, die Judits Lob singen (15). Judit singt einen Lobgesang (16,1–17), man feiert in Jerusalem (16,18–20), und Judit, nach Betulia zurückgekehrt, erreicht ein hohes Alter (16,21–25).

b) Zur Form, Absicht und Entstehungszeit

Die kunstvolle, spannende Erzählung, die ähnlich wie das Esterbuch die Rettung der Juden durch eine Frau schildert, ist wie dieses eine *Novelle*, wenn nicht ein kleiner Roman. Anspruch auf Geschichtlichkeit darf die Erzählung nicht erheben. Denn Nebukadnezzar (605–582 v. Chr.) war König der Babylonier, nicht der Assyrer, deren Reich er vernichtete; Ninive, angeblich seine Residenz (1,1), wurde bereits 612 v. Chr. zerstört; der Wiederaufbau des Tempels nach der Rückkehr der Judäer aus dem Exil (4,2–3) erfolgte 520–515 v. Chr., also lange nach der Zeit Nebukadnezzars; eine Stadt Betulia gab es nicht. Es handelt sich bei dieser Erzählung um ein Werk mit stark national-religiöser Tendenz, das die Überlegenheit des jüdischen Volkes über alle anderen Völker betont, sofern es dem Gesetz Gottes treu bleibt (5,17–21), worin Judit Vorbild ist (12,1–9), die ihr Unternehmen mit frommem Gebet begleitet (9,1–14; 13,4–5; 16,2–17). Die national-religiöse Tendenz und der Eifer für das Gesetz machen es höchst wahrscheinlich, daß dieses Buch während des Makkabäeraufstandes, in der zweiten Hälfte des 2. Jahrhunderts v. Chr., entstanden ist.

2. Das Buch der Weisheit (Die Weisheit Salomos)

a) Inhalt

Aufforderung zu einem Leben nach der Weisheit (1,1–6,21): Mahnung an die Herrscher, die Gerechtigkeit zu lieben (1,1–15); Beschreibung der Frevler (1,16; 2,1–24); Beschreibung des jenseitigen Geschicks der Gerechten und der Frevler (3–5);

Mahnung an die Herrscher, die Weisheit zu suchen (6,1–21). Rede der Weisheit über ihr Wesen und Wirken (6,22–25; 7,1–8,18).

Salomos Gebet mit dem Thema »das Walten der Weisheit in der Geschichte« (8,19–21; 9–19): Bitte um Weisheit (8,19–21; 9); sieben Beispiele aus der Geschichte Israels für die rettende Macht der Weisheit (10,1–11,4); sieben Beispiele aus der Geschichte Israels für das strafende und rettende Eingreifen Gottes (11,5–14; 16,1–19,17), darin eingeschaltet ein Abschnitt über die Art Gottes zu strafen (11,15–26; 12) und über die Torheit des Götzendienstes (13–15); Abschluß (19,18–22).

b) Zur Form, Absicht und Entstehungszeit

Das Buch, dessen erster Teil (1–5) durchweg Verse im Parallelismus membrorum aufweist und dann immer mehr zur Prosa übergeht, ist – dem Prediger Salomo vergleichbar – eine *Lehrdichtung*. Allerdings will es den Prediger Salomo korrigieren, indem es sagt, daß Gott den Menschen zur Unvergänglichkeit geschaffen hat (2,23–3,1), und die Hoffnung auf Unsterblichkeit hervorhebt (1,15; 3,2.4.7; 5,16), durch die der »Tat-Ergehen-Zusammenhang« hergestellt wird (4,20–5,23). Der Verfasser betont die Überlegenheit der jüdischen Religion gegenüber der griechisch-hellenistischen Philosophie, greift aber zugleich wesentliche Gedanken eben jener Philosophie auf, besonders in der Nennung der vier Haupttugenden (8,7) oder in der Lehre von der Präexistenz und Unsterblichkeit der Seele (4,14; 8,20; 9,15), womit er zugleich auch das Jenseits gegenüber dem Diesseits aufwertet (vgl. 4,1). Offensichtlich will der Verfasser die jüdische Religion – mit den Mitteln der hellenistischen Philosophie – sowohl gegen die heidnische Umgebung als auch und besonders gegen abtrünnig gewordene Volksgenossen, die »Herrscher« (1,1; 6,1–2), d.h. im römischen Weltreich Großgewordene, verteidigen. Inhalt und Form des Buches legen es nahe, das 1. Jahrhundert v. Chr. als seine Entstehungszeit – und die ägyptische Stadt Alexandria als seine Heimat – zu bestimmen.

3. Das Buch Tobit (Tobias)

a) Inhalt

Tobit, ein Mann aus Galiläa, wird zur Zeit des Assyrerkönigs Salmanassar (d.h. 721 v. Chr.) nach Ninive verschleppt (1,1–2). Er berichtet, wie er, der eine Frau namens Hanna geheiratet und mit ihr einen Sohn, Tobias, bekommen hatte, bei Salmanassar Ansehen gewann und auf einer Reise nach Medien einem Mann namens Gabaël in der Stadt Rages zehn Talente Silber anvertraute, wie er dann nach mancherlei Wechselfällen – er mußte fliehen, fand aber in seinem Neffen Achikar einen Helfer – im Zusammenhang mit seiner frommen Gewohnheit, verstorbene Volksgenossen zu bestatten, erblindete und verarmte, aber fromm blieb (1,3–2,14) und Gott um Hilfe bat (3,1–6).

In Ekbatana in Medien lebt eine Frau namens Sara, Tochter des Raguël und der Edna, die nacheinander sieben Männer in der Hochzeitsnacht, unberührt, verloren hat, weil ein böser Dämon sie tötete, und die Gott um Hilfe bittet (3,7–15). Gott sendet den Engel Rafael, um Tobit zu heilen und Sara mit Tobias zu vermählen (3,16–17).

Tobit schickt seinen Sohn Tobias nach Medien, damit er das bei Gabaël deponierte Geld hole, und entläßt ihn mit guten Lehren (4). Tobias gewinnt Rafael, den er nicht als Engel erkennt und der sich als Asarja ausgibt, zum Reisebegleiter und macht sich auf den Weg (5). Während der Reise befiehlt Rafael dem Tobias, die Eingeweide eines Fisches (Herz, Leber und Galle) als Hilfsmittel aufzubewahren, und kündigt ihm an, daß er Sara, die mit ihm verwandt sei, heiraten werde (6). Tobias und Rafael kommen bei Raguël an, und dieser gibt seine Tochter Sara dem Tobias zur Frau (7). In der Hochzeitsnacht vertreibt Tobias den Dämon mittels der Eingeweide (Herz und Leber) des Fisches, und anschließend wird ein vierzehntägiges Hochzeitsfest gefeiert (8). Auf Bitten des Tobias geht Rafael zu Gabaël, der ihm das Geld übergibt und mit ihm zur Hochzeitsfeier kommt (9). Tobit und Hanna machen sich

Sorgen um Tobias, ihren Sohn, der sich mit seiner Frau (und Rafael) auf die Heimreise begibt (10). Sie kommen nach Ninive, und Tobit wird mittels der Galle des Fisches sehend gemacht (11). Rafael gibt sich Tobit und Tobias als von Gott gesandter Engel zu erkennen, fordert die beiden zum Lobpreis Gottes auf und entschwindet (12). Tobit schreibt ein Gebet zum Lobpreis Gottes nieder (13) und fordert Tobias auf, nach seinem, Tobits, und Hannas Tod das dem Untergang geweihte Ninive zu verlassen; nach dem Tod seiner Eltern zieht Tobias mit seiner Frau und seinen Kindern zu Raguël nach Ekbatana, wo er im hohen Alter stirbt (14).

b) Zur Form, Absicht und Entstehungszeit

Die kunstvolle, spannende und mit Gebeten (3,1–6.11–15; 8,5–7; 13) und Weisheitssprüchen (4,13–16; 12,6–10) reich ausgestattete Erzählung, die zwei Handlungsfäden – das Schicksal des alten Tobit und der jungen Sara – zusammenführt, ist als *Novelle* mit stark märchen- und auch lehrhaftem Einschlag anzusehen. Ihr Hauptthema ist Gottes wunderbare Vorsehung für seine Frommen. Wer das Gesetz beachtet, betet und Werke der Nächstenliebe übt, steht in Gottes Huld; sein Leid ist vorübergehend und dient zur Prüfung. Wahrscheinlich wurde das Buch zwischen 200 und 170 v. Chr. verfaßt; der Schauplatz des Buches, die östliche Diaspora, ist vielleicht auch seine Heimat.

4. Das Buch Jesus Sirach

a) Inhalt und Form

Das Buch ist eine locker disponierte Sammlung überwiegend weisheitlicher, lehrhafter Texte. Es enthält Mahnungen zur Geduld im Leiden (2,1–18), zur Pietät gegen die Eltern und deren Lohn (3,1–16), zur Unterstützung der Armen und Bedrängten (4,1–10), zum rechten Umgang mit Frauen (9,1–9), zu gesittetem Benehmen beim Gastmahl (31,12–32,13), die

Warnung vor Kummer und Sorge (30,21–24) oder Reflexionen über Krankheit und Tod (37,27–38,23) und über die böse und die gute Frau (25,13–26,18). Daneben gibt es Gebete (22,27–23,6; 36,1–22), Lehrgedichte über die Weisheit (1,1–20; 4,11–19; 14,20–15,10; 51,13–30), Hymnen auf Gott und die Herrlichkeit seiner Werke (16,24–17,9; 39,12–35; 42,15–43,33) und auf die Weisheit (24,1–34; hier spricht die Weisheit selber), ein Danklied (51,1–12), das Lob des Schriftgelehrten, dessen Beruf über alle anderen weit erhaben ist (38,24–39,11), und den berühmten »Lobpreis der Väter« (44,1–49,16), einen poetischen Rückblick auf die großen Männer Israels, dem die begeisterte Schilderung des Hohenpriesters Simeon – er übte sein Amt etwa von 220 bis 192 v. Chr. aus – folgt (50,1–24).

b) Zur Absicht und Entstehungszeit

Das Buch betont – im Gegensatz zu den Sprüchen Salomos, mit denen es viel gemein hat, und dem Prediger Salomo – die jüdische Gesetzesfrömmigkeit und deren kultische Ausdrucksformen (32,14–33,6; 45,6–26; 50,1–24). Als Verfasser bezeichnet sich ein »Jesus, Sohn des Eleasar, Sohn des Sirach« (50,27; 51,30), dessen Enkel laut dem – außerhalb der Kapitelerzählung stehenden – »Vorwort zur griechischen Übersetzung« im 38. Jahr des Königs Euergetes (d.h. 132 v. Chr.) nach Ägypten kam und dort das Werk seines Großvaters aus dem Hebräischen ins Griechische übersetzte. Das Original dürfte um 190 v. Chr. entstanden sein.

5. Das Buch Baruch

a) Inhalt

Überschrift: Abfassung des Buches durch Baruch im fünften Jahr nach der Eroberung Jerusalems (d.h. 581 v. Chr.) (1,1–2) – Bericht, daß Baruch das Buch vor König Jojachin und den Mitdeportierten verlas und daß Geld gesammelt und nach Jerusalem übersandt wurde mit der Aufforderung, dort Opfer darzubringen, für den König Nebukadnezzar und seinen Sohn Belschazzar zu beten und das beigefügte Buch vorzulesen (1,3–14) – kollektives Bußgebet, eng mit Dan 9,4–19 verwandt (1,15–3,8) – lehrhafter Lobpreis auf die Weisheit, zu der das direkt angeredete Israel zurückkehren soll (3,9–4,4) – eine Sammlung von Gedichten (4,5–5,9), die am Anfang und am Schluß Trostlieder enthält, in denen der Dichter oder auch Gott selbst Israel-Jerusalem Mut zuspricht (4,5–9a.30–35; 4,36 mit 5,1–4; 5,5–9), und dazwischen Klagelieder, in denen Jerusalem seiner Not Ausdruck gibt (4,9b–16.17–29) – ein Brief Jeremias an die Deportierten, in dem der Profet vor der Verehrung der heidnischen Gottesbilder warnt und nachweist, daß diese nur totes Material, aber keine Götter sind (6).

b) Zur Form, Absicht und Entstehungszeit

Das Buch mit seinem Lobpreis auf die Weisheit, mit dem Aufruf zur Buße, mit dem Trost für Jerusalem und dessen Klage und mit der Warnung vor dem Götzendienst ist eine Komposition verschiedenartiger Stücke, als deren Entstehungszeit das 1. Jahrhundert v. Chr. gelten darf. Mit Baruch, dem Freund und Sekretär Jeremias (z. B. Jer 36), der zudem nicht nach Babylonien deportiert (so Bar 1,3–14), sondern mit Jeremia nach Ägypten verschleppt wurde (Jer 43,3.6), hat das Buch ebensowenig zu tun wie der Brief Jeremias mit dem Profeten Jeremia.

6. Das erste Buch der Makkabäer

a) Inhalt

Nach dem Siegeszug Alexanders des Großen (336–323 v. Chr.) wird sein Reich unter die Diadochen und deren Nachfolger aufgeteilt (1,1–9). Der Seleukidenkönig Antiochus IV. Epiphanes (175–164 v. Chr.) raubt die Schätze des Jerusalemer Tempels und bekämpft die jüdische Religion (1,10–64). Der Priester Mattatias beginnt 167 v. Chr. den jüdischen Aufstand gegen Antiochus IV. (2). Sein Sohn Judas Makkabäus setzt 166 v. Chr. den Aufstand erfolgreich fort, reinigt den Tempel und weiht ihn neu (164 v. Chr.), kämpft gegen die Könige Antiochus V. (164–162 v. Chr.) und Demetrius I. (162–150 v. Chr.), schließt ein Bündnis mit Rom und fällt 160 v. Chr. im Kampf gegen das Heer des Demetrius (3,1–9,22).

Jonatan, der Bruder des Judas Makkabäus, setzt den Freiheitskampf der Juden fort, wird von Alexander Balas (150–145 v. Chr.), der sich als Sohn des Antiochus IV. ausgibt und gegen Demetrius I. auftritt, zum Hohenpriester eingesetzt, erreicht von Demetrius I. die weitgehende Selbständigkeit Judäas, schließt ein Bündnis mit Demetrius I., besiegt ein Heer des Königs Demetrius II. (145–140 und 129–126 v. Chr.) und schließt mit ihm nach dem Untergang des Alexander Balas ein Bündnis und unterstützt ihn, ergreift dann aber Partei für den 145 v. Chr. als Gegenkönig eingesetzten Antiochus VI. und fällt – wie dieser – 143 v. Chr. (9,23–12,52).

Jonatans Bruder Simeon schließt ein Bündnis mit Demetrius II., kann Israel endgültig befreien, wird vom Volk zum »Fürsten« gewählt, schließt ein Bündnis mit Rom und König Antiochus VII. (139–129 v. Chr.), entzweit sich mit ihm und wird 134 v. Chr. von seinem Schwiegersohn Ptolemäus ermordet (12,53–16,18). Nachfolger Simeons wird sein Sohn Johanan (16,19–24).

b) Zur Form, Absicht und Entstehungszeit

Das Buch, das im Stil alttestamentlicher Chronistik die Ereignisse unverbunden aufzählt, lehrt vor allem, daß der tapfere und unverfälschte Eifer für das Gesetz und dessen treue Befolgung zu Glück und Wohlergehen führt (z. B. 14,4–15). Es sieht zwar in Gott, den es mit dem Begriff »Himmel« (z. B. 3,18–19) andeutet, den Retter Israels (z. B. 4,30), aber verherrlicht auch menschliches Heldentum. Entstanden ist das Buch um 120 v. Chr.

7. Das zweite Buch der Makkabäer

a) Inhalt

Mit zwei Briefen fordert die Jerusalemer Judenschaft die Glaubensbrüder in Ägypten auf, das Tempelweihfest des Jahres 164 v. Chr. (1Makk 4,36–59) zu feiern (1,1–9 und 1,10–36; 2,1–18). In einem Vorwort teilt der Autor mit, daß sein Buch ein Auszug aus dem Werk des – uns sonst nicht bekannten – Jason von Kyrene sei (2,19–32). Heliodor, Reichskanzler unter Seleukus IV. (187–175 v. Chr.), wird zur Zeit des Hohenpriesters Onias durch Gott daran gehindert, den Jerusalemer Tempelschatz zu rauben (3). Zur Zeit des Antiochus IV. (175–164 v. Chr.) verdrängt Jason, der Bruder des Onias, diesen aus seinem Amt und wird wiederum von Menelaus verdrängt, der den Onias ermordet (4).

Antiochus IV. erobert Jerusalem und verfolgt die jüdische Religion (5–7); in diesem Bericht steht eine Geschichtsbetrachtung des Autors (6,12–17). Judas Makkabäus lehnt sich erfolgreich gegen Antiochus IV. auf und reinigt den Tempel (8,1–10,8), kämpft erfolgreich gegen Antiochus V. (164–162 v. Chr.) (10,9–13,26) und besiegt im Jahre 161 v. Chr. Nikanor, den Feldherrn des Demetrius I. (162–150 v. Chr.) (14,1–15,36). In einem Nachwort legt der Autor den Zweck seines Berichtes dar (15,37–39).

Der größte Teil des Buches (5,11–15,36) läuft weitgehend 1Makk 1–7 parallel; Sonderstücke sind vor allem die Berichte über den Märtyrertod des Eleasar (6,18–31), der sieben Brüder und ihrer Mutter (7,1–42) und des Rasi (14,37–46), wobei mehrfach der Auferstehungsglaube ausgesprochen wird (7,9.14.36; 14,46).

b) Zur Form, Absicht und Entstehungszeit

Das stark religiös gefärbte Buch, das ein Zeugnis griechischer Kunstprosa mit dem Bemühen um die Erkenntnis innerer Zusammenhänge ist, betont neben dem Auferstehungsglauben vor allem den Gedanken der göttlichen Hilfe (z. B. 12,22;

15,27) und Vergeltung (z. B. 5,10; 9,6; 13,8) und des sühnenden Leidens (z. B. 7,18.32) und sieht als Ursache für die Bedrängnis des Judentums nicht so sehr die Bosheit des Seleukidenkönigs, sondern die Schuld des eigenen Volkes (z. B. 4,16–17; 5,17–20; 10,4). In seiner jetzigen Form ist das Buch um 120 v. Chr. entstanden, während die Vorlage, das Werk des Jason von Kyrene, zwischen 160 und 120 v. Chr. geschrieben wurde.

8. Stücke zum Buch Ester

a) Inhalt und Formen

Es handelt sich um den *Befehl des Artaxerxes* (gemeint ist Xerxes), das jüdische Volk auszurotten (Est 3,13a–g), der Est 3,13 weiter ausführt; um das *Gebet Mordechais* (Est 4,17a–i) und das *Gebet der Ester* (Est 4,17k–z); um den *Bericht über Esters Gang zum König* (Est 5,[1–2]), der Est 5,1–2 weiter ausspinnt; um den *Befehl des Artaxerxes,* dem jüdischen Volk beizustehen (Est 8,12a–x), der Est 8,9–12 weiter ausführt; um den *Bericht über den Traum Mordechais* (Est 1,1a–l); um *Mordechais Deutung seines Traums* (Est 10,3a–k); um die *Nachschrift zur griechischen Übersetzung* (Est 10,3l).

b) Zur Absicht und Entstehungszeit

Die Gebete Mordechais und Esters wollen den religiösen Gehalt des Esterbuches, das ja nur indirekt von Gott redet (4,14; 6,13), vertiefen; die Edikte des Artaxerxes haben den Zweck, die Glaubwürdigkeit des Berichteten zu erhöhen; die übrigen Stücke – Esters Gang zum König, Mordechais Traum und seine Deutung – sind lediglich Ausdruck der Lust am Fabulieren. Laut der Nachschrift (10,3l) wurde die griechische Übersetzung des Esterbuches – also mitsamt den Zusätzen – im vierten Jahr des Königs Ptolemäus und der (d. h. seiner Frau) Kleopatra (nach Ägypten) überbracht. Zwar gab es vier Könige namens Ptolemäus, die mit einer Kleopatra verheiratet waren, aber jene Notiz grenzt die Entstehungszeit der Zusätze auf die Jahre 114–48 v. Chr. ein.

9. Stücke zum Buch Daniel

a) Inhalt und Formen

Es handelt sich um die fast novellenartige *Erzählung von Susanna und Daniel* (Dan 13), die berichtet, daß die schöne Susanna, verheiratet, aber von zwei Ältesten (Richtern) begehrt, diese abweist, worauf die beiden Susanna des Ehebruchs beschuldigen, was aber Daniel, der beide getrennt verhört, als Lüge erweisen und damit Susanna rehabilitieren kann; um die legendenhafte *Erzählung vom Bel zu Babel* (Dan 14,1–22), die berichtet, daß die Priester des Gottes Bel dem Volk und dem König (dem Perser Kyrus) weismachen, das Standbild des Bel verzehre die Speisen, die man ihm darbringt, während Daniel, der den Bel nicht anbetet, dem König, indem er den Boden des Tempels mit Asche bestreut, zeigen kann, daß die Priester den Tempel durch einen Seiteneingang betraten und die Speisen selbst aufaßen, worauf der König die Priester töten und das Heiligtum zerstören läßt; um die ebenfalls legendenhafte *Erzählung vom Drachen zu Babel* (Dan 14,23–42), die berichtet, daß Daniel mit königlicher Erlaubnis einen Drachen, der von den Babyloniern angebetet wird, tötet, indem er ihm einen Fladen aus Pech, Fett und Haaren ins Maul wirft, und daß der König auf Drängen des empörten Volkes den Daniel in die Löwengrube werfen läßt, während Gott durch einen Engel den Profeten Habakuk dorthin bringt, der Daniel, dem die Löwen nichts antun, versorgt, worauf der König den Daniel herausholen und dessen Widersacher in der Löwengrube zu Tode kommen läßt; um das Gebet *Asarjas* (Dan 3,25–50), ein Volksklagelied mit anschließendem Kurzbericht, daß die Heizer des Ofens getötet werden, daß ein Engel zu den dreien in den Ofen kommt und daß sie vom Feuer verschont bleiben; um den *Gesang der drei Männer im Feuerofen* (Dan 3,51–90), einen Hymnus, der den ganzen Kosmos zum Lobpreis Gottes aufruft.

b) Zur Absicht und Entstehungszeit

Die Susanna-Erzählung will Daniels Weisheit rühmen, während die Erzählungen vom Bel und vom Drachen Daniels Glaubenstreue preisen und die Nichtigkeit des Götzendienstes herausstellen; das Gebet Asarjas steht an völlig unpassender Stelle, denn es enthält auch das Bekenntnis der Gesetzesübertretung (V. 29–30), aber Asarja und die Freunde kamen gerade wegen ihrer Gesetzestreue in den Feuerofen; der Gesang der drei Männer ist hochpoetischer Ausdruck tiefer Dankbarkeit vor Gott und schließt wohl den Glauben an die Auferstehung ein (V. 86). Die Entstehungszeit der fünf Stücke läßt sich kaum noch ermitteln.

10. Das Gebet Manasses

Dieses Gebet (die Einheitsübersetzung enthält es nicht), bestehend aus hymnischer Anrufung Gottes (V. 1–7), Sündenbekenntnis (V. 8–12), Bitte um Vergebung (V. 13–14) und Dankgelübde (V. 15–16), also eine Art Klagelied des einzelnen, ist veranlaßt durch die Erzählung vom Bußgebet des einstmals bösen Königs Manasse und seine Erhörung (2Chr 33,12–13.18–19); es stammt aus später, wohl schon christlicher Zeit.

Weiterführende Literatur

1. Allgemeinverständliche wissenschaftliche Kommentare

Das Alte Testament Deutsch: G. v. Rad, Das erste Buch Mose, 121987; M. Noth, Das zweite Buch Mose, 81988; M. Noth, Das dritte Buch Mose, 51985; M. Noth, Das vierte Buch Mose, 41982; G. v. Rad, Das fünfte Buch Mose, 41983; H. W. Hertzberg, Die Bücher Josua, Richter, Ruth, 61986; H. W. Hertzberg, Die Samuelbücher, 71987; E. Würthwein, Die Bücher der Könige: 1. Kön. 1–16, 21985; E. Würthwein, Die Bücher der Könige: 1. Kön. 17–2. Kön. 25, 1984; K. Galling, Die Bücher der Chronik, Esra, Nehemia, 21958; A. Weiser, Das Buch Hiob, 81988; A. Weiser, Die Psalmen, 101987; H. Ringgren–W. Zimmerli, Sprüche, Prediger, 31980; H. P. Müller–O. Kaiser-J. A. Loader, Das Hohelied, Klagelieder, das Buch Esther, 41992; O. Kaiser, Der Prophet Jesaja Kap. 1–12, 51981; O. Kaiser, Der Prophet Jesaja Kap. 13–39, 31983; C. Westermann, Das Buch Jesaja Kap. 40–66, 51986; A. Weiser, Das Buch Jeremia Kap. 1–25,14, 81981; A. Weiser, Das Buch Jeremia Kap. 25,15–52,34, 71982; W. Eichrodt, Der Prophet Hesekiel Kap. 1–18, 51986; W. Eichrodt, Der Prophet Hesekiel Kap. 19–48, 31984; N. W. Porteous, Das Buch Daniel, 41985; A. Weiser–K. Elliger, Das Buch der Zwölf Kleinen Propheten, 71975; J. Jeremias, Der Prophet Hosea, 1983.

Die Neue Echter Bibel, bisher erschienen: J. Scharbert, Genesis, Kap. 1–11, 1983; J. Scharbert, Genesis Kap. 12–50, 1986; J. Scharbert, Exodus, 1989; W. Kornfeld, Levitikus, 21986; J. Scharbert, Numeri, 1991; G. Braulik, Deuteronomium Kap. 1–16,17, 1986; G. Branlik, Deuteronomium II 16,18–34,12, 1992; M. Görg, Josua, 1991; G. Hentschel, 1Könige, 1984; G. Hentschel, 2Könige, 1985; J. Becker, 1Chronik, 1986; J. Becker, 2Chronik, 1988; J. Becker, Esra/Nehemia, 1990; H. Groß, Tobit/Judit, 1987; W. Dommershausen, Ester,

²1985; W. Dommershausen, 1 und 2Makkabäer, 1985; H. Groß, Ijob, 1986; N. Lohfink, Kohelet, ³1986; G. Krinetzki, Hoheslied, ²1985; A. Schmitt, Weisheit, 1989; R. Kilian, Jesaja Kap. 1–12, 1986; J. Schreiner, Jeremia Kap. 1–25,14, ²1985; J. Schreiner, Jeremia II Kap. 25,15–52,34, 1984; H. Groß, Klagelieder/Baruch, 1986; H.F. Fuhs, Ezechiel Kap. 1–24, ²1986; H.F. Fuhs, Ezechiel II Kap. 25–48, 1988; A. Deissler, Zwölf Propheten (Hosea, Joël, Amos), ²1985; A. Deissler, Zwölf Propheten II, 1984; A. Deissler, Zwölf Propheten III, 1988.

2. Wissenschaftliche Einführungen in das Alte Testament

O. Kaiser, Einleitung in das Alte Testament, ⁵1984.
R. Rendtorff, Das Alte Testament, ³1988.
W.H. Schmidt, Einführung in das Alte Testament, ⁴1989.
R. Smend, Die Entstehung des Alten Testaments, ⁴1989.

3. Zu den Formen der biblischen Literatur

K. Koch, Was ist Formgeschichte? ⁵1989.
G. Lohfink, Jetzt verstehe ich die Bibel, ¹³1986.

Reclam Wissen

Daten zur antiken Chronologie und Geschichte. Herausgegeben von Marieluise Deißmann. 213 S. UB 8628

O. A. W. Dilke: Mathematik, Maße und Gewichte in der Antike. 135 S. Mit Abbildungen. UB 8687

Ernst Doblhofer: Die Entzifferung alter Schriften und Sprachen. 351 S. Mit Abbildungen. UB 8854

Imogen Holst: Das ABC der Musik. Grundbegriffe, Harmonik, Formen, Instrumente. Vorwort von Benjamin Britten. 222 S. Mit Notenbeispielen und Abbildungen. UB 8806

Howard Clark Kee: Was wissen wir über Jesus? 174 S. UB 8920

Angelika und Ingemar König: Der römische Festkalender der Republik. Feste, Organisation und Priesterschaften. 152 S. UB 8693

Ingemar König: Der römische Staat. Teil 1: Republik. 262 S. UB 8834

Heinrich Laag: Kleines Wörterbuch der frühchristlichen Kunst und Archäologie. 277 S. Mit einem Anhang altgriechischer Fachwörter und Abbildungen. UB 8633

Johanna Lanczkowski: Kleines Lexikon des Mönchtums. 280 S. UB 8867

Annemarie Schimmel: Der Islam. Eine Einführung. 159 S. UB 8639

Hans Schmoldt: Das Alte Testament. 266 S. UB 8940 – **Kleines Lexikon der biblischen Eigennamen.** 247 S. UB 8632

Wolfgang Trapp: Kleines Handbuch der Maße, Zahlen, Gewichte und der Zeitrechnung. 303 S. Mit Abbildungen. UB 8737

Joachim Wehler: Grundriß eines rationalen Weltbildes. 285 S. UB 8680

Philipp Reclam jun. Stuttgart

Reclams Bibellexikon

Herausgegeben von Klaus Koch, Eckart Otto, Jürgen Roloff und Hans Schmoldt. 4., revidierte und erweiterte Auflage. 584 Seiten. Mit 138 Abbildungen und 6 Karten. Gebunden.

»Nicht nur in erster Linie an den historisch und theologisch vorgebildeten Fachmann wendet sich dieses Bibellexikon, sondern an einen weiteren Kreis bibellesender Gemeindemitglieder, aber auch an kirchlich fernstehende Bibelleser, sogar an Urlauber in biblische Länder. Deswegen wurden Knappheit und Klarheit der Darstellung angestrebt. Man wird dem Lexikon bestätigen, daß dies ausgezeichnet gelungen ist. Das war für die geographischen und geschichtlichen Angaben leichter. Aber mit Genugtuung stellt man fest, daß dies auch für die systematischen, theologischen Stichworte gelungen ist, und zwar ohne zu simplifizieren. Auferstehung, Entmythologisierung, Gott, Mythos, Rechtfertigung, Wunder, um nur einige zu nennen, sind mit wenigen Worten so dicht und meist so richtig dargestellt, daß man überrascht ist. Der Katholik wird manches anders sehen – groß sind die Unterschiede nicht. Die Literaturangaben weisen immer auf Werke erster Qualität hin. Rechtschreibung und Transkription richten sich nach dem ›Ökumenischen Verzeichnis der biblischen Eigennamen nach den Loccumer Richtlinien‹. Das ist zu bedenken, wenn man ein Stichwort, vor allem aus dem Alten Testament, sucht, das besonders dem Katholiken mehr in der Schreibweise der Vulgata bekannt ist. Es gehört zu den erfreulichen Zeichen des christlichen Lebens von heute, daß ein so gründliches und solides Lexikon zu erscheinen vermag, dem man ungeteilt zuzustimmen vermag.« *Rheinischer Merkur*

»Reclams Bibellexikon ist ein erfreuliches Werk. Erfreulich wegen der Weite seines Blickfelds, wegen der Ausgewogenheit seines wissenschaftlichen Standpunkts, wegen der Knappheit und Verständlichkeit seiner Darstellung.« *Bibelreport*

Philipp Reclam jun. Stuttgart

Friedrich Heiler

Die Religionen der Menschheit

Neu herausgegeben von Kurt Goldammer
5. Auflage 90. 678 Seiten. Mit 98 Abbildungen.
Gebunden
ISBN 3-15-010291-X

Ein Standardwerk der Religionsgeschichte liegt in einer grundlegenden Neubearbeitung und in veränderter äußerer Gestalt wieder vor. Der Marburger Professor Kurt Goldammer, selbst Schüler Friedrich Heilers und seit Beginn als Autor maßgeblich an dem Werk beteiligt, zeichnet nun als Herausgeber. Die einzelnen Texte, von führenden Fachgelehrten verfaßt, sind revidiert und aktualisiert, Bibliographie und Register völlig neu gestaltet, das Bildmaterial ist wesentlich erweitert.

Aus dem Inhalt: Phänomenologie der Religion – Die prähistorische Zeit – Die vorkolumbischen Hochkulturen Amerikas – China – Japan – Ägypten – Etruskische Religion – Indoeuropäische Religion – Indoiranische Religion – Vorarische Religion Indiens – Indien: Jainismus – Buddhismus – Hinduismus – Iran – Manichäismus – Griechische Religion – Römische Religion – Orientalisch-hellenistischer Synkretismus – Germanische Religion – Keltische Religion – Slavische und baltische Religion – Judentum – Christentum – Islam – Synthese der Religionen.

Philipp Reclam jun. Stuttgart

Kulturgeschichte der Alten Welt

Jérome Carcopino:
Rom. Leben und Kultur in der Kaiserzeit.
Mit 113 Abbildungen und 5 Karten. Herausgegeben von
Edgar Pack. 518 Seiten

John Chadwick:
Die mykenische Welt.
Mit 47 Textabbildungen, 24 Fotos und 6 Karten. Übersetzt von Ingeburg von Steuben. 270 Seiten

Peter Clayton / Martin Price (Hrsg.):
Die Sieben Weltwunder.
Mit 88 Abbildungen und Plänen, 1 Übersichtskarte.
Übersetzt von Hans-Christian Oeser. 240 Seiten

Robert Etienne:
Pompeji. Das Leben in einer Antiken Stadt.
Mit 71 Abbildungen und 1 Karte. Übersetzt von Irmgard Rauthe-Welsch. 469 Seiten

Paul Faure:
Kreta. Das Leben im Reich des Minos.
Mit 19 Zeichnungen, 28 Fotos und 2 Karten. Übersetzt von Isolde und Karl Friedrich Eisen. 476 Seiten

Adalbert Hamman:
Die ersten Christen.
Mit 20 Abbildungen und 2 Karten. Übersetzt von
Katharina Schmidt. 285 Seiten

Klaus Held:
Treffpunkt Platon. Philosophischer Reiseführer durch die Länder des Mittelmeers.
Mit 55 Abbildungen und 2 Karten. 352 Seiten.

Jacques Heurgon:
Die Etrusker.
Mit 104 Abbildungen. Übersetzt von Irmgard Rauthe-Welsch. 448 Seiten

T. W. Potter:
Römisches Italien.
Mit 86 Abbildungen und Plänen. 6 Karten. Übersetzt von Hans-Christian Oeser. 349 Seiten

Konrad Spindler:
Die frühen Kelten.
Mit 132 Abbildungen. 447 Seiten

Charles-Marie Ternes:
Die Römer an Rhein und Mosel. Geschichte und Kultur.
Mit 75 Abbildungen. 351 Seiten

Charles-Marie Ternes:
Römisches Deutschland. Aspekte einer Geschichte und Kultur.
Mit 131 Abbildungen. 418 Seiten

Philipp Reclam jun. Stuttgart

Reclams Lexikon
der antiken Mythologie

Von Edward Tripp. Aus dem Englischen übersetzt von Rainer Rauthe. 560 Seiten. 72 Abb. 5 Karten. Format 15 × 21,5 cm. Gebunden

Ein Nachschlagewerk, das in 2200 Stichworten über den gesamten Bereich der griechischen und römischen Mythologie informiert. Es ist streng nach den antiken Quellen erarbeitet und behandelt Götter, Heroen und andere Gestalten des Mythos, stellt die geographischen Schauplätze der Ereignisse, aber auch Kultorte und Kulte vor und erklärt die Sternbilder sowie himmlische, irdische und unterirdische Erscheinungen – dies alles mit einem Höchstmaß an Vollständigkeit und Anschaulichkeit. Die Bebilderung vermittelt darüber hinaus einen Eindruck von der visuellen Kraft und Lebendigkeit antiker Mythen.

»Ein Lexikon dieser allgemeinverständlichen und in erster Linie orientierenden Art gehört zu den Gebrauchsbüchern, die für das immer wieder nötige Nachschlagen, aber auch für eine kontinuierliche Lektüre unerläßlich sind.«
Joachim Günther im *Tagesspiegel*, Berlin

»Angesiedelt in der Mitte zwischen Nachschlagewerk und Lesebuch, zugeschnitten auf die Interessen eines nichtspezialisierten Benutzers, mit zutreffenden Bildbeigaben versehen und durch Karten übersichtlich ergänzt, so präsentiert sich Tripps Lexikon als handlicher, brauchbarer Band.«
Die Zeit, Hamburg

Philipp Reclam jun. Stuttgart